Kirchen in Karlsruhe
und die Synagoge

Kirchen in Karlsruhe
und die Synagoge

im Auftrag
der Arbeitsgemeinschaft Christlicher Kirchen (ACK) Karlsruhe,
der Evangelischen Kirche in Karlsruhe
und des Katholischen Dekanats Karlsruhe

herausgegeben von
Günter Frank, Kurt Kramer, Susanne Labsch, Tobias Licht und Thomas Schalla

Jürgen Krüger

Mit Beiträgen von
Günter Frank, Kurt Kramer, Tobias Licht, Thomas Schalla und Andreas Schröder

verlag regionalkultur

IMPRESSUM

Titelbilder:	*Vorderseite*: Evang. Stadtkirche und St. Stephan (Fotomontage); untere Zeile, v.l.n.r.: Erlöserkirche; Heilig Geist; Lutherkirche Karlsruhe; Evang. Kirche Grötzingen
	Rückseite, jeweils v.l.n.r.: St. Konrad Hohenwettersbach, Glasfenster Klaus Arnold; St. Stephan, Orgel Emmauskirche, Innenraum; Kleine Kirche, Glocke von 1717 Christuskirche Weststadt, Glasfenster; Evang. Stadtkirche Karlsruhe, Architrav Streifen rechts: St. Vincentius-Klinik Steinhäuserstr., Kapelle, Glasfenster Emil Wachter
	Fotos: Kurt Kramer, Karlsruhe (Glocke), alle anderen Jürgen Krüger, Karlsruhe
Titel:	Kirchen in Karlsruhe und die Synagoge
Auftraggeber:	Arbeitsgemeinschaft Christlicher Kirchen ACK, Karlsruhe, Evangelische Kirche in Karlsruhe, Katholisches Dekanat Karlsruhe
Herausgeber:	Günter Frank, Kurt Kramer, Susanne Labsch, Tobias Licht, Thomas Schalla
Text:	Jürgen Krüger
Beiträge:	Günter Frank, Kurt Kramer, Tobias Licht, Thomas Schalla, Andreas Schröder
Redaktion:	Gundula Benoit, Jürgen Krüger
Herstellung:	**verlag regionalkultur** (vr)
Satz:	Harald Funke (vr)
Umschlaggestaltung:	Harald Funke (vr)
Verlagskorrektorat:	Katja Leschhorn (vr)

ISBN 978-3-89735-890-4

Bibliographische Information der Deutschen Bibliothek
Die Deutsche Bibliothek verzeichnet diese Publikation in der Deutschen Nationalbibliographie; detaillierte bibliographische Daten sind im Internet über http://dnb.ddb.de abrufbar.
Diese Publikation ist auf alterungsbeständigem und säurefreiem Papier (TCF nach ISO 9706) gedruckt entsprechend den Frankfurter Forderungen.

Mit freundlicher Unterstützung der

verlag regionalkultur
Ubstadt-Weiher • Heidelberg • Basel
Korrespondenzadresse:
Bahnhofstraße 2 • D-76698 Ubstadt-Weiher
Tel. 07251 36703-0 • Fax 07251 36703-29
E-Mail kontakt@verlag-regionalkultur.de • Internet www.verlag-regionalkultur.de

INHALT

Grußwort Landesbischof
Prof. Dr. Jochen Cornelius-Bundschuh

Eine friedvolle und offene Stadt wollte Markgraf Karl Wilhelm vor 300 Jahren gründen, gerade auch nach den Erfahrungen von Krieg, Gewalt und Flucht, die seine Kindheit in Baden geprägt hatten. Daher lud der evangelische Markgraf mit seinem ‚Privilegienbrief' Menschen verschiedener Herkunft und Konfession ein, sich in der Stadt anzusiedeln, die er im Hardtwald gründete und „Karlsruhe" nannte. Er wollte, dass diese Stadt wächst und den Menschen, die sich hier ansiedelten, ein gutes Auskommen und dem Land Baden Wohlstand bringt. Die Stadt blühte immer in den Zeiten, in denen es ihr gelang, Fremden eine Heimat zu geben und die religiöse und kulturelle Vielfalt nicht als Bedrohung, sondern als Bereicherung zu sehen und anzunehmen. Das erste hier in Karlsruhe errichtete Gotteshaus war die evangelische Konkordienkirche, deren Name bereits andeutet, dass in dieser Stadt Eintracht und Gemeinsinn herrschen sollten zwischen Menschen unterschiedlicher Herkunft und Konfession.

Unsere Stadt besteht aus vielfältigen Bauwerken und Beziehungen, die zusammen ihre Besonderheit ausmachen und das Zusammenleben prägen. Karlsruhe wurde bewusst gestaltet: Die Straßen verbinden und richten aus. Die Häuser gewähren Schutz und Geborgenheit, die Plätze laden dazu ein, sich zu begegnen. Schulen, Akademien entstanden und entstehen, in den Menschen lernen und sich bilden, eine Universität für Forschung und Lehre. Das Rathaus steht direkt gegenüber der Evangelischen Stadtkirche. Gemeinsam entscheiden hier im Stadtrat Bürgerinnen und Bürger, wie sie zusammenleben wollen. Zu der reichen kulturellen, wirtschaftlichen, religiösen, sozialen und politischen Geschichte von Karlsruhe haben die evangelischen Gemeinden, ihre diakonischen und kulturellen Einrichtungen und viele einzelne Christinnen und Christen einen entscheidenden Beitrag geleistet, gerade auch durch das gute ökumenische Miteinander. Karlsruhe ist Sitz der Evangelischen Landeskirche und ihrer Leitung. Als Landesbischof predige ich regelmäßig in der Stadtkirche.

Kirchen und Gotteshäuser sind Orte, um innezuhalten und auf Gottes Wort zu hören. Sie stärken die Karlsruher, indem sie Raum bieten zur Stille oder zum Genießen der wunderbaren Musik, die in vielen Gemeinden seit Langem gepflegt wird. Sie begleiten den Weg der Stadt: In diesem Festjahr feiern sie mit und rücken unsere Freude in den Horizont Gottes; in schweren, traurigen Zeiten werden sie zu Orten des Trostes und der Orientierung. Die biblische Tradition misst die Güte einer Stadt daran, ob die Armen in ihr Platz haben, ob gut für die Kranken und für die Sterbenden gesorgt ist, ob die Fremden und Flüchtlinge zu ihrem Recht kommen und gastfreundlich aufgenommen werden.

„Suchet der Stadt Bestes und betet für sie …!"

Die evangelische Kirche und die evangelischen Christinnen und Christen haben diese Stadt geprägt und wollen das auch weiterhin tun: mit ihren Kirchen und Kirchtürmen, durch Gottesdienste, Vesperkirche und Kirchenmusik, durch diakonische Initiativen und Bildungsangebote für Jung und Alt, durch Jugendarbeit, durch Beratung, Begegnung und Seelsorge, durch das Gebet: Dass Gottes Segen dieser Stadt und unserer Erde Frieden schenke!

Entdecken Sie als Gäste oder Einwohnerinnen und Einwohner Karlsruhes weniger vertraute und altvertraute Kirchen und Gotteshäuser mit diesem Band neu!

Karlsruhe, im September 2015
Landesbischof Prof. Dr. Jochen Cornelius-Bundschuh

Grußwort Erzbischof Stephan Burger

Sehr herzlich gratuliere ich der Stadt Karlsruhe und ihren Bürgerinnen und Bürgern zum 300-jährigen Jubiläum. 300 Jahre Karlsruhe – das ist auch Anlass für die christlichen Kirchen, die den größten Bevölkerungsanteil in der alten badischen Hauptstadt stellen, dankbar auf die Geschichte und Gegenwart zu blicken, denn von Anfang an haben sie hier konfessionelle Toleranz gefunden.

Es waren drei Jahrhunderte, in denen der christliche Glaube gelebt, gefeiert, verkündet wurde und sich entfaltet hat, in der Vielfalt konfessioneller Eigenprägungen – je länger, desto mehr auch im ökumenischen Miteinander und Streben nach der Einheit im Glauben.

Dass die christlichen Kirchen in Karlsruhe zum Stadtjubiläum diesen Kirchenführer vorlegen, freut mich sehr. Unsere Kirchenbauten sind nicht nur Versammlungsräume zum Gottesdienst, sie sind Orte der dauernden Gegenwart Gottes unter den Menschen, Stätten der Einkehr in die Stille und des persönlichen Gebets, die gerade deshalb auch heute ständig und für jedermann geöffnet sein sollten.

Vor allem sind unsere Gotteshäuser öffentliche Zeugnisse des christlichen Glaubens, die in Karlsruhe wie andernorts das Stadtbild unübersehbar prägen. Dieses Buch will einladen, über die Kirchengebäude in Karlsruhe, über ihren künstlerischen und architektonischen Reichtum und ihren Ort im städtebaulichen Ensemble hinaus sich auch mit Grundzügen der Kirchengeschichte und des heutigen kirchlichen Lebens in Karlsruhe vertraut zu machen. Letztlich geht es um eine ganz konkrete Einladung: selbst einzutreten – in die Kirchengebäude am Weg, in das Bekenntnis des Glaubens und seiner Verheißungen und in das Leben unserer Pfarreien und Gemeinden in seinen unterschiedlichen Ausprägungen.

Mein herzlicher Dank gilt der Leitung des Bildungszentrums Karlsruhe (Bildungswerk der Erzdiözese Freiburg) und dem Vorstand der katholischen Stadtarbeitsgemeinschaft für Erwachsenenbildung Karlsruhe, dass sie die Initiative zu diesem Buch ergriffen haben. Ich freue mich, dass die Arbeitsgemeinschaft Christlicher Kirchen (ACK Karlsruhe) und auch die Evangelische Kirche in Karlsruhe sich zur Mitwirkung an diesem Projekt, das von vorne herein nur ökumenisch denkbar war, bereitgefunden haben.

Es ist gut, dass auch die Synagoge mit bedacht ist. Denn das Judentum gehört zur abendländischen Kultur, und die katholische

Kirche hat sich nach den Schrecken der Schoah auf „ein neues Verhältnis zur Glaubensgeschichte des jüdischen Volkes"[1] verpflichtet.

Als Papst Johannes Paul II. die Kirche in das neue, dritte Jahrtausend geführt hat, stellte er seine Überlegungen unter den Aufruf Jesu an Simon Petrus: *Duc in altum* – „Fahr hinaus auf den See! Dort werft eure Netze zum Fang aus!" (Lk, 5,4).[2] Dieses Wort Jesu möchte ich auch den Christinnen und Christen in Karlsruhe am Beginn ihres vierten Jahrhunderts zurufen. Es geht darum, „dankbar der Vergangenheit zu gedenken, leidenschaftlich die Gegenwart zu leben und uns vertrauensvoll der Zukunft zu öffnen"[3].

Gehen wir im Vertrauen auf Gottes Liebe und Treue vertrauensvoll in die Zukunft. Bringen wir uns mit der Botschaft des Evangeliums ein in die Gesellschaft und machen unseren Glauben und seine großartigen Verheißungen präsent, so wie unsere Kirchen den Glauben dauerhaft in der Öffentlichkeit der Stadt sichtbar machen. Dazu möge dieses Buch eine Hilfe und für möglichst viele ein wertvoller Impuls sein.

† Stephan

Freiburg, am Fest des sel. Markgrafen Bernhard von Baden,
den 15. Juli 2015
Erzbischof Stephan Burger

---

1   Gemeinsame Synode der Bistümer in der Bundesrepublik Deutschland, Beschluss „Unsere Hoffnung", IV, 2.
2   Johannes Paul II., Apostolisches Schreiben *Novo Millennio Ineunte*.
3   Ebd. 1.

Grußwort Oberbürgermeister
Dr. Frank Mentrup

Kirchen sind immer etwas Besonderes. Ihre Bedeutung geht über das Sakrale hinaus. Mit ihrer zumeist beeindruckenden Architektur sind Kirchen in der Stadt oder im Quartier immer auch Versammlungsort, Nachbarschaftszentrum und Schutzraum zugleich. Kirchen sind damit Orientierungspunkte und Wegweiser in doppelter Hinsicht. Sie sind Raum für das Gebet und den Gottesdienst, und sie sind wichtige Landmarken im städtebaulichen Kontext.

Das vorliegende Buch „Kirchen in Karlsruhe und die Synagoge" wird von der Arbeitsgemeinschaft der Christlichen Kirchen (ACK), dem Katholischen Dekanat Karlsruhe und der Evangelischen Kirche in Karlsruhe anlässlich des 300. Karlsruher Stadtgeburtstages als ökumenisches Gemeinschaftsprojekt herausgegeben. Dafür ein herzliches Dankeschön! Die Publikation würdigt die städtebaulichen, architektonischen und sakralen Besonderheiten der Kirchen in Karlsruhe auf anschauliche Weise. Ich wünsche den Karlsruherinnen und Karlsruhern sowie den Gästen unserer Stadt anregende und spannende Begegnungen mit den Kirchen in der Fächerstadt.

Dr. Frank Mentrup
Oberbürgermeister

Vorwort

Wo man versucht, die bestimmenden Kräfte des gesellschaftlichen Lebens in Vergangenheit und Gegenwart zu charakterisieren, verdient der Beitrag des christlichen Glaubens und der christlichen Kirchen besondere Aufmerksamkeit. Das ist angesichts der überragenden geistigen und kulturellen Prägekraft der christlichen Tradition in der europäischen Kultur einerseits eine Selbstverständlichkeit. Andererseits erscheint es heute angebracht, auch ganz bewusst wieder daran zu erinnern.

In den 300 Jahren ihrer Geschichte, die die Stadt Karlsruhe 2015 feierlich begeht, ist diese Prägekraft schon durch die bei der Gründung der Stadt gewährte religiöse Toleranz für alle im Reich damals etablierten Religionsgemeinschaften in besonderer Weise hervorgetreten – eine weit über Karlsruhe hinaus wegweisende Entscheidung. Deutlich wird sie aber gerade auch durch den alltäglichen, vitalen Beitrag, den die christlichen Kirchen in diesen drei Jahrhunderten und heute zum geistigen, kulturellen und sozialen Leben der städtischen Gemeinschaft geleistet haben und weiter leisten. Vor allem aber ist das, wofür „Karlsruhe" als Sitz des Bundesverfassungsgerichts und „Bundeshauptstadt der Dritten Gewalt" und damit als Symbol heute vor allem steht – nämlich die Werteordnung des Grundgesetzes mit dem Bekenntnis zur Unantastbarkeit der Würde jedes Menschen, zu Frieden, Freiheit und Sozialstaat – die säkulare Verwirklichung des christlichen Menschenbildes und einer christlichen Gesellschaftsordnung.

Vor diesem Hintergrund haben die Leitung des Bildungszentrums Karlsruhe (Bildungswerk der Erzdiözese Freiburg) und der Vorstand der Katholischen Stadtarbeitsgemeinschaft für Erwachsenenbildung Karlsruhe die Anregung zu einem Buch gegeben, das in ökumenischer Gemeinschaft die Kirchengebäude der Stadt vorstellen und zugleich in die Geschichte und das gegenwärtige Leben der Kirchen einführen soll. Die Arbeitsgemeinschaft Christlicher Kirchen (ACK) Karlsruhe, die Evangelische Kirche in Karlsruhe und das Katholische Dekanat Karlsruhe haben diese Anregung aufgegriffen und den Auftrag zur Herausgabe dieses Bandes erteilt.

„Kirchen in Karlsruhe und die Synagoge" erfüllt damit eine doppelte Funktion: Zum einen ist das Buch ein Kirchenführer, der die katholischen und evangelischen Kirchengebäude sowie die Kirchengebäude der anderen ACK-Kirchen in Karlsruhe unter historischen, kunsthistorischen und städtebaulichen Gesichtspunkten vorstellt. Zum anderen geben die einleitenden Artikel einen Einblick in Geschichte und Gegenwart der christlichen Kirchen in Karlsruhe. Beide Themen sind darin verbunden, dass gerade die Kirchenbauten ständig präsente Zeugnisse des kirchlichen Lebens gestern und heute darstellen.

Besonders wichtig war es uns, über die christlichen Kirchenbauten hinaus auch die Synagoge und die jüdische Gemeinde mit aufzunehmen und so dem mittlerweile gewachsenen Bewusstsein von der untrennbaren Verbundenheit der christlichen und jüdischen Tradition Rechnung zu tragen.

Wir freuen uns, dass wir mit Prof. Dr. Jürgen Krüger, Professor für Kunstgeschichte am Karlsruher Institut für Technologie (KIT), für die Teile des Buches, die den „Kirchenführer" ausmachen – Texte und Bilder –, einen hoch kompetenten Autor gewinnen konnten, der bereits durch zahlreiche vergleichbare Publikationen hervorgetreten ist, der vor allem aber auch Karlsruhe und das kirchliche Leben hier von innen her kennt.

Dank gesagt sei weiter allen, die in unterschiedlicher Weise zum Gelingen dieses Projekts beigetragen haben: dem Erzbischof von Freiburg, Stephan Burger, dem Landesbischof der Evangelischen Landeskirche in Baden, Prof. Dr. Jochen Cornelius-Bundschuh, sowie dem Oberbürgermeister von Karlsruhe, Dr. Frank Mentrup, für ihre Worte zum Geleit sowie Prof. Andreas Schröder für den Beitrag über die Karlsruher Orgellandschaft. Die weiteren einleitenden Artikel konnten aus dem Herausgeberkreis und vom Hauptautor bestritten werden. Ein besonderer Dank gilt Gundula Benoit für ihren umfassenden, tragenden Dienst bei der Redaktionsarbeit. Wir danken manch anderen Helferinnen und Helfern sowie den Mitarbeitern des Verlags Regionalkultur, Ubstadt-Weiher, für ihren kompetenten Einsatz. Schließlich gilt unser Dank der Evangelischen Kirche in Karlsruhe und der Katholischen Gesamtkirchengemeinde Karlsruhe, die durch ihre Finanzierung das Erscheinen ermöglicht haben.

Wir wünschen dem Buch, dass es vielen Leserinnen und Lesern ein nützlicher Begleiter sei, der sie zu immer neuen Streifzügen durch die Karlsruher Kirchenlandschaft einlädt, und der zugleich dazu verhilft, die vitalen Vollzüge kirchlichen Lebens in der Stadt in ihrem Reichtum zu entdecken und in sie hineinzufinden. – Und dass es zugleich deutlich macht, dass mit den christlichen Kirchen, deren Gebäude das Stadtbild prägen, auch heute und in Zukunft zu rechnen ist.

Karlsruhe, im Juli 2015
Die Herausgeber – Günter Frank, Kurt Kramer, Susanne Labsch, Tobias Licht, Thomas Schalla

Zur Einführung

Jürgen Krüger

Die Kirchen in Karlsruhe sind unübersehbar. Ob am Marktplatz gegenüber dem Rathaus, ob in den Vorstädten oder in den eingemeindeten Ortsteilen, überall formen sie das Stadtbild mit. Im Herzen der Bürgerinnen und Bürger haben sie ihren festen Platz. Mit diesem Kirchenführer können weitere und neue Erkenntnisse gewonnen werden. Als die Arbeitsgemeinschaft Christlicher Kirchen mir vorschlug, diesen Führer zu den Gotteshäusern zu schreiben, habe ich gerne zugesagt. Von Anfang an stand fest, die Synagoge mit einzubeziehen. In Weinbrenners Karlsruhe bildet das Trio aus Evang. Stadtkirche, St. Stephan und Synagoge das geistliche und monumentale Rückgrat der Stadt. Derart konfessionsübergreifend steht Karlsruhe in Europa einzig da.

Wichtigstes Ziel des Projekts war, die Sakralbauten in ihrer Vielzahl zu erfassen und jeweils kurz darzustellen. Nur indem von Anfang an konfessionsübergreifend alle Sakralbauten einbezogen wurden, konnte eine Darstellung entstehen, die sich als markanter Beitrag zu einer Karlsruher Stadtbaugeschichte versteht. Eine derartige Bau- und Kunstgeschichte ist darüber hinaus mit der Arbeit der Akademien und Hochschulen der Stadt eng verzahnt. Eine weitere Aufgabe bestand darin, die Sakralbauten der eingemeindeten Ortsteile aufzunehmen. Der erzielte Gewinn ist groß – wir überblicken jetzt fast ein Jahrtausend sakraler Baugeschichte in der Region.

Das Ergebnis ist ein handliches Buch, ein Führer zu den Kirchen und zur Synagoge von Karlsruhe. Es erhebt keinen wissenschaftlichen Anspruch, und doch werden handbuchartig für (fast) alle Sakralbauten der Stadt Eckdaten geliefert. Dieses Buch fasst Bekanntes zusammen; deswegen steht es am Anfang einer nun intensiveren Beschäftigung mit diesem Aspekt der Stadtbaugeschichte.

Zum Einen galt es, die zur Verfügung stehenden gedruckten Quellen auszuwerten, Material von ganz unterschiedlicher Qualität und Dichte. Das Projekt greift des Weiteren alte Ideen des Verfassers auf, die Kirchenbauten mit Studierenden der Karlsruher Universität (heute KIT) zu erfassen, wozu vor etlichen Jahren Seminare durchgeführt wurden. Im Wesentlichen aber wäre die Arbeit nicht zustande gekommen, wenn der Verfasser nicht durch weitere Personen Unterstützung erhalten hätte. In den Gemeinden haben Gemeindeglieder, Gemeinde- und Pfarramtssekretärinnen, Pfarrerinnen und Pfarrer Türen aufgesperrt, Informationen zusammengestellt und Archivalien gesucht. Die Ämter in Karlsruhe, vom Stadtarchiv und Liegenschaftsamt über die kirchlichen Bauämter und Archive bis hin zum Generallandesarchiv und zum Landesamt für Denkmalpflege gaben bereitwillig Auskunft und stellten ihre Archivalien zur Verfügung. Beteiligte Künstler(innen) und Architekturbüros bzw. Verwandte gaben Auskünfte. Um das Projekt sowohl kunst- und bauhistorisch als auch historisch richtig einzubinden, erhielt ich Hinweise von Dr. Ernst Otto Bräunche, PD Dr. Julian Hanschke, Dr. Gerhard Kabierske, Dr. Karlfriedrich Ohr, Prof. Dr. Erwin Reidinger, Gabriele Rimmelspacher und Prof. Dr. Hansmartin Schwarzmaier. Mancher Fehler wurde dadurch vermieden, doch sicher bleiben noch einige übrig: Sie liegen natürlich ganz in meiner Verantwortung.

Der **verlag regionalkultur** stand mit Rat und Tat zur Seite, ebenso Gerd Schefcik, der die Kartographie erstellte. Last not least habe ich im Herausgeberkreis wertvolle Unterstützung gefunden, dabei eingeschlossen Gundula Benoit, die Naht- und Kontaktstelle, wo alle Fäden zusammenliefen. Allen genannten Personen sei an dieser Stelle herzlich gedankt!

Kirchliches **Leben**

Evangelische Kirchen

Thomas Schalla

Der evangelische Glaube prägte von Anfang an das Leben in Karlsruhe. Bereits 1556 wurde in der Markgrafschaft Baden-Durlach der lutherisch reformierte Glauben eingeführt. Der Stadtgründer Karlsruhes, Markgraf Karl Wilhelm, verband mit seiner neuen Residenz von Anfang an den Geist der Freiheit und der Offenheit. Die Rolle der Kirche und der Kirchen in Karlsruhe in der Bürgergesellschaft hat das geprägt. Im Privilegienbrief von 1715 fasste der absolutistische Monarch seine Vorstellungen einer städtischen Gesellschaft zusammen, in der bereits viele Züge einer modernen Stadt enthalten waren. Der Religionsfreiheit kam dabei neben den wirtschaftlichen und politischen Freiheiten der zukünftigen Bürgerinnen und Bürger eine zentrale Bedeutung zu. Schon bald nach der Stadtgründung ließen sich so neben der evangelischen „Urbevölkerung" auch Menschen katholischen oder jüdischen Glaubens nieder.

Die Offenheit und Freiheit, die am Reißbrett den Planungen der Stadt zugrunde lagen, prägten und prägen noch immer die Kultur des Miteinanders in der Stadt. Mittlerweile ist Karlsruhes Bevölkerung zu jeweils einem Drittel evangelisch und katholisch, das restliche Drittel umfasst Menschen jüdischen oder muslimischen Glaubens ebenso wie Buddhisten, Hinduisten oder andere religiöse Gemeinschaften. Die evangelischen Kirchen in Karlsruhe befanden sich historisch in einer Doppelrolle: Einerseits repräsentierten und repräsentieren sie die evangelischen Ursprünge der Stadtgründung, andererseits sind sie von Anfang an verpflichtet auf den Dialog der Konfessionen und später auch der Religionen und der Kulturen in Karlsruhe. Evangelische Kirchen stehen damit insgesamt für die Verbindung von Tradition, Dialog und Toleranz.

Die evangelischen Kirchen spielen für die Entwicklung der Bürgergesellschaft Karlsruhes eine bedeutende Rolle. Sie unterscheiden sich zwar im Prinzip nicht von der Rolle katholischer Kirchen oder anderer Religionsgemeinschaften. Sie stehen aber in besonderer Weise in der Verpflichtung, die reformatorische Grundausrichtung der Stadt zu repräsentieren, zu bewahren und weiter zu entwickeln.

Die Entwicklung der Städte in den vergangenen Jahrhunderten war ein ambivalenter Prozess. Einerseits verband sich mit der Stadt das Versprechen von Freiheit. „Stadtluft macht frei" lautet ein bekanntes Sprichwort, mit dem die Sehnsucht der Menschen nach Rechten und Freiheiten auf den Punkt gebracht wurde. Religiöse, wirtschaftliche und zunehmend auch politische Freiheiten prägten die Entwicklung der Bürgergesellschaft auch in Karlsruhe und brachten ein selbstbewusstes Bürgertum hervor. Gleichzeitig lösten sich in den Städten zunehmend traditionelle Bindungen in Großfamilie und Sippe auf, wurde Macht und Einfluss zentralisiert – allein die schiere Zahl von Menschen in den Städten führte zu zunehmender Verdichtung des Lebens und der Lebensräume. Städten wohnt deshalb von Anfang an eine Ambivalenz inne: Sie repräsentieren den Anspruch auf Freiheit und Autonomie und zugleich ist die Idee des guten Lebens in ihnen besonders störungsanfällig.

Wichtig war für die evangelischen Kirchen, dass in den Städten Menschen schon immer dem Fremden und den Fremden begegneten. Ob diese Begegnung unterschiedlicher Kulturen, Milieus, Lebenswelten gelingt oder scheitert, hängt auch von der Kultur des Dialogs in den Städten ab.

Die Kirchen haben an der Entwicklung der Stadt teil, weil sie in besonderer Weise für die Ambivalenz der Stadt stehen. Schon in den Anfängen der Bibel wird zwischen Stadt und Land unterschieden. Kain, der Mörder Abels, flieht in die Stadt und verlässt das angestammte Ackerland. Der Turmbau zu Babel erzählt die Geschichte der Menschen als die Geschichte ihrer Hybris: Menschen wollen sein wie Gott und in der Stadt wachsen diese Träume in den Himmel – um dann grandios zu scheitern. Babylon steht in der biblischen Überlieferung für das Scheitern menschlicher Träume und ist das Urbild einer Anti-Stadt, in der Ungerechtigkeit, Gottverlassenheit und Größenwahn eine lebensfeindliche Mischung ergeben. In der Offenbarung des Johannes steht dagegen am Ende der Bibel die biblische Vision der Stadt: Das himmlische Jerusalem ist der Ort, an dem Gott in der Nachbarschaft wohnt und die Menschen in Frieden und Gerechtigkeit miteinander leben. Die Vision einer menschengerechten Stadt hat hier ihren theologischen Anker.

Die Kirchen repräsentieren in den Städten beide Dimensionen der Stadt: Sie sind als „Kainszeichen" ein öffentliches Mahnmal für die Hybris der Menschen und sie sind zugleich öffentliche Hoffnungsträger. Kirchen sind so im städtischen Kontext wichtige Symbole. Sie dienen der Orientierung der Bürgerinnen und Bürger und bieten Raum für Lebens- und Weltdeutung. Das ist schon immer eine wichtige Funktion der Kirchen gewesen, sie wird in unübersichtlicheren gesellschaftlichen Entwicklungen aber zunehmend wichtiger.

Evangelische Kirchen geben der Stadt damit eine orientierende Struktur. Sie helfen den Menschen persönlich, in der Welt einen eigenen Weg zu finden, und stehen für die Möglichkeit, dass es solche Wege zu einem guten und gelingenden Leben in der Stadt auch tatsächlich gibt. In der Stadt treffen unterschiedliche Ambivalenzen unmittelbar und schon immer aufeinander. Die Unterscheidungen von arm und reich, von heimischen und fremden, von religiösen und nichtreligiösen, von alten und jungen Menschen sind im städtischen Kontext besonders virulent. Sie müssen partizipativ bearbeitet werden, damit in diesen Ambivalenzen ein menschenfreundliches Miteinander wachsen kann. Kirchen bieten Räume, in denen das Miteinander wachsen kann. Die Kirchen und insbesondere die Evangelischen Kirchen sind hier gefordert, Anwalt für den öffentlichen Diskurs über eine menschengerechte Stadt zu sein. Sie sind das mit einer eindeutigen Option für Gerechtigkeit, Frieden und Verständigung.

Die Evangelischen Kirchen in den z. T. viel älteren Stadtteilen und in der eigentlichen Fächerstadt tragen je in ihrem Kontext dazu bei, dass städtisches Leben gelingt. Die Kirchenräume gewinnen zunehmend wieder an Faszination, weil ein anderes Bild des Lebens hier seinen Ort hat und vor Gott die Fragen nach dem guten Leben immer wieder neu gestellt werden können. Die Kirchen zeigen im Stadtbild deutlich, dass sie in die Welt gehören, und weisen ebenso klar auf die Grenzen menschlicher Möglichkeiten. Politischer Raum, wirtschaftliches Denken und geistliche Macht gehören in der Entwicklung der Städte zusammen. Sichtbar wird das auch durch die räumliche Nähe von Rathaus, Markplatz und Kirche, wie es idealtypisch am Ensemble am Marktplatz in Karlsruhe zu sehen ist. Kirchen stehen in diesem Dreieck nicht als Ausdruck der Macht, sondern als Symbol für die Begrenzung der Macht durch Gott. Steht das Wissen um diese Grenzen schon am Anfang der Stadtgründung, so wird es in modernen Gesellschaften zunehmend wichtiger. Nicht nur am Marktplatz, sondern in allen evangelischen Kirchen unserer Stadt gehört der Dialog mit Politik, Kultur und Wirtschaft zu den unverzichtbaren Aufgaben. Kirchen haben vom Evangelium her die Chancen und die Grenzen kritisch zu hinterfragen.

Aber natürlich stehen die Evangelischen Kirchen in unserer Stadt grundsätzlich zunächst dafür, dass jede Stadt und jedes Miteinander der Menschen Gottes Segen und seine Barmherzigkeit braucht. Kirchen sind an erster Stelle ein Zeichen für den Segens- und Heilungsdienst des Evangeliums an der Stadt. Mit Gottesdiensten wird Gottes guter Wille für die Stadt und ihre Menschen für die Lebenswelt der Menschen heute ausgelegt. In der Diakonie wird das Wissen um die menschengerechte Stadt in die Tat umgesetzt und Menschen geholfen, die an den Rändern unserer Gesellschaft leben müssen. 2014 wurde aus diesem Grund die erste Vesperkirche in Karlsruhe eröffnet.

Verfasste Kirche und ihre Diakonie stehen für die institutionelle Präsenz der Kirchen in unserer Stadt. Die persönliche Frömmigkeit der Menschen, die Weitergabe christlichen Glaubens in der Familie, die Begleitung der Menschen am Krankenbett, im Altersheim oder im Gefängnis gehört zu den privaten Erscheinungsformen des christlichen Glaubens. Als öffentliche Kirche schließlich sind evangelische Kirchen durch ihre Kirchenmusik stark in der städtischen Kultur präsent, durch das Kirchenjahr oder kirchliche Feste ein Taktgeber öffentlichen Lebens, durch Religionsunterricht, Kindertagesstätten, Erwachsenenbildung oder evangelische Schulen eine wichtige Bildungsagentur in unserer Stadt. Als Sitz der Evangelischen Landeskirche in Baden ist Karlsruhe nach innen und nach außen für die Evangelische Kirche in Baden von besonderer öffentlicher Bedeutung.

Die Kirchen in Karlsruhe sind ein sichtbares Zeichen für die private, öffentliche und institutionelle Präsenz der Kirche in der Stadt und für lebendigen christlichen Glauben in ihren Gemeinden. Sie zeigen: Gott gehört in unsere Welt.

Kirchen haben den Auftrag, das Evangelium in der Welt zu kommunizieren. Evangelische Kirchen in Karlsruhe tun das wie alle Kirchen in der ökumenischen Familie in dreifacher Weise. Kirchen sind Orte für das Innehalten der Menschen vor Gott. Sie unterbrechen in Gottesdiensten den Alltag und fragen nach Gottes Willen für die Menschen. Die Kirchenräume sind ein beredtes Zeugnis dieses Dienstes. Wer sie besucht, begegnet durchbeteten Räumen, die von Sehnsüchten und Sorgen der Menschen ebenso erzählen wie von den Träumen nach dem guten Leben.

Evangelische Kirchen sind Anwälte für das Leben. Sie stellen sich an die Seite der Schwachen und treten für ihre Rechte ein. Der solidarische Umgang mit Flüchtlingen, Fremden und Armen ist ein alter biblischer Maßstab für die Gerechtigkeit, die in einer Gesellschaft gelten soll. Er gilt für die Kirchen noch immer und sie sind so weiterhin ein weithin sichtbares Zeichen für den Anspruch, eine gerechte und solidarische Stadt zu bauen.

Evangelische Kirchen sind schließlich offen für Fremde und Fremdes. Christlicher Glaube weiß davon, dass die Herrschaft Christi nicht auf die Kirchenräume beschränkt ist, sondern aller Welt gilt. Die Begegnung mit Fremden und die Neugier auf Fremde gehört mit zur christlichen „Grundausstattung". Evangelische Kirchen sind damit auch öffentlich sichtbare Zeichen und Mahner für eine städtische Willkommenskultur.

Evangelische Kirchen gehören in unsere Stadt von Anfang an. Sie sind auch zukünftig unverzichtbar als Wärmestrom der Zivilgesellschaft, als Mahner für die Grenzen menschlicher Gestaltungsmöglichkeiten und als Zeichen für Gottes guten Willen für unsere Stadt. In den evangelischen Kirchen Karlsruhes können die Besucherinnen und Besucher etwas von diesem Geist der Güte erleben.

Katholische Kirche

Tobias Licht

Am Anfang stand ein Akt der Toleranz.[1] Schon in seinem Privilegienbrief vom 24. September 1715, im ersten Paragraphen, versprach Markgraf Karl Wilhelm von Baden-Durlach (1679–1738) allen neu Zugezogenen, „die einer der im Heiligen Römischen Reich verbreiteten Religionen angehören", in seiner neuen Hauptstadt Aufnahme und Förderung „in ihrem Handel und Wandel". Die von dem lutherischen Landesherrn den Angehörigen anderer christlicher Bekenntnisse, Reformierten und Katholiken, aber auch jüdischen Neubürgern gewährte Religionsfreiheit hatte durchaus auch pragmatisch-politische Gründe, galt es doch, der neuen Stadt wie dem ganzen, stark entvölkerten Land möglichst zahlreiche neue Einwohner zuzuführen. Doch erscheinen die freiheitliche Gesinnung und rationale Fortschrittlichkeit, die sich in ihr niederschlagen, durchaus aufs Ganze gesehen charakteristisch für das Klima des Umgangs mit Religion wie für das Verhältnis der christlichen Konfessionen untereinander in Baden, gemäß dem Wort von Großherzog Karl Friedrich (1728–1811) „Wir sind ja alle Christen" – und trotz des hässlichen „Kulturkampfs", den die protestantische Landesregierung der Erzdiözese Freiburg im 19. Jahrhundert noch geliefert hat. Es sollte nach der Gründung der Stadt allerdings noch fast ein Jahrhundert vergehen, bis 1814 mit Friedrich Weinbrenners monumentaler St. Stephanskirche der erste katholische Kirchenbau Karlsruhes geweiht werden konnte, und die Umstände des katholischen kirchlichen Lebens in den ersten Jahrzehnten entsprachen durchaus nicht heutigen Standards gleichberechtigter Religionsausübung. So hatte etwa der evangelische Pfarrer die Pfarrrechte auch über die Katholiken inne. Nachdem 1804 eine eigenständige katholische Pfarrei errichtet worden war, entstand mit der Stephanskirche 1814 jener Ort, der bis heute die lebendige Mitte des katholisch-kirchlichen Lebens in Karlsruhe und weit darüber hinaus geworden und geblieben ist.

Vergangenheit und Gegenwart

Karlsruhe galt und gilt gelegentlich bis heute als eine überwiegend evangelisch geprägte Stadt. Tatsächlich ergibt sich ein gewisser institutioneller Vorsprung für die evangelische Seite aus der Tatsache, dass Karlsruhe Sitz des Landesbischofs und des Oberkirchenrats der Evangelischen Landeskirche in Baden ist, während katholischerseits der Erzbischof und das erzbischöfliche Ordinariat ihren Sitz in Freiburg haben. Das hat naheliegende Konsequenzen, etwa hinsichtlich der Zahl in Karlsruhe ansässiger Theologen, kirchlicher Einrichtungen oder hoch qualifizierter Stellen in der Kirchenmusik.

Was die Bevölkerungsverteilung angeht, haben sich die Verhältnisse mittlerweile deutlich angeglichen, ja umgekehrt. So gehören nach den Eingemeindungen auch Stadtteile zu Karlsruhe, die südlich der Alb liegen und damit traditionell katholisch sind (Bulach, Daxlanden). Bis zur Wiedervereinigung 1771 der seit 1535 politisch und konfessionell getrennten badischen Staaten Baden-Baden (katholisch) und Baden-Durlach (evangelisch-lutherisch) war die Alb Landes- und Konfessionsgrenze. Bulach (Pfarrei 1464) und Daxlanden (Pfarrei 1463) blicken auf eine deutlich ältere Kirchengeschichte zurück als Karlsruhe selbst. Auch die beliebte, bis heute intensiv genutzte barocke St. Valentinskirche in Daxlanden ist älter (erbaut ab 1713). Unter anderem durch die Bevölkerungsverschiebungen nach dem Zweiten Weltkrieg hat der katholische Anteil deutlich zugenommen. Seit etwa zwanzig Jahren leben mehr Katholiken als evangelische Christen in Karlsruhe. Insgesamt stehen die Bevölkerungsanteile zwischen den beiden großen Konfessionen seit Jahrzehnten in einem sehr ausgewogenen Verhältnis – eine wichtige Voraussetzung für eine ökumenische Zusammenarbeit auf Augenhöhe. Deutlicher spürbar ist allerdings der Rückgang der christlichen Bevölkerungsanteile insgesamt: Hatte die Zahl evangelischer Christen zwischen 1950 und 1987, die der katholischen zwischen 1961 und 1995 bei jeweils über 100.000 Personen gelegen, so lebten Ende 2013 nur noch knapp 90.000 katholische und ca. 83.500 evangelische Christen in Karlsruhe. Im Gesamt einer stetig wachsenden Stadtbevölkerung – inzwischen ca. 300.000 Menschen – standen Ende 2013 30,7% katholische und 28,5% evangelische Christen 40,9% Konfessionslosen bzw. Andersgläubigen gegenüber.

Im Gesamt der Erzdiözese Freiburg kommt Karlsruhe als der alten Hauptstadt von Baden, als „Bundeshauptstadt der dritten Gewalt" und nunmehr auch größter Stadt der Erzdiözese eine herausgehobene Stellung zu.[2] Die Stephanskirche als Hauptkirche und das Dekanatszentrum Karlsruhe mit dem Stephanssaal sind häufig Schauplätze auch wichtiger überregionaler, zentraler kirchlicher und gesellschaftlicher Ereignisse. Bedeutende Theologen-Persönlichkeiten haben die Karlsruher Kirche in der Nachkriegszeit spürbar geprägt: Prof. Karl Josef Fluck (1904–1969) und Prälat Ehrendomkapitular Dr. Albert Füssinger (1913–1996) als Pfarrer von St. Stephan und Dekane von Karlsruhe (1959–1969 bzw. 1969–1988). Dr. Eugen Kreß (1925–2014), Caritasdirektor und Religionslehrer, und P. Otto Gaupp SJ (1928–1998), Hochschulseelsorger und Gründer des „Roncalli-Forums", waren über Jahrzehnte als hoch geschätzte Prediger in St. Stephan Mittelpunkte zweier ganz unterschiedlich geprägter Gottesdienstgemeinden. Mit großartigen Kirchenbauten v.a. des Historismus (St. Cyriakus, Bulach; St. Bonifatius, Weststadt; St. Bernhard, Oststadt; Heilig Geist, Daxlanden) und der (Nachkriegs-) Moderne (St. Hedwig, Waldstadt; die mustergültig modern wieder aufgebaute Stephanskirche ist auch hier ausdrücklich zu nennen) und vor allem der prägenden Kunst Emil Wachters (1921–2012) leisten katholische Kirchenbauten auch über St. Stephan hinaus einen wesentlichen Beitrag zum Karlsruher Stadtbild. Von Anfang an wurden der Aufbruch des Zweiten Vatikanischen Konzils (1962–1965) und dessen Übertragung auf die Situation in Westdeutschland durch die Gemeinsame Synode der Bistümer in der Bundesrepublik Deutschland (Würzburg 1971–1975) in der erneuerten Liturgie, in Verkündigung und Pastoral, besonders auch durch die neuen Strukturen der Mitverantwortung aller (Pfarrgemeinderäte, Dekanatsrat) freudig aufgenommen. Mehrere seither verabschiedete pastorale Konzeptionen für die Stadt haben den sich wandelnden Gegebenheiten Rechnung getragen. Nicht zuletzt eine starke Öffentlichkeitsarbeit gibt der vom Konzil gewollten Präsenz der Kirche in der Welt von heute konkrete Gestalt. Hierzu gehören die lange Jahre bestehende Dekanatszeitung „KA. Kirche aktuell" und heute die ökumenische „Kirchenzeitung" als Beilage der Badischen Neuesten Nachrichten ebenso wie die mittlerweile Standard gewordene Internetpräsenz von Dekanat, Gemeinden und Einrichtungen und die kirchliche Berichterstattung im „Katholischen Rundfunkbüro Karlsruhe" für den Ende der 1980er Jahre neu entstandenen privaten regionalen und lokalen Hörfunk. 1992 brachte der 91. Deutsche Katholikentag unter dem Leitwort „Eine neue Stadt ersteht" der Karlsruher Kirchengeschichte ihren vorläufigen Höhepunkt.[3]

Zugleich gibt es entsprechend den allgemeinen Entwicklungen auch retardierende Momente und Lücken im kirchlichen Leben der Stadt. So ist etwa die wissenschaftliche Theologie unter den zahlreichen Hochschulen Karlsruhes nur an der Pädagogischen Hochschule vertreten. Nach dem Weggang der Jesuiten und der Kapuziner gibt es keine männliche Ordensgemeinschaft mehr in der Stadt. Auch die einzige überregionale Verwaltungsstelle der Erzdiözese, die ihren Sitz in Karlsruhe hatte, die Außenstelle Karlsruhe des Erzbischöflichen Bauamts Heidelberg, an der auch die Glockeninspektion der Erzdiözese angesiedelt war, besteht nicht mehr. Lediglich das Konradsblatt, die angesehene Wochenzeitung für das Erzbistum Freiburg, die bereits im 99. Jahrgang erscheint, hat nach wie vor ihren Sitz in Karlsruhe.

Was die pastoralen Strukturen angeht, ist Karlsruhe auf der mittleren Ebene Sitz des katholischen Dekanats Karlsruhe. Von der bisherigen Region Mittlerer Oberrhein / Pforzheim, einer von sieben Regionen in der Erzdiözese Freiburg, in der die fünf Dekanate Baden-Baden, Bruchsal, Karlsruhe, Pforzheim und Rastatt zusammengefasst waren und die damit dem Großraum Karlsruhe als geographischer Größe auch kirchlich Gestalt gegeben hatte, wird lediglich die bisherige Regionalstelle als externe Dienststelle des Erzbischöflichen Seelsorgeamts Freiburg fortbestehen. Zum Dekanat Karlsruhe gehören die Städte Karlsruhe, Ettlingen und Rheinstetten sowie

Eggenstein-Leopoldshafen, Malsch und die Gemeinden im Albtal. Alle pastoralen Strukturen sind wie überall in der Erzdiözese seit Jahren in einem tiefgreifenden, fortgesetzten Umbruch begriffen, der dem zunehmenden Priestermangel begegnen soll. So wurden Anfang 2015 die von einem Priester geleiteten Seelsorgeeinheiten, in denen die örtlichen Gemeinden zusammengefasst sind, neu umschrieben und zumeist deutlich vergrößert. Das Gebiet des Dekanats Karlsruhe umfasst nunmehr zwölf große Seelsorgeeinheiten. Dabei besteht beispielsweise allein die zentrale Seelsorgeeinheit Karlsruhe Allerheiligen, zu der auch St. Stephan gehört, aus einem Gebiet von der Südstadt bis nach Knielingen mit sieben Gemeinden und über 31.000 Katholiken. Auch die Grenzen der Dekanate wurden in jüngerer Zeit neu umschrieben. Dabei wurden die früheren Dekanate Karlsruhe und Ettlingen zu dem jetzigen Dekanat Karlsruhe vereinigt – mit der Folge, dass es nun keine pastorale Struktur mehr gibt, die allein auf Karlsruhe selbst mit den besonderen Gegebenheiten einer Großstadt bezogen wäre.

Pastorale Akzente

Die Besonderheiten urbanen Lebens sind seit Langem Gegenstand intensiver sozialwissenschaftlicher Forschungen – und stehen parallel dazu auch im Blickpunkt pastoraltheologischen Interesses.[4] In der Stadt lebt nicht nur eine große Zahl von Menschen auf engem Raum zusammen, hier sind die wichtigen, zentralen politischen und kulturellen Institutionen einer Gesellschaft angesiedelt. Hier zeigen sich konzentriert die gesellschaftlichen und kulturellen Entwicklungen einer Zeit. Schon die städtebauliche Anlage kennzeichnet den Charakter einer Stadt. Was steht im Mittelpunkt – der Dom / die Hauptkirche, das Schloss des absolutistischen Fürsten, große öffentliche Bauten (Bahnhöfe als „Kathedralen der Neuzeit") oder Bankhochhäuser, die Paläste des Kapitals? Wo sind ggf. die Kirchengebäude angeordnet? Karlsruhe als Planstadt des aufgeklärten Absolutismus ist vom Schloss aus entwickelt, ordnet aber den Kirchen der verschiedenen Konfessionen zentrale Orte in der Stadtanlage in Korrespondenz zum Schlossbezirk zu.

Die wissenschaftliche Theologie und das kirchliche Handeln nehmen die verschiedenen Zusammenhänge des städtischen Lebens in den Blick und antworten auf sie mit eigenen Konzepten. Jenseits der strukturellen Rückzugsgefechte geht es hier um offensive, nach vorn gewandte Formen theologischen Denkens und kirchlichen Handelns. So gibt es für Karlsruhe wie in anderen Großstädten eine eigene Stelle für „Citypastoral", die mit dem „Kirchenfenster" bei St. Stephan einen eigenen „niederschwelligen" Informations- und Gesprächsort für Passanten bereithält. Im Blick auf die Zunahme der Konfessionslosen auch in Karlsruhe und den allenthalben zu beobachtenden Schwund an Glaubenswissen gewinnen kirchliche Bildungsangebote immer mehr an Bedeutung. Das gilt für den Bereich der schulischen Bildung – in Karlsruhe für das Mädchengymnasium St. Dominikus der Schulstiftung der Erzdiözese Freiburg – genauso wie für die kirchliche Erwachsenenbildung, hier das Bildungszentrum Karlsruhe und das Roncalli-Forum als Einrichtungen des Bildungswerks der Erzdiözese Freiburg sowie die zahlreichen Bildungswerke örtlicher Gemeinden in der Stadt. Dabei kommt der „Akademie der älteren Generation", einer gemeinsamen Veranstaltungsreihe des Bildungszentrums Karlsruhe und des katholischen Dekanats, eine prominente Stellung zu. Für den städtischen Kontext sind jene kirchlichen Angebote von besonderer Relevanz, die direkt auf die besonderen Gegebenheiten der Stadt zielen, das heißt hier auf Karlsruhe als Stadt von Kunst und Kultur mit zahlreichen Hochschulen, Museen und Theatern und auf Karlsruhe als Sitz des Bundesverfassungsgerichts, des Bundesgerichtshofs und der Bundesanwaltschaft, als „Bundeshauptstadt der dritten Gewalt". In diesen Kontexten ist das Wirken der Katholischen Hochschulgemeinde (KHG) Karlsruhe ebenso angesiedelt wie die Präsenz der katholischen Erwachsenenbildung an der Schnittstelle von Theologie und Kultur und der Aufgabenbereich des „Karlsruher Foyers Kirche und Recht".

Kirche und Kultur – Theologische Erwachsenenbildung

Über ihre Informations- und Orientierungsfunktion hinaus ist die Theologische Erwachsenenbildung einer der Orte, an denen Kirche in der Kultur der Gegenwart präsent und mit ihr im Gespräch ist. Das Bildungszentrum Karlsruhe und das Roncalli-Forum haben mit den großen kulturellen Institutionen in Karlsruhe von der Staatlichen Kunsthalle und dem Badischen Landesmuseum über das Zentrum für Kunst und Medientechnologie (ZKM) bis zum Badischen Staatstheater unterschiedliche Formen der Kooperation entwickelt – theologische Führungen, Vorträge, Podiumsdiskussionen –, bei denen die theologischen Dimensionen von Ausstellungen bzw. einzelnen Exponaten, Theaterstücken etc. erschlossen und zur Diskussion gestellt werden.[5] So kann ein Beitrag geleistet werden, jenen „Bruch zwischen Evangelium und Kultur" zu heilen, den der sel. Papst Paul VI. als „das Drama unserer Zeitepoche" bezeichnet hat.[6]

Das Karlsruher Foyer Kirche und Recht

Seit 2007 besteht das „Karlsruher Foyer Kirche und Recht" als Kontaktstelle der beiden großen Kirchen zu den obersten Bundesgerichten in Karlsruhe.[7] Die ökumenische Einrichtung, die stellvertretend für die Kirchen auf der Bundesebene von der Erzdiözese Freiburg und der Evangelischen Landeskirche in Baden gemeinsam getragen wird, stellt eine Plattform für den Dialog und die gesellschaftliche Begegnung zwischen Theologie und Jurisprudenz, Kirche und Rechtsprechung dar, auf der alle relevanten Themen an diesen Schnittstellen – von der Begründung der Menschenwürde bis zur Kirchenfinanzierung – diskutiert werden können. Damit pflegt die Kirche eine aktive Präsenz im Herzen des gesellschaftlichen Diskurses und nimmt ihre Verantwortung als große Akteurin im demokratischen Staat wahr. Zugleich ist das „Karlsruher Foyer Kirche und Recht" neben der Juristischen Studiengesellschaft eine der wenigen Einrichtungen, die sich im Umfeld der obersten Bundesgerichte gebildet haben – woraus sich eine Anfrage vor allem an die Karlsruher Bürgerschaft ergibt, die in den vergangenen Jahrzehnten wenig dafür getan hat, den obersten Gerichten ein angemessenes gesellschaftliches Umfeld zu schaffen (etwa durch die Errichtung einer juristischen Fakultät) und damit das eigene Profil als „Bundeshauptstadt der dritten Gewalt" zu stärken.

1 Überarbeitete Fassung des Beitrags: Tobias Licht, Katholisches in Karlsruhe; in: Heinrich Hauß (Hrsg.), Karlsruhe – Aufgefächert. Aspekte und Perspektiven der Kultur in der Stadt, Freiburg (Rombach) 2015, 132–140.

2 Für einen Gesamtüberblick über die katholischen Gemeinden und Einrichtungen der Stadt vergleiche die hervorragend detaillierten Angaben in: Erzbischöfliches Ordinariat Freiburg i.Br., Realschematismus der Erzdiözese Freiburg i.Br., Freiburg 2001, 348–372.

3 Eine neue Stadt ersteht – Europa bauen in der einen Welt. 91. Deutscher Katholikentag vom 17. bis 21. Juni 1992 in Karlsruhe. Dokumentation, hrsg. vom Zentralkomitee der deutschen Katholiken, Kevelaer (Butzon & Bercker) 1993.

4 Vgl. zum Thema insgesamt: Tobias Licht, Pastoral in der Großstadt – am Beispiel Karlsruhe; in: Paul Wehrle / Tobias Licht (Hrsg.), City-Pastoral in der Erzdiözese Freiburg. Grundlinien und Ansätze, Freiburg 2002 (Freiburger Texte 47), 30–44.

5 Vgl. ausführlicher Albert Käuflein / Tobias Licht, Kunst als Medium missionarischer Pastoral. Projekte der Erwachsenenbildung in Karlsruhe; in: Paul Wehrle / Karsten Kreutzer (Hrsg.), Glaube sucht Ästhetik. Zum Kulturengagement in der Erzdiözese Freiburg, Freiburg 2007 (Freiburger Texte 56), 98–103.

6 Sel. Papst Paul VI., Apostolisches Schreiben *Evangelii Nuntiandi* über die Evangelisierung in der Welt von heute (1975), Nr. 20.

7 Vgl. zusammenfassend: Tobias Licht, Das „Karlsruher Foyer Kirche und Recht", in: Glauben leben. Zeitschrift für Spiritualität im Alltag 85 (2009), 266–267; ders., Im Gespräch mit der Dritten Gewalt. Das „Karlsruher Foyer Kirche und Recht", in: Fridolin Keck (Hrsg.), Lebenswelten Glaubenswelten. Die Erzdiözese Freiburg, Freiburg / Basel / Wien (Herder) 2011, 65.

Die „Arbeitsgemeinschaft Christlicher Kirchen" (ACK)

Günter Frank

Die „Arbeitsgemeinschaft Christlicher Kirchen e.V." wurde im Jahr 1948 gegründet. Ihr erklärtes Ziel ist die Förderung der ökumenischen Zusammenarbeit unter den christlichen Kirchen und der kirchlichen Einheit. In Deutschland bildet sie den „Nationalen Kirchenrat", der wiederum eine assoziierte Organisation des „Weltkirchenrates" darstellt. Die in der ACK zusammengeschlossenen Kirchen „bekennen den Herrn Jesus Christus gemäß der Heiligen Schrift als Gott und Heiland und trachten darum, gemeinsam zu erfüllen, wozu sie berufen sind, zur Ehre Gottes, des Vaters, des Sohnes und des Heiligen Geistes" (§ 1 der Satzung). Diese Formulierung entspricht auch der Basisformel des Weltkirchenrates.

In Baden-Württemberg wurde die ACK im Jahr 1973 gegründet. Mittlerweile sind ihr 21 Mitgliedskirchen verschiedener Herkunft, Tradition, Größe und Kultur beigetreten. Sie gehören zu den drei großen Konfessionsfamilien: der römisch-katholischen Kirche, der protestantischen Kirchen mit den Freikirchen sowie der orthodoxen Kirchen. Die regionale Gruppe der ACK auf der Ebene der Stadt Karlsruhe hebt in der Präambel ihrer Satzung vom August 2000 hervor: „Die in der ‚Arbeitsgemeinschaft Christlicher Kirchen' in Karlsruhe verbundenen Kirchen und Glaubensgemeinschaften wollen ihrer Gemeinsamkeit im Glauben an den einen Herrn Jesus Christus, der Haupt der Kirche und Herr der Welt ist, in Zeugnis und Dienst gerecht werden – zur Ehre Gottes, des Vaters und des Sohnes und des Heiligen Geistes." Unter diesem Motto gestaltet sich auch die Ökumene vor Ort. Ökumene findet in erster Linie in den Stadtteilen und unter Nachbargemeinden statt. So laden sich die Kirchen gegenseitig zu gemeinsamen Bibel- und Gebetswochen sowie zu gemeinsamen Gottesdiensten ein. Darüber hinaus trägt die ACK ökumenische Projekte, beispielsweise bei Kinder-, Jugend- oder Seniorenveranstaltungen. Die Stadtökumene der Kirchen in Karlsruhe geschieht in der Stadt-ACK. Entsandte Delegierte der Mitgliedskirchen gestalten hier „überregionale" Ökumene in Karlsruhe. Neu ist in Karlsruhe die Kontaktaufnahme der ACK zur Evangelischen Allianz, einem Netzwerk aus Gemeinden, Werken und Interessierten vorwiegend aus dem reformatorischen Bereich der kirchlichen Landschaft.

Diesem ökumenischen Ziel dienen darüber hinaus verschiedene von der ACK getragene Initiativen in der Stadt Karlsruhe:

- **Ökumenische Gottesdienste auf der Seebühne** im Stadtgarten, die derzeit jeweils am ersten Sonntag eines Monats von Mai bis September um 15.00 Uhr stattfinden und mittlerweile schon auf eine 20-jährige Tradition verweisen können. Das Rahmenthema des Jahres 2015 lautet „Schöpfung und Taufe".

- **Friedensgebet vor dem Nagelkreuz von Coventry:** Seit dem 1. Januar 2011 befindet sich das Friedenskreuz in der Christuskirche in Karlsruhe. Derzeit findet dort an jedem Freitag um 12.00 Uhr ein Friedensgebet statt. Das Nagelkreuz wie auch das Friedensgebet gehen auf eine Initiative der anglikanischen Kathedrale von Coventry in Mittelengland zurück, die 1940 durch einen deutschen Luftangriff zerstört wurde und als Ruine stehen blieb. Aus Nägeln in der Ruine wurde ein Kreuz zusammengefügt, und seit 1959 wird dort an jedem Freitag um 12.00 Uhr eine Versöhnungslitanei gebetet, die die Worte „Father Forgive" – „Vater vergib" entfaltet, die in die Chorwand der Ruine eingemeißelt wurden. Heute sind Nachbildungen des Nagelkreuzes weltweit verbreitet, und an vielen Orten wird regelmäßig am Freitag um 12.00 Uhr die Friedenslitanei gebetet. Das Karlsruher Nagelkreuz, getragen von der Arbeitsgemeinschaft Christlicher Kirchen (ACK), Karlsruhe, war bis 2007 in der Stephanskirche. Es wird von Gemeinden verschiedener Konfessionen in Karlsruhe zu Gottesdiensten und Gebet in ihre Kirchen geholt. 70 Jahre nach dem Ende des Zweiten Weltkriegs und angesichts zahlloser gegenwärtiger Kriege und gewaltsamer Konflikte weltweit bittet es um Versöhnung und Frieden und erinnert an die christliche Verantwortung zum Einsatz für Frieden, Gerechtigkeit und die Bewahrung der Schöpfung.
- **„Autofasten" mit dem Fastenticket,** das 2015 vom 22. Februar bis zum Ostermontag, 9. April, stattfand und das vom Ausschuss „Frieden, Gerechtigkeit, Bewahrung der Schöpfung" der Evangelischen Kirche in Karlsruhe, der ACK Karlsruhe sowie dem Karlsruher Verkehrsverbund (KVV) getragen wurde. Neu war in diesem Jahr ein Malwettbewerb für Kinder und Jugendliche im Rahmen der Aktion „Autofasten". Kinder und Jugendliche waren eingeladen, selbstgemalte Bilder von ihrem schönsten Ausflug mit dem Fastenticket einzusenden. Dafür gab es zehn Preise zu gewinnen.
- **Kanzelrede zum Tag der Deutschen Einheit** in der evangelischen Stadtkirche von Karlsruhe-Durlach. Im Geburtstagsjahr der Stadt Karlsruhe 2015 wird sie Sven Giegold halten, Mitglied und Sprecher der Grünen Fraktion im Europaparlament und Gründungsmitglied von Attac-Deutschland.

Zweimal im Jahr treffen sich Vertreter der einzelnen Gemeinden zur ordentlichen Mitgliederversammlung. Hier werden Fragen konkreter Ökumene vor Ort erörtert. In den vergangenen Jahren waren dies z.B. Fragen zur Flüchtlingsarbeit in Karlsruhe, die „Nacht der offenen Kirchen", die Gestaltung der „Woche der Brüderlichkeit", der „Gebetswoche für die Einheit der Christen" und der jährlichen Friedensdekade sowie das „Christlich-islamische Friedensgebet".

Mit all ihren Initiativen stellt die ACK Karlsruhe damit ein sichtbares Zeichen gelebter Ökumene unter den Kirchen dar. In ihnen drücken sich Offenheit, Toleranz und der Wunsch der Bürger dieser Stadt nach der sichtbaren Einheit der Kirche aus. Seit den ersten Überlegungen zu dem nunmehr vorliegenden Führer durch die Karlsruher Kirchen hatte sich die ACK diese Anliegen zu eigen gemacht. Wir freuen uns, dass mit diesem jetzt ein wunderbarer Einblick in die Lebendigkeit und Vielfalt kirchlichen Lebens in dieser Stadt möglich wurde.

Facetten des **Kirchenbaus**

Zur Geschichte und Bedeutung des Karlsruher Kirchenbaus

Jürgen Krüger

An dieser Stelle können einführend nur einige Grundlinien des Karlsruher Sakralbaus skizziert werden. Zunächst geht es um die *Karlsruher* Architekturschule und *Karlsruher* bildenden Künstler, denn es wird sich zeigen, wie stark der Sakralbau in Karlsruhe von seinen Baumeistern und Künstlern geprägt wird. Dann folgen eine Skizze der Entwicklung der letzten zwei Jahrhunderte und Überlegungen zur kirchlichen Ausstattung. Mit einem Blick auf die Vororte wird diese Einführung abgerundet.

Karlsruher Architektur und Bildende Kunst

Karlsruhe erlangte weniger mit dem Schlossbau ab 1715 und viel mehr mit dem Ausbau der Residenzstadt unter Markgraf Karl Wilhelm eine überregionale Bedeutung. Friedrich Weinbrenner, dem Architekten der klassizistischen Stadt, verdanken wir die ersten monumentalen Sakralbauten, die Karlsruhe einen Platz in der Geschichte des europäischen Kirchenbaus verschaffen. Weinbrenner wurde zum Begründer der Karlsruher Architekturschule, seine Bauschule, die er 1800 einrichtete, ist die Keimzelle des KIT! An der Architekturfakultät dieser technisch ausgerichteten Universität sowie an der „Hochschule Karlsruhe – Technik und Wirtschaft", 1878 begründet, lehrten die Architekten und Ingenieure und bildeten mit ihren Schülern eine Architekturschule, die den Sakralbau in Karlsruhe und in Baden formte und immer wieder wichtige Impulse gab. In der zweiten Hälfte des 19. Jahrhunderts wurden in der badischen Landeskirche und in der Erzdiözese Freiburg kirchliche Bauämter eingerichtet, die in der Folgezeit den Kirchenbau ihrer Konfessionen bestimmten.

Zahlreiche Architekten begannen hier ihren beruflichen Weg und prägten ihre fachliche Disziplin. Neben Friedrich Weinbrenner, Heinrich Hübsch und Josef Durm sind vor allem Otto Bartning, der große evangelische Kirchenbaumeister des 20. Jahrhunderts schlechthin, und Egon Eiermann zu nennen, dieser freilich mehr durch seine Kirchenbauten außerhalb von Karlsruhe bzw. durch seine in Karlsruhe wirkenden Schüler.

Die Bildenden Künste haben in Karlsruhe seit 1854 mit der Staatlichen Akademie der Bildenden Künste Karlsruhe eine eigene Hochschule. Ihre Lehrer und Schüler wurden vor allem im 20. Jahrhundert immer wieder zur Ausstattung der Kirchen herangezogen. Unter ihnen finden sich Namen wie Erich Heckel und Klaus Arnold, die nach dem Zweiten Weltkrieg das Erscheinungsbild der Karlsruher Kirchen wesentlich bestimmten (der erste durch seine Schüler). Eine Sonderstellung nimmt Emil Wachter ein, der 1939 in Freiburg das Studium der Theologie begonnen hatte und nach dem Krieg an der Karlsruher Akademie als Student der Bildenden Künste weiterstudierte. Die katholische Nachkriegskunst hat er ganz wesentlich mitgeprägt.

Entwicklungslinien

Verglichen mit anderen Städten in Deutschland verlief die Entwicklung im 19. Jahrhundert in Karlsruhe relativ langsam. Weinbrenner und Hübsch schufen zwar mustergültige Bauten des Klassizismus und Historismus für den Kirchenbau in ganz Deutschland, fanden aber mangels Bedarf in Karlsruhe selbst kaum eine Fortsetzung. Erst in den Jahrzehnten vor dem Ersten Weltkrieg entstand eine lebendige Kirchbauszene, als eine Reihe großer Vorstadtkirchen entstand, die die Stildiskussion jener Jahre beispielhaft repräsentieren – von der Neoromanik über die Neogotik bis hin zum Jugendstil, verbunden mit der schöpferischen Auseinandersetzung mit dem Althergebrachten.

Die Nachkriegszeit war geprägt von Geldmangel, der bekanntlich erfinderisch macht. Die „Notkirchen" jener Zeit sind in der Südweststadt erhalten, eine seltene Ausnahme im Kirchenbau. Zusammen mit Bartnings Notkirche, der Friedenskirche, und den Kirchen der amerikanischen Kasernen, die ebenfalls als Provisorium gebaut worden waren, bilden sie ein wenig bekanntes Kapitel des modernen Kirchenbaus.

Während der Zweite Weltkrieg mit seinen verheerenden Luftangriffen die größten Verluste in der alten Bausubstanz brachte, erscheinen die Fünfziger- und Sechzigerjahre als die goldene Zeit eines neuen Kirchenbaus in Karlsruhe. Die beschädigten Kirchen wurden meist vereinfacht wiederhergestellt, und zugleich setzte wegen des großen Zuzugs von Vertriebenen und Flüchtlingen ein Bauboom ein. Viele neue Stadtviertel entstanden, die Kirchen dieser Zeit wurden groß geplant und waren trotzdem fast zu klein für den Andrang an Gottesdienstbesuchern.

Ein neu- oder wiederentdecktes Medium wurde die Glasmalerei. Farbige Fenster wurden zum Unterscheidungsmerkmal zwischen einem Profan- und einem Sakralbau: Die Jakobuskirche in der Nordweststadt ist hierfür ein gutes Beispiel. Nahezu jede Kirche wurde so ausgestattet, die Bildzyklen wurden meist von prominenten Künstlern entworfen. An ihnen lässt sich wohl am besten die Stilentwicklung von figürlicher Malerei hin zu modernen Kompositionen verfolgen.

In den Jahren um 1970 wendeten sich die Verhältnisse rasch, der Neubau von Kirchen ging zurück, und noch stärker war der Rückgang an Gottesdienstbesuchern. In diesen Jahren setzte auch im Kirchenbau ein Umdenken ein. Die wenigen Neu- oder Umbauten wurden jetzt in wesentlich kleineren Dimensionen geplant, doch zugleich begann eine neue Phase der Kirchendekoration. Waren die Bauten nach dem Krieg relativ einfarbig geblieben, oft schon aus Kostengründen, wurden jetzt die Kirchen wieder bunter. In manchen Fällen gelang es, die alten Farbmuster der Erbauungszeit oder gar figürliche Malereien zu rekonstruieren wie in der Lutherkirche, in anderen Fällen wurden

Gewölbe oder Wände mit neuen Gemäldezyklen versehen wie in der Kirche St. Elisabeth oder St. Bonifatius.

Ein Phänomen des späten 20. Jahrhunderts sind die Gemeindezentren. Der Kirchenraum als selbständiger Sakralraum schien an Bedeutung zu verlieren, wichtiger wurden Räume für vielfältiges und diakonisches Gemeindeleben. Den Mittelpunkt solcher Gemeindezentren bildet meist ein Saal, der multifunktional zu nutzen ist, vom Theater bis hin zur Sportstätte, und der in einer Ecke einen Anraum für den Altar und Kirchengeräte besitzt. Trotz der „Krise des Kirchenbaus" und der schwindenden Geldmittel dafür konnte sich diese Idee nicht weiter durchsetzen.

Lange Zeit hatte sich „die Kirche" schwer getan mit der Moderne. Im 19. Jahrhundert wurden nur die traditionellen Baustoffe – Stein, Ziegel, Holz – für den Kirchenbau zugelassen. Zäh war der Kampf im frühen 20. Jahrhundert, Kirchen auch aus Stahl, Glas oder Beton zu errichten. Karlsruhe blieb in dieser Frage eher verhalten, andere Regionen waren da schon früh der Moderne aufgeschlossen, wie z. B. Ulm mit seiner Garnisonkirche. Nach dem Zweiten Weltkrieg wurde Beton der vorherrschende Baustoff auch im Kirchenbau. Am Ende des 20. Jahrhunderts taucht die Frage unter veränderten Parametern wieder auf:

Mit welchen neuen Baustoffen kann eine Kirche gebaut werden, wie kann ein Kirchturm genutzt werden? Kirchtürme waren eigentlich von Beginn an multifunktional gebaut worden, nämlich um mit Glocken zum Gottesdienst zu rufen, als Zeitanzeiger im öffentlichen Raum, aber auch als Fluchtort oder um einer Feuerwache Platz zu bieten. Ihn nun als Mast für den Mobilfunk zu nutzen, wurde durchweg abgelehnt. Dies widerspricht noch immer dem Kirchenverständnis der Gemeinden. Auch dass Kirchendächer mit Photovoltaikanlagen ausgestattet werden wie die Philippuskirche, ist bislang ein Einzelfall. Dabei sind viele Kirchgemeinden im Rahmen des Projektes „Grüner Gockel" seit langer Zeit Trendsetter in Sachen Fairtrade und Umweltbewusstsein. Die Baptistengemeinde hat mit ihrem Gemeindezentrum in Stampflehmbauweise diesen Trend jetzt auch im Kirchenbau aufgenommen.

Kirchliche Ausstattung

„Ist das noch eine Kirche oder schon eine Fabrikhalle?", könnte man angesichts mancher Kirchengebäude und ihrer Einrichtung fragen. Die Frage offenbart eine große Unsicherheit, mit der Menschen Kirchenräume einer anderen Konfession, einer anderen Epoche oder einer anderen Tradition betrachten.

Die großen Konfessionen hatten im Lauf der Jahrhunderte ein ziemlich festes Schema geschaffen, wie und wo die klassischen Ausstattungsstücke, nämlich Altar und Taufstein, Kanzel, Ambo und Orgel zu platzieren sind. In der katholischen Kirche gehören dazu außerdem der Tabernakel mit dem Ewigen Licht, die Kreuzwegstationen, die Chorschranken und die Beichtstühle. Auch wenn sich die Ausstattung im Einzelnen unterschied, haben sich doch inzwischen in evangelischen und katholischen Kirchen erstaunliche Gemeinsamkeiten ergeben, sogar die Unterschiede zu den freien Kirchen werden geringer.

Die Liturgiereform, die in den großen Kirchen in den 1960er- und 1970er-Jahren durch Verordnungen – über die Konfessionsgrenzen hinaus bekannt ist das II. Vatikanische Konzil (1962–65) – und, teilweise mit großem zeitlichen Abstand, in der Praxis durchgeführt wurde, hat ihre Wurzeln in den liturgischen Diskussionen der Zwanzigerjahre. Dominikus Böhm (1880–1955) und Otto Bartning (1883–1959) waren die Architekten, die jeweils für ihre Konfession die Diskussion anführten und schon manches vor der eigentlichen Reform umsetzten.

An den prinzipiellen liturgischen Ausstattungen einer Kirche, nämlich Altar, Taufstein und Kanzel, lassen sich die Veränderungen gut erkennen.

So war der Altartisch sowohl in der evangelischen als auch in der katholischen Kirche früher an die Rückseite des Altarraums gerückt, der am Altar agierende Pfarrer feierte den Gottesdienst mit dem Rücken zur Gemeinde (lateinisch „versus apsidem"). Die katholische Messfeier wurde dahingehend reformiert, dass der Priester nun am Altar „versus populum", zur Gemeinde hin, also hinter dem Altar zu stehen habe, damit Gemeinde und Priester gemeinsam den Altar in ihrer Mitte haben. Das führte in den dem II. Vaticanum folgenden Jahrzehnten zu großen Umbaumaßnahmen in den katholischen Kirchen. Einen ähnlichen Prozess vollzog im gleichen Zeitraum, den 1960er- und 1970er-Jahren, die evangelische Kirche, als die Abendmahlsagende reformiert wurde. Die Pfarrerin / der Pfarrer soll das Abendmahl gemeinsam mit der Gemeinde in einem großen Kreis feiern. Wenn auch in Einzelheiten unterschiedlich, so sind doch die Grundanliegen in beiden Konfessionen und die Konsequenzen im Kirchenbau sehr ähnlich: Der Altar wird weiter nach vorne in den Kirchenraum hineingezogen und vor ihm wird Platz geschaffen. In Kirchen beider Konfessionen führte das dazu, die vielen Bankreihen zu verringern.

Die Veränderungen im Altarraum hatten weitere Konsequenzen und boten neue Möglichkeiten der Nutzung des Kirchenraums. In evangelischen Kirchen wurden „Inseln" für kleinere Gottesdienste geschaffen, zum Beispiel für Taizé-Gottesdienste oder für Gruppenarbeiten. In den Eingangsbereichen der Kirchen werden seit einiger Zeit Kirchenkaffees eingerichtet oder Plätze für Familien mit ihren Kindern, um ihnen die gemeinsame Teilnahme am Gottesdienst zu ermöglichen. Ähnliche Beispiele lassen sich in katholischen Kirchen beobachten. Häufig führten diese Veränderungen im „*Nutzungswillen*" dazu, die traditionellen Kirchenbänke durch bewegliche Stuhlreihen zu ersetzen. Im nächsten Schritt konnten derart möblierte Kirchenräume nicht nur für verschiedene kirchliche Veranstaltungen „umgestuhlt" werden, sondern sind nun auch für Konzerte besser geeignet. Ein interessantes Resümee ist, dass katholischer und evangelischer Kirchenbau hinsichtlich ihrer theoretischen Grunddisposition eigentlich von ganz unterschiedlichen Dispositionen her kommen und trotzdem immer ähnlicher werden.

Als weiteres Beispiel hat das Taufbecken wieder eine immense bauliche Relevanz gewonnen. Der katholische Kirchenbau wies dem Taufbecken, häufig in einer eigenen Kapelle, eine Position am Kircheneingang zu, weil der Täufling wie Katechumenen in der Zeit des frühen Christentums noch nicht zum Gottesdienst zugelassen war. In der evangelischen Kirche wurde das Taufbecken zu Seiten des Altars angeordnet, aufgrund des sakramentalen Verständnisses von Taufe. Mittlerweile verfügen Kirchengebäude beider Konfessionen häufig über zwei Taufbecken, die ganz unterschiedlich im Kirchenraum oder auch außerhalb aufgestellt werden, weil die Familie des Täuflings bestimmen will, ob die Taufe in kleiner oder großer Form stattfinden soll. In jedem Fall geht die Kirche heute auch in diesem Punkt stärker auf die individuellen Wünsche und Bedürfnisse von Gemeindegliedern ein.

Kaum ein Ausstattungsstück wird so sehr mit der Kirche assoziiert wie die Kanzel. Als Ort der Predigt und der Lehre hatte sie in evangelischen wie in katholischen Kirchen eine zentrale Funktion. Normalerweise nahe am Altar war sie seitlich an einer Stütze des Langhauses, in evangelischen Kirchen auch mittig, aber vor allem *über* den Köpfen der Gemeinde angebracht, so dass die Stimme des Predigers gut zu hören war. Bei den Reformen der 1960er- und 1970er-Jahre wurde meist diese alte Kanzel aufgegeben und in Altarnähe, also auf der Höhe mit der Gemeinde, ein Ambo als neuer Predigtort geschaffen. Zwischen diesem sehr viel schlichteren Ambo und einem Rednerpult, wie wir es bei den Freikirchen oder gar bei Pressekonferenzen täglich sehen, ist aber kaum noch ein Unterschied wahrnehmbar.

Einen weiteren Akzent bei der Gestaltung der Kirchenräume setzen aufgrund ihres Selbstverständnisses die freien Gemeinden bzw. die Freikirchen. Bei ihnen kommt zum Beispiel schon viel länger als in den großen Kirchen der Jugendarbeit, insbesondere dem Kindergottesdienst eine prägende Kraft zu. Und in manchen Kirchen wird die Ganzkörpertaufe des Erwachsenen in eigenen großen Taufbecken selbstverständlich „in Szene" gesetzt.

Manche der neuen, jungen Kirchen verzichten auf einen gestalteten Kirchenraum, so scheint es. Doch auch eine umgestaltete Fabrikhalle bedarf einer inneren architektonischen Organisation, um als Gottesdienstraum zu funktionieren. Dazu gehört etwa die Farbe Schwarz als neutraler Hintergrund, um den Prediger oder die Musikergruppe zu profilieren. Aber auch bei diesen jungen Gemeinden findet sich schon der Ansatz zur Traditionsbildung, etwa wenn in einer Ecke ein einfaches Holzkreuz mit Gebetszetteln steht: Es stammt aus dem ersten Raum, den die Gemeinde Jahre zuvor nutzen konnte, aus einer „Wohnzimmerkirche". Die Rituale der Gemeindebildung wiederholen sich über die Jahrtausende und weisen auf die gemeinsamen Wurzeln des Christentums hin.

Die Karlsruher Vororte

Karlsruhe wurde „im Wald" gegründet, ringsum lagen Dörfer am Hochgestade des Rheins oder am Fuße des auslaufenden Nordschwarzwalds. Im Umkreis von einigen Kilometern wurden sie inzwischen eingemeindet. Daher besitzt Karlsruhe eine Vielzahl von Kirchen, die viel älter sind als die Stadt selbst. Durch den Verstädterungsprozess der letzten anderthalb Jahrhunderte haben diese Ortschaften eine doppelte Kirchengeschichte, eine alte dörfliche und eine junge städtisch geprägte.

Leider ist von den mittelalterlichen Bauten nicht sehr viel übrig gelblieben. In Knielingen und Grötzingen sind die bauhistorisch wohl interessantesten Kirchenbauten des ausgehenden Mittelalters erhalten geblieben, von der alten Kirche in Grünwettersbach kündet nur noch ein hoch qualitätvoller Turm des 12. Jahrhunderts. Die wenigen Überreste von Kloster Gottesaue, das im späten 11. Jahrhundert gegründet worden ist, stellen die ältesten künstlerischen Zeugnisse zur badischen Geschichte in der weiteren Region dar.

Als Durlach im 16. Jahrhundert Residenzort der Markgrafschaft Baden wurde, wuchs damit auch seine Bedeutung, wenn auch in bescheidenen Maßen. Der Dreißigjährige Krieg (1618–48) und noch schlimmer der Pfälzer Erbfolgekrieg (1689–93) wirkten verheerend für Land und Volk und richteten so viel Zerstörung an, dass der Wiederaufbau im 18. Jahrhundert sehr zögerlich einsetzte. Die Blütezeit, die das Land danach erlebte und die zu einer Reihe von einfachen, aber schönen barocken Kirchenbauten führte, wurde bereits vom Hof in Karlsruhe aus gelenkt.

Im 19., mehr noch im 20. Jahrhundert geriet der Kirchbau in den Einflussbereich der Stadt im Hardtwald. Kirchenbauten wie in Bulach, Neureut oder Daxlanden wären ohne die Anbindung an das nahe Karlsruhe nicht zu verstehen. Nach dem Zweiten Weltkrieg setzte sich diese Entwicklung konsequent fort. Der Wirtschaftsraum Karlsruhe ist heute nahezu identisch mit der politischen Gemeinde und mit den kirchlichen Dekanatsbezirken.

Fazit

Erstaunliches Ergebnis der Einzeldarstellungen der Karlsruher Kirchen, die im Folgenden präsentiert werden: Karlsruher Baumeister und Künstler haben den Kirchenbau in Karlsruhe und Umgebung in größtem Maße geprägt; ihre Werke sind in den Kirchenbauten dauerhaft und öffentlich präsent. Die Karlsruher Kirchen bilden, neben den Museen, ein Kompendium der Künste in einer innovativen Region. Sie stellen die beste Quelle zum Betrachten und Genießen der Bau- und Kunstwerke Karlsruher Baumeister und Künstler dar, und sie bieten darüber hinaus noch einiges mehr.

Orgeln in Karlsruhe

Andreas Schröder

Die ‚junge' Stadt besitzt seit ihrer Gründung 1715 als Residenz „Carolsruhe" eine erstaunlich reiche Orgelgeschichte.

Wie die von Markgraf Karl Wilhelm geplante Konkordienkirche, an der Stelle der heutigen Pyramide, ausgestattet war, wissen wir nicht. Erhalten blieb aber das Instrument der ehemaligen Schlosskapelle, das ihrem Erbauer, Ferdinand Stieffel aus Rastatt, 1784 den Titel eines „Hoforgelmachers" eintrug. Es wurde 1871 in die Weinbrenner-Kirche von Langensteinbach übertragen und stellt heute eines der wertvollsten Denkmalinstrumente des Karlsruher Raumes dar.

Manche der später in die Großstadt eingemeindeten Orte besaßen Orgeln, die heute den Bestand an historischen Instrumenten bereichern. So erfreut in der evang. Kirche St. Jakob in Wolfartsweier ein barocker Prospekt vom Ende des 18. Jahrhunderts.

Das prominente Instrument in der evang. Stadtkirche Durlach geht auf einen Neubau aus den Jahren 1755/59 der Gebrüder Stumm aus Rhaunen-Sulzbach zurück. Die Disposition dazu hatte der Badische Hofkapellmeister Joh. Michael Molter erstellt. Nach zahlreichen Umbauten und Veränderungen enthält der prächtige Prospekt heute ein Werk der Schweizer Werkstatt Goll.

Als Karlsruhe 1806 Residenz des neugegründeten Großherzogtums Baden geworden war, erhielt die Stadt unter Friedrich Weinbrenner ein repräsentatives klassizistisches Gepräge. Die neu erbauten Stadtkirchen der beiden großen Konfessionen mussten nun mit entsprechenden Instrumenten ausgestattet werden. Das fiel dem Großherzog leicht, denn er konnte dabei auf säkularisiertes Kirchengut zurückgreifen.

Die evangelische Stadtkirche erhielt das Instru-

Durlach, evang. Stadtkirche

ment, das Johann Andreas Silbermann 1751/53 für die Benediktiner-Abteikirche St. Georgen in Villingen errichtet hatte.

In die neuerbaute katholische Stadtkirche St. Stephan übertrug Ferdinand Stieffell die Orgel aus der Benediktinerabtei St. Blasien, das größte Instrument, das je aus der Straßburger Silbermann-Werkstatt hervorgegangen war. Nach zahlreichen entstellenden, dem Wechsel des Zeitgeschmacks geschuldeten Umbauten wurden die Reste beider Karlsruher Silbermann-Orgeln im Herbst 1944 durch Bomben zerstört.

Eine Erinnerung an Silbermann ist in Karlsruhe allerdings verblieben. In die St. Cyriakus-Kirche in Karlsruhe-Bulach, einem bedeutenden Bau von Heinrich Hübsch, übertrug man 1907 das Gehäuse einer Orgel, die J. A. Silbermann 1752/53 für die Stiftskirche Baden-Baden geschaffen hatte, und stattete sie mit einer pneumatischen Orgel im zeittypischen Stil von H. Voit aus. Unermüdlich hatten sich Pater Albert Hohn und Karlsruher Bürger für die Rekonstruktion eines Instrumentes im Sinne Silbermanns eingesetzt. Einer von barock-

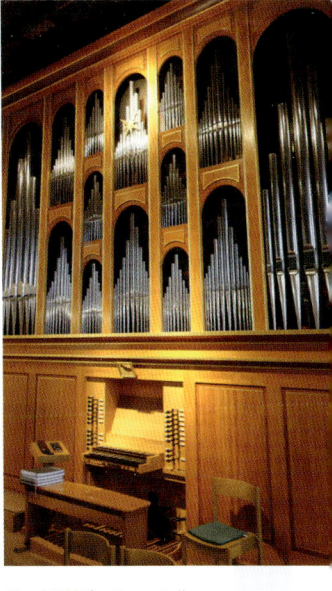

Die 1985 fertiggestellte Orgel der Werkstätten Albiez-Vleugels in der Christkönig-Kirche in Karlsruhe-Rüppurr

französischer Ästhetik geprägten Orgel wäre in Karlsruhe stets hohe Aufmerksamkeit gewiss.

In der nach dem Krieg von 1870/71 rapide wachsenden Stadt wurden zahlreiche neue Kirchenbauten erforderlich. Von Instrumenten, die den Wandel dokumentieren von einem romantisch-symphonischen zu einem mehr obertonreichen Klangideal, blieb außer den Instrumenten in der evang. Markuskirche oder in St. Bonifatius durch die Verwüstungen zu Ende des Zweiten Weltkriegs kaum etwas erhalten.

In den Jahren nach 1950 kam es zu zahlreichen Kirchen- und damit auch Orgelneubauten. Die bescheidene Blüte der Orgelkultur fand auch darin eine Stütze, dass das Instrument Orgel an der Staatlichen Hochschule für Musik gelehrt wurde und man bis zum Jahre 2003 dort auch Prüfungen in kirchenmusikalischen Fächern ablegen konnte.

In beiden Konfessionen kam es zu beachtlichen Orgelneubauten. Im katholischen Bereich sei vor allem an das einst viel beachtete Instrument in der Christ-König-Kirche in Karlsruhe-Rüppurr erinnert.

Wertvolle, geradezu kostbare Instrumente entstanden in der Südweststadt, in Daxlanden oder in der Herz-Jesu-Kirche.

Im evangelischen Bereich spielte die reich ausgestattete Orgel in Knielingen lange Zeit eine gewisse Rolle im Musikleben der Stadt. Die

Die an italienischen Vorbildern ausgerichtete Orgel der kath. Kirche in Karlsruhe-Wolfartsweier. Das Instrument der Werkstatt Hubert Sandtner diente als Chororgel in St. Stephan.

Matthäuskirche in der Südweststadt besitzt ein wertvolles, leider nahezu unbekanntes Instrument der Werkstatt Eule aus dem Jahre 1989. Im Jahr 2001 erhielt die Lutherkirche mit der drei-manualigen Orgel aus der Werkstatt Mönch ein qualitätvolles Instrument, mit dem die breit aufgestellte, reiche kirchenmusikalische Arbeit an der Lutherkirche unterstützt und weiter gefördert werden kann.

Die evangelische Stadtkirche ergänzte ihre monumentale Großorgel von Steinmeyer aus dem Jahre 1958 durch eine international anerkannte, hoch geschätzte Chororgel der elsässischen Werkstatt Remy Mahler.

Darin vorausgegangen war ihr bereits die katholische Stadtpfarrkirche St. Stephan. Zur Unterstützung der reichen Arbeit des Kinderchores war dort eine Chororgel der Werkstadt Sandtner aus Dillingen/Donau angeschafft worden. Nachdem man dieses Instrument nicht mehr benötigte, ziert diese Orgel jetzt die katholische Kirche in Karlsruhe-Wolfartsweier.

Die große symphonische Klais-Orgel der Stephanskirche, um die sich der unvergessene Prälat Füssinger und auch Dekan Emanuel Frey große Verdienste erworben hatten, wurde in jüngster Zeit in einen Neubau des Hauses Klais integriert.

In der Christuskirche wurde 1966 die Steinmeyer-Orgel von 1900 ausgetauscht durch einen Maßstab setzenden Neubau der Werkstatt Klais. Dieses Instrument wurde zur Initialzündung eines breitgefächerten musikalischen Lebens. Inzwischen ist aber auch diese Orgel Teil eines sehr pietätvollen Neubaus durch Klais geworden, der nun eines der größten Instrumente der Badischen Landeskirche darstellt.

Karlsruher Orgeln erzählen von einer verwirrend reichen Geschichte. Zwei schlichte, nahezu unbekannte Instrumente sollen noch einmal an die Anfangszeiten unserer Stadt erinnern.

In der St. Cyriakuskirche in Karlsruhe-Stupferich erfreut eine Stieffell-Orgel aus dem Jahre 1801 durch ihre edlen, französisch geprägten Klang und ein geschmackvoll-nobles Eichenholz-Gehäuse.

Ähnliches ist auch in der Valentinskirche in Karlsruhe-Daxlanden zu erwarten, nur dass dort dringend eine Überarbeitung erforderlich wäre. Allen Unkenrufen zum Trotz ist die Faszination der Orgel offenbar aber nach wie vor ungebrochen.

Die 2010 eingeweihte monumentale Klais-Orgel der Karlsruher Christuskirche, Festschrift

Vielleicht gelingt es ja eines Tages, bei einer Überarbeitung den romantisch-symphonischen Charakter der bemerkenswerten Orgel in St. Bonifatius zu stärken. Und wenn schließlich die das Stadtbild bestimmende Kirche St. Bernhard am Durlacher Tor ein Instrument erhält, das dem kathedralartigen Bau in ästhetischer Hinsicht vollauf gerecht wird, dann hätte die Orgelgeschichte der einstigen Residenzstadt einen krönenden Abschluss gefunden.

Die nahezu original erhaltene, 1801/04 entstandene Brüstungsorgel von Ferdinand Stieffell in der kath. Kirche in Karlsruhe-Stupferich

Glocken, Glockengeläut und Glockenguss in Karlsruhe

Kurt Kramer

Die Silhouette unserer Dörfer und Städte ist geprägt durch die Glockentürme der Kirchen, ihre Klangsilhouette durch die Klangfarben der Glocken und ihrem Geläut. Gemeinsam sind sie ein Teil der Identität einer Stadt. An den Türmen und ihrem Geläut ist – wie in zahlreichen Städten – die historische Entwicklung einer Stadt ablesbar, wie auch hier in Karlsruhe.

Der erste Glockengießer im heutigen Karlsruhe – Nikolaus Martinus von Campen, vermutlich ein Wandergießer aus Holland – war wohl seit dem Jahre 1615/16 in Durlach tätig. Für die ev. Kirche in Grötzingen goss er 1621 im Auftrag von IOHANNES · MEYER · VON · TVBINGEN · PFARHERR · IOHANN · SCHERBAVM · SCHVLMESTER · HANS · HEYDT · SCHVLTHEIS · ZV · GRETGEN eine für diese Zeit sehr charakteristische, klangvolle auf den Ton d' gestimmte Glocke. Ihre Inschrift ist eine klingende Ortschronik.

In Grötzingen scheint die Familie Heydt in dieser Zeit das Amt des Schultheiß gepachtet zu haben, denn auf der kleinen Glocke von 1731, sie hängt im kleinen Rathaustürmchen, ist zu lesen: IACOB HEIDT SCHVLTHEIS · DIESE GLOCK IST VON DES FLEKKEN GRÖTZINGEN EINKÜNFFTEN BEZAHLT WORDEN. In der gleichen Glockengießerei von Heinrich Ludwig Gosmann aus Landau wurde zuvor im Jahre 1718 die STADT THVRLACH RATHSGLOCK für das Rathaustürmchen von Durlach gegossen. Nach diesem Abstecher auf zwei Rathaustürmchen kehren wir wieder auf die Kirchtürme, nun im Zentrum der Stadt Karlsruhe zurück.

In der Kleinen Kirche am Marktplatz läuteten seit 1807 vier Glocken, die im Zuge der Säkularisierung aus dem Freiadelsstift Kloster Frauenalb nach Karlsruhe kamen. Sie wurden – bis auf die kleinste Glocke – Opfer des

Ersten Weltkrieges. Bereits 1929 musste diese einem vierstimmeigen Geläut der Glockengießerei Bachert weichen, das dann wenige Jahre später teils auf dem Glockenfriedhof in Hamburg zerstört oder 1944 Opfer der Bombardierung von Karlsruhe wurde.

Im Jahre 1952 kam das „neue" 4-stimmige Geläut f' – g' – b' – c" auf den Turm der Kleinen Kirche. Die große Glocke von 1767, die nach der Säkularisierung aus der Klosterkirche St. Georg Villingen in den Turm der Ev. Stadtkirche Karlsruhe kam, kehrte unversehrt vom Glockenfriedhof in Hamburg zurück und bildet nun als größte Glocke das Fundament des „neuen" Geläuts. Joseph Benjamin Grienigner in Villingen hat sie gegossen.

Glocke 3 ist die älteste Glocke im Geläut. „Mattheaus Edel zu Strasburg gos mich 1717", ist als Inschrift eingegossen. Damit läutete Sie bereits 2 Jahre nach Gründung der Stadt und ist damit auch die älteste, nach Gründung der Stadt gegossene Glocke Karlsruhes. Die Glocken 2 und 4 gossen die Gebrüder Bachert in Karlsruhe 1952. Glocke 4 ist nur eine Kopie der kleinen Glocke, die ursprünglich gemeinsam mit ihrer Schwester – Glocke 3 – auf dem Turm der Schlosskirche Karlsruhe läutete. Beide kamen, wie auch die große Glocke, im Juli 1947 vom Glockenfriedhof in Hamburg zurück.

In der Kleinen Kirche am Marktplatz erklingt heute ein für diese nicht geplante Zusammensetzung sehr schönes, klang-farbenreiches Geläut. Die durch Krieg und Säkularisierung ausgelöste „ökumenische Verschmelzung" fügt eine weitere Klangfarbe hinzu.

Die Geschichte der Glocken der Stadtkirche St. Stephan beginnt mit einem Geschenk von fünf 1781 bei Grieninger in Villingen gegossenen Glocken. Diese kamen im Zuge der Säkularisierung kurze Zeit nach Fertigstellung der Kirche im Jahre 1814 aus der Klosterkirche St. Blasien nach Karlsruhe. Drei Glocken wurden bereits im Jahre 1827 vom Stückgießer M. Engel im großherzoglichen Gießhaus in Karlsruhe umgegossen. Auch diesem Geläut blieben nur 40 Jahre, bis es von dem über Deutschland hinaus bekannten Konstanzer Glockengießer Carl Rosenlächer im Jahre 1866 in eine große b° und eine kleine b'-Glocke umgegossen wurde.

Für den Ersten Weltkrieg mussten 1917 die zweite und dritte der fünf Glocken bereits wieder abgegeben werden. Im Jahre 1926 ergänzte Glockengießer Grüninger in Villingen das verbliebene Geläut mit vier Glocken, die größte mit dem Ton g°. Diesem, nach zeitgenössischen Berichten prachtvollen Geläut waren nur 14 Jahre vergönnt. Die große Glocke wurde im Turm zerschlagen und ihre Scherben mit den anderen Glocken im Sommer 1942 auf den Glockenfriedhof in Hamburg abtransportiert. Die kleinste Glocke durfte im Turm verbleiben, wurde jedoch 1944 mit der Stadtkirche St. Stephan zerstört. Ausgerechnet der Glockenfriedhof in Hamburg wurde zum Retter der 1866 gegossenen Ludwigsglocke, wegen ihres wunderbaren Reliefs auch Weihnachtsglocke genannt: sie hat wie durch ein Wunder drei Kriege überdauert. Mit ihrer unverwechselbar mahnenden Stimme läutet sie vom Glockenturm der Stephanskirche über die Dächer von Karlsruhe.

Sie gab als größte Glocke den 1951 und 1953 bei Schilling in Heidelberg gegossenen Glocken den Ton vor. Die große ges°-Glocke kam 1966 mit einem Gewicht von 8510 kg hinzu. Die Klangfülle des

heute 11-stimmigen Geläuts ges° – b° – des' – es' – f' – as' – b' – des" – es" – f" – as", die letzten vier kommen aus der Karlsruher Glocken- und Kunstgießerei, lässt das Geläut von St. Stephan – auch in seiner liturgischen Vielfalt – im Reigen der bedeutendsten Geläute Deutschlands erklingen.

Auf Großherzoglichen Befehl bekam die Ev. Stadtkirche noch vor ihrer Weihe 1816 im Jahre 1814 sechs Glocken des ehemaligen Reichsstift St. Georg in Villingen und eine weitere aus dem Klostergeläut von St. Blasien von 1781 als Geschenk. Die große, 1767 gegossene Glocke wurde Opfer des Bombenangriffes im Zweiten Weltkrieg. Die kleine un-signierte Glocke, deren Gussjahr 1767 und die Wappen sie als kleine Schwester der zerbombten Glocke ausweisen, konnte nach dem Zweiten Weltkrieg aus Hamburg zurückkehren, nun aber in die Kleine Kirche. Das neue 5-stimmige Geläut mit der Tonfolge as° – c' – es' – f' – as' wurde in der Glockengießerei Bachert Karlsruhe im Jahre 1958 gegossen. Das mit den vier großen Glocken erklingende Salve-Regina zählt auch bundesweit zu den besonders schönen Geläutemotiven.

Gerade erst im Jahre 1902 im markanten, neu erbauten Glockenturm von St. Bernhard in Karlsruhe angekommen, mussten die Glocken schon 1914 den Krieg einläuten. Glücklicherweise blieb das größte und schönste Geläut der Familie Grüninger aus **Villingen** von der Ablieferung verschont. Vermutlich war eine in die Glocken eingegossene Widmung der markgräflichen Familie dafür sehr hilfreich. Das Geläut von St. Bernhard mit der Tonfolge b° – c' – d' – f' – g' – a' – b' – c", die Glocken f' und b' wurden 1948 hinzu gegossen, zählt heute zu den bedeutendsten der Jahrhundertwende 1900 in Süddeutschland.

„Allerdurchlauchtigste Großherzogin! Allergütigste Fürstin und Frau!", so begann im Jahre 1908 der Bittbrief um Unterstützung für das neue Geläut der Kirchengemeinde St. Bonifatius. Das Geläut hatte die Tonfolge b° – des' – es' – f' – as' – b' – des". Die große Glocke war selbstverständlich die Kaiserglocke. Nur neun Jahre, nachdem sie im Glockenturm angekommen waren, drohte den Glocken Unheil. Im Erlass des Kriegsministeriums Berlin vom 19. Mai 1917 „beehrt sich das Kriegsamt ergebenst", die Inanspruchnahme der Glocken zu Heereszwecken den Kirchen zur Kenntnis zu bringen. Etwas weniger poetisch: Die Glocken wurden beschlagnahmt und „für Kriegsbedarf" eingeschmolzen.

Schon im Juli 1922 bestellte der Katholische Stiftungsrat St. Bonifatius Karlsruhe, ein mächtiges 4-stimmiges Stahl-Geläut mit einem Gesamtgewicht von 9 158 kg beim „Bochumer Verein für Bergbau und Gussstahlfabrikation" mit der Tonfolge gis° – h° – cis' – dis'. Den zweiten Weltkrieg haben diese Glocken vermutlich nur überdauert, weil Stahlglocken im Gegensatz zu Bronzeglocken, wie auch bereits im Ersten Weltkrieg, nicht abgeliefert werden mussten. Warum Stahlglocken aber verschont blieben, wird wohl immer das Geheimnis von Hermann Göring bleiben. Denn er wollte, unabhängig von Bronze oder Stahl, nach dem „Endsieg" nur noch 10 bis 12 Glocken in Deutschland läuten lassen. Die Stahlglocken von St. Bonifatius zählen zu den schöneren Geläuten dieser Legierung.

Eine tragische Ironie Karlsruher Kirchen- und Glockengeschichte sei hier noch erwähnt. Die Glocken, die nach einem Erlass von Hermann Göring *„zur Stärkung der deutschen Metallreserve für Zwecke der Kriegsführung auf lange Sicht"* auf den Glockenfriedhof in Hamburg eingeschmolzen werden sollten, kamen, weil den Nazis am Ende dort zu wenig Zeit zur Zerstörung verblieb, wie durch ein Wunder zurück. So wurde ausgerechnet der „Glockenfriedhof" in Hamburg, auf dem die Nationalsozialisten ca. 80.000 Glocken zerstörten, zum Retter einiger historisch bedeutender Glocken, auch aus Karlsruher Kirchen. Die zunächst von der Ablieferung verschonten Glocken dagegen wurden gemeinsam mit ihren Türmen bei der Bombardierung Karlsruhes zerstört.

Obwohl die Anfänge des Glockengusses in Karlsruhe auf das Jahr 1621 – also vor Gründung der Stadt Karlsruhe – zurückreichen, beginnt ihre eigentliche Geschichte mit der Gründung der Glockengießerei durch Alfred und Karl Bachert im Jahre 1904. Aus dem Jahre 1905 ist eine Glocke erhalten, die bis vor wenigen Jahren noch in der Karlsruher Glockengießerei stand, heute aber leider verschollen ist. Neben den Firmeninhabern war Anfang des Jahrhunderts Glockengießermeister Ullrich aus Apolda mit der Konstruktion von Glockenrippen, das ist der Querschnitt einer Glocke, befasst. Hier in Karlsruhe entwickelte er die Konstruktion für den „Dicken Piter", die Petersglocke des Kölner Domes, mit 24.000 kg die größte freischwingende Glocke der Welt. So schwingen in den Klängen des Dicken Piter Teiltöne der Glockengießerkunst aus Karlsruhe mit.

Die herausragende Bedeutung der Glockengießerei weit über Karlsruhe hinaus setzt sich auch nach dem Zweiten Weltkrieg fort. Seit 1951 ergänzte der Karlsruher Glockengießer Karl Stumpf, einer der bedeutenden Glockengießer der Nachkriegszeit, diese reiche Palette von Konstruktionen durch eine moderne Dur-Rippe, der er später Sext- und Septimen-Glocken folgen ließ. Unter Karl Stumpf entstanden in „Karlsruher Rippe" unter anderem die Geläute der Christuskirche in Mannheim, der Ev. Stadtkirche in Pforzheim, der Kirche von St. Sebald in Nürnberg und das mächtige Geläut der Gedächtniskirche in Speyer.

Der Tod von F. W. Schilling in Heidelberg im Jahre 1971 und die Übernahme seiner Gießerei durch die Karlsruher Glocken- und Kunstgießerei brachten für diese eine weitere Ergänzung und Bereicherung des Rippenprogramms mit sich. Karl Stumpf gelang – unter wechselnden Eigentümern der Glockengießerei – die Nachkonstruktion der Schilling'schen Glockenrippe. Das 42-stimmige Glockenspiel am Karlsruher Rathaus, vor allem aber die Geläute des Eichstätter Domes und des Münsters zu Straßburg legen klingend davon Zeugnis ab.

Seit 1984 wurde die Karlsruher Glocken- und Kunstgießerei von Karin Schneider-Andris geführt. Unter ihrer Leitung wurden u. a. das Glockenspiel mit 49 Glocken in der Kath. Kirche von Eppingen, die Geläute für den Dom von Luxemburg, die Bürger-, die Stadt und die Lutherglocke für die Paulskirche in Frankfurt und das neue, wunderbare Geläut der Wallfahrtskirche von St. Märgen im Schwarzwald konstruiert und gegossen.

Im Januar 2003 kehrte die Glockengießerei Bachert, unter Leitung des Glockengießers Albert Bachert, an den Standort Karlsruhe zurück. Hier in Karlsruhe wurden u. a. so bedeutende Geläute wie für St. Thomas in Straßburg gegossen, das siebenstimmige Geläut für die Pfarrkirche Höchst in Vorarlberg, für die Kathedrale von Vezelay, von St. Marien, Neubrandenburg, die Jahrtausendglocke für St. Michaelis in Hamburg und nicht zuletzt das neue Geläut der wiedererbauten Frauenkirche von Dresden.

Eine Glocke und ein Geläut für Karlsruhe gegossen verdienen noch besondere Erwähnung. Da ist zunächst das 8-stimmige Geläut der Stadtkirche St. Peter und Paul in Durlach zu nennen. Mit der Tonfolge gis° – h° – cis' – dis' – e' – (fis') – gis' – h', die fis'-Glocke wurde bereits 1931 in Würzburg gegossen, konkurriert es mit der Ev. Stadtkirche und St. Stephan um den Titel des schönsten Geläuts der Stadt Karlsruhe.

Die einzige in Baden-Württemberg noch arbeitende Glockengießerei zählt nun schon seit über einem Jahrhundert zu den bedeutendsten in Deutschland und Europa. Glocken und Geläute rund um den Globus künden davon.

Doch emotionaler und klanglicher Höhepunkt des Glockengusses in Karlsruhe nach 2000 ist zweifellos der Guss der Friedensglocke für die Christuskirche. Sie wurde von den Bürgern der Stadt Karlsruhe anlässlich der Europäischen Glockentage 2004 in Karlsruhe gestiftet. Sie vervollständigt nun das 5-stimmige Bachert-Geläut, drei aus den Jahren 1952/53 und zwei Glocken der gleichen Glockengießerei aus den Jahren 1924 und 1929, die den Glockenfriedhof in Hamburg und den Bombenangriff auf die Stadt Karlsruhe in der Nacht vom 2. auf den 3. September 1942 überlebt hatten. Mit dem Ton f° erinnert uns ihre mächtige Stimme täglich um 12.00 Uhr an das Gebet für den Frieden in uns und für die Welt.

Gemeinsam mit ihren Schwestern in den Türmen von St. Bernhard, der Ev. Stadtkirche, der Kleinen Kirche und von St. Stephan lassen sie an besonderen Feiertagen eine Glockensinfonie erklingen, die vor dem Schloss besonders eindrucksvoll zu hören ist.

Die **Bauten**

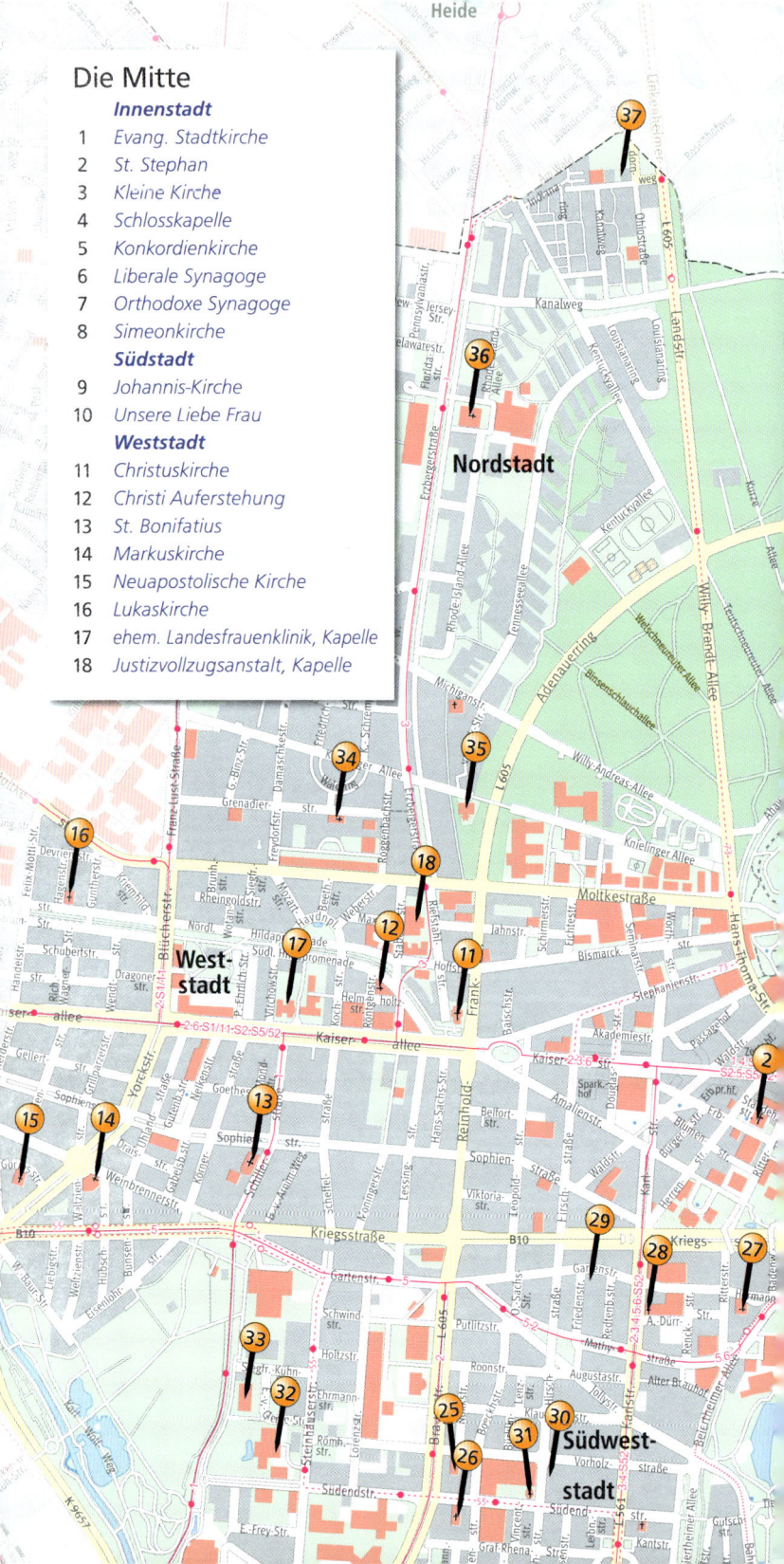

Die Mitte

© Stadt Karlsruhe | Liegenschaftsamt 2015 | 1985

KARLSRUHE

Die Entwicklung der Stadt Karlsruhe kann man sich in mehreren, klar unterscheidbaren Stufen vorstellen.

Im Jahr 1715 hatte Markgraf Karl III. Wilhelm von Baden (reg. 1709–1738) Karlsruhe gegründet – am Rande des großen Hardtwaldes, in angemessener Entfernung mehrerer historischer Siedlungen. Das Schloss und die Verwaltungsbauten des badischen Kleinstaates bildeten das Herz einer idealen barocken Residenzstadt, in deren Südteil die Zivilsiedlung entstand. Im Privilegienbrief vom 24. September 1715 billigte der Markgraf den neuen Bürgern zahlreiche Rechte zu, die erst viel später Grundbestand staatlicher Verfassungen wurden. Die Religionsfreiheit wurde darin an erster Stelle vor vielen finanziellen Vorteilen genannt: *Von dem Recht zur Ansiedlung und dem Genuss dieser Freiheiten darf niemand wegen seiner Religion ausgeschlossen werden. Vielmehr sollen alle, die einer der im Heiligen Römischen Reich verbreiteten Religionen angehören, aufgenommen und in ihrem Handel und Wandel gefördert werden.* (Privilegienbrief, Kap. 1). Südlich des Schlosses entstand der Zirkel mit den Ministerien, daran anschließend die „Lange Straße" der Bürgerstadt, heute Kaiserstraße, die zugleich die alte Verbindungsstraße von Durlach nach Mühlburg gewesen ist. Im südöstlichen Teil der Kernstadt bestand als ungeplante Siedlung das „Dörfle"; hier wohnten die Handwerker und Bauleute, die für die Neubauten benötigt wurden.

Unter dem Nachfolger Markgraf Karl Friedrich von Baden (reg. 1738–1811) setzte der Aufstieg Badens ein, und damit gleichzeitig der Ausbau der Residenzstadt Karlsruhe. 1771 wurden die beiden Markgrafschaften – Baden-Baden und Baden-Durlach – nach dem Aussterben der katholischen Linie wieder vereint. 1806 entstand von Napoleons Gnaden das Großherzogtum Baden, das jetzt vom Bodensee bis zum Main reichte. In zwei Etappen war ein Territorialstaat von beachtlicher Größe entstanden – die Zahl seiner Einwohner war dadurch auf das Zehnfache angestiegen –, der bis zum Ende des Zweiten Weltkrieges Bestand hatte. Entsprechend waren die Aufgaben der Hauptstadt gewachsen. Karl Friedrichs Baumeister seiner Residenzstadt wurde Friedrich Weinbrenner, der die strukturellen Grundlagen für die Stadtentwicklung zwischen der Kaiserstraße und der Kriegsstraße schuf und die großen Kirchen der Stadt sowie die erste große Synagoge baute.

Im Lauf des 19. Jahrhunderts wurde Karlsruhe zur zentralen Verwaltungsmetropole des Großherzogtums, und die Industrialisierung begann, die Stadtentwicklung zu prägen. Es entstanden wie in vielen Großstädten die typischen Vorstädte. Der Norden mit dem Hardtwald hinter dem Schloss blieb davon weitgehend ausgenommen. Im Südosten begann die Stadt am schnellsten zu wachsen, denn hier lag der erste Bahnhof (auf dem Gelände des heutigen Staatstheaters). Dahinter wurde seit der Mitte des 19. Jahrhunderts die kleinbürgerliche Südstadt angelegt. Gegen Ende des Jahrhunderts begann die Bebauung der Oststadt als Handwerker- und Arbeiterviertel, in Richtung Mühlburg wuchs mit der Weststadt das Viertel des Großbürgertums. 1901 wurde Karlsruhe mit 100.000 Einwohnern Großstadt.

Die begrenzte Gemarkungsfläche der Stadt, die aus der Gründungssituation von 1715 resultiert, war eines der größten Hindernisse für die weitere Entwicklung. Misslich war außerdem der Umstand, dass die Beiertheimer Gemarkung bis an die Kriegsstraße heranreichte. Die Stadt kaufte streifenweise Feldflächen der Gemeinde Beiertheim ab, das letzte große Teilstück im Jahr 1900. Damit war jetzt der Weg frei für eine systematische Bebauung der Südweststadt, die in mehreren Etappen aber erst im Lauf des 20. Jahrhunderts erfolgte. Aus der Umklammerung der kleinen Gemarkung konnte sich Karlsruhe letztlich aber nur durch die Eingemeindung der umliegenden Siedlungen befreien. Diese Entwicklung verlief über fast ein Jahrhundert, von 1886 (Mühlburg) bis 1975 (Neureut, Bergdörfer).

Die Mitte

Innenstadt

In der Innenstadt befinden sich auch heute noch die markantesten Kirchbauten der Stadt, die den Ruhm Karlsruhes als Stadt des Klassizismus ausmachen. Gleichzeitig sind in der Innenstadt besonders viele Kirchen verloren gegangen. Weil sie jedoch für die Geschichte der Stadt wichtig sind, werden sie im Anschluss an die bestehenden Bauten kurz behandelt.

Friedrich Weinbrenner und die Stadtgestalt von Karlsruhe

Als der junge Markgraf Karl Friedrich 1738 den Thron bestieg, war seine Residenzstadt noch winzig, sein Herrschaftsgebiet ebenso klein, dazu unübersichtlich und weit verstreut. Wenn er vom Balkon seines Schlosses nach Süden zum Schwarzwald blickte, hatte er die Landesgrenze wenige hundert Meter vor sich im Blick, in etwa an der Stelle des Ettlinger Tores. Das änderte sich unerwartet schnell im Jahr 1771, als die katholische Linie des Hauses Baden im männlichen Stamm ausstarb. Der Anfang zu einem größeren Herrschaftsgebiet war gelegt, und die Residenzstadt sollte mitwachsen. Der Ausgangspunkt aller Überlegungen zur Stadtvergrößerung war der alte kleine Marktplatz, der sich im Bereich der Pyramide befand. Er sollte nach Süden erweitert werden, und es sollte eine Straße hinausführen, die damals „Schlossstraße" genannt wurde. Erste Überlegungen sind schon für 1764 überliefert, ernsthafte Planungen begannen jedoch erst 1787, als eine Reihe namhafter Baukünstler zu Entwürfen aufgefordert wurde. Wenige Jahre danach trat

Friedrich Weinbrenner auf den Plan. In Markgraf Karl Friedrich fand er seinen kongenialen Förderer. Als Architekt Autodidakt, wurden Weinbrenners eigentliche Lehrjahre sein Studienaufenthalt 1791/92 in Berlin und vor allem 1792–97 fünf Jahre in Rom, wo er intensiv archäologische und architektonische Studien betrieb. Für Architekten war in jener Zeit eine Reise nach Italien zum Studium der klassischen Architektur der krönende Abschluss der Ausbildung und zugleich Voraussetzung für eine höhere Laufbahn. Mehrere Monate dauerte normalerweise der Aufenthalt in Rom, mit Abstechern nach Neapel und Pompeji. Weinbrenner blieb fünf Jahre! Es war sein eigentliches Architekturstudium, wofür der Markgraf ihm ein Stipendium gab und der junge Architekt seinem Herrn immer wieder Rechenschaft ablegte. 1797 zurück in Deutschland, wurde Weinbrenner zunächst Bauinspektor im fürstlichen Bauamt und im Jahr 1801 Nachfolger des Baudirektors Wilhelm Jeremias Müller. Mit einem geringen Einkommen, aber mit dem Markgrafen als Mentor prägte Weinbrenner in den nächsten Jahrzehnten bis an sein Lebensende 1826 das Baugeschehen der Stadt und der Region.

Eines der größten Probleme waren die bescheidenen finanziellen Verhältnisse der Auftraggeber, des Landesherren ebenso wie der Gemeinden. In der Folge zogen sich viele Projekte lange hin. 1806 wurde Karlsruhe Metropole des neuen Großherzogtums, was einige Projekte wie den Bau der großen evangelischen und katholischen Kirche zwar stark beförderte, aber die Finanznot nicht beseitigte. Bei allen Schwierigkeiten, die unter anderem wegen der Finanzierung der Bauten ausbrachen, behielt Weinbrenner die Übersicht und verstand es, seine Interessen gegen die Front der Sparwilligen durchzusetzen, d.h. die ästhetisch wichtigen Prinzipien nicht aus den Augen zu verlieren.

Im Jahr 1797, also just am Ende seines Romaufenthaltes, hatte Weinbrenner einen ersten Generalbauplan für Karlsruhe vorgelegt, nach dem die barocke Residenz klassizistisch erweitert wurde. Hauptachse war die Schlossstraße, die vom Schloss nach Süden führte, also zum Ettlinger Tor. Sie wurde mit einer Reihe von Plätzen in überschaubare Einzelbereiche unterteilt. Die Form der Plätze – querrechteckig, rechteckig, rund – wechselte, jeder hatte eine spezifische Funktion – Markt, städtische Obrigkeit, Verfassung, Wache – und eine eigens definierte Fassadengestaltung. Der erste Platz bei der „Langen Straße", heute Kaiserstraße, war der Marktplatz, auf dem bislang die Konkordienkirche stand, von ihrem Friedhof umgeben. Hier sollten künftig Marktbuden stehen, die damals nicht realisiert wurden und heute im Weihnachtsmarkt eine gewisse Renaissance erleben. Höhepunkt der Schlossstraße ist der unmittelbar folgende Rathausplatz mit dem Rathaus und der Stadtkirche. Erst mit dieser *Via triumphalis* hat die Stadt ihr eigenes Gewicht gegenüber dem Schloss gefunden, wurde aus der Residenzstadt die Bürgerstadt. Der bauliche Fortgang verlief umgekehrt. 1803 wurde das Ettlinger Tor errichtet, 1804 wurde am Rondellplatz gebaut. 1805 begann man mit der Erbauung des Rathauses, und 1806 wurde der Plan für die neue Stadtkirche genehmigt.

Offenbar hatte Friedrich Weinbrenner noch mehr im Kopf als diesen Generalbauplan aus dem Jahr 1797. Es ging ihm darum, eine Reihe von mustergültigen Bauten zu entwerfen, wofür er die Bauformen in den Bauten Roms und anderer Städte gefunden und daraus seine Architekturtheorie entwickelt hatte. Dazu gehörten Rundbauten, die auf den Entwurfsprinzipien des Pantheons gründeten, oder große hallenartige Räume, die auf der Struktur der Basilika beruhten. „Basilika" war das Zauberwort der Zeit. Jeder wusste, dass das Rom der Antike Basiliken besessen hatte, in denen sich seine Größe manifestierte, doch niemand kannte sie, weil sie in Ruinen gefallen waren. Nur aus der Architekturtheorie des Vitruv waren sie literarisch bekannt, denn die ersten Reste der Basiliken kamen erst im Lauf des 19. Jahrhunderts ans Tageslicht. Eine Basilika rekonstruierend nachzubauen, gehörte zu den wichtigsten Aufgaben eines Architekten jener Zeit. Auch den Turm als wehrhaftes Symbol der Bürger oder einer Stadt konnte man in italienischen Städten studieren, seien es die vielen Geschlechtertürme oder die berühmten Türme der Kommunalpaläste Italiens in Florenz, Siena oder Rom. Alle diese Elemente – Basilika, „Pantheon" und Turm – mussten auch in einer neuen Stadt zu finden sein. Die klassischen Bestandteile waren bekannt, doch wie die Ausformung erfolgen würde, blieb lange das Geheimnis Weinbrenners.

1 Im Herzen der Stadt, am Marktplatz, genau gegenüber dem Rathaus liegt die **Evangelische Stadtkirche**. Mit ihrer mächtigen, tempelartigen Fassade beherrscht sie den rechteckigen, leicht zurückspringenden Platz. Beide Bauten stehen symmetrisch in der Querachse des Marktplatzes und besitzen an die Gebäuderückseite gesetzte Türme und sind unterschiedlich gestaltet. Die 1807–16 von Friedrich Weinbrenner erbaute Stadtkirche bildet zusammen mit dem Rathaus, dem Marktplatz und der Karl-Friedrich-Straße, der *„Via Triumphalis"*, ein in Europa einmaliges klassizistisches Ensemble.

Die frühere evangelische Hauptkirche Karlsruhes, die Konkordienkirche auf dem Marktplatz, war im Lauf des 18. Jahrhunderts zu klein und reparaturbedürftig geworden. So legte bereits 1791 Weinbrenner erste Pläne für eine neue evangelische Kirche vor, die an einem vergrößerten Marktplatz stehen sollte. Er dachte an eine Rundkirche nach

Marktplatz 11
76133 Karlsruhe
www.stadtkirche-karlsruhe.de

der Idee des Pantheon. Diese Idee verwarf er zugunsten der dann ausgeführten dreischiffigen Basilika, die bereits im Generalplan von

1797 zu erkennen ist. 1806 wurden seine Pläne grundsätzlich genehmigt und am 8. Juni 1807 der Grundstein gelegt. Die Kriegszeiten verhinderten einen raschen Baufortschritt, so dass die Einweihung erst am 2. Juni 1816 (Pfingstmontag) erfolgen konnte. Am 4. Dezember 1944 wurde die evangelische Stadtkirche bis auf die Außenmauern zerstört. Nach dem Krieg in der Außenansicht wiederhergestellt, wurde das Innere völlig neu gestaltet.

Auch für das Zeitalter des Klassizismus ist die Fassade der Stadtkirche ungewöhnlich – eine Tempelfassade mit sechs hohen korinthischen Säulen und einem großen Dreiecksgiebel darüber. Zu beiden Seiten wird sie von niedrigeren zweistöckigen Bauten eingerahmt, dem neuen Gymnasium von Karlsruhe. Der Kirchturm erhebt sich abgerückt vom Platz, hinter dem Chor der Kirche, doch ist er mit seinen knapp 62 Metern sogar vom Marktplatz aus zu sehen. In der Komposition der Fassade folgte Weinbrenner den Lehren der neuzeitlichen Architekturtheorie, wie sie von Palladio im 16. Jahrhundert entwickelt und in ganz Europa verbreitet worden war. Kirchenfassade und -turm bilden ein gewichtiges Gegenüber zum Rathaus, das auf ähnliche Weise dreiteilig komponiert ist. Ein Vergleich beider Gebäude verrät auch dem ungeübten Betrachter, welche Funktion sich hinter welcher Fassade versteckt: Nur die Front mit den monumentalen Säulen passt zu einer Kirche, und ähnlich verhält es sich mit dem spitzen Turm der Stadtkirche (dieser übrigens eine Forderung der Kirchenbehörde), der dem stumpfen Turm des Rathauses gegenübersteht. Auch die

Bekrönungen sind mit sprechenden Zeichen ausgestattet: auf dem Kirchturm ein Engel, auf dem Rathausturm Merkur, der symbolhaft für den Handel steht. Was daran am meisten erstaunt, ist wohl die Tatsache, dass der Bau von Rathaus und Stadtkirche sich über Jahrzehnte hinzog, unter ständigem Einspruch immer anderer Parteien. Unbeirrt hatte Weinbrenner das Ergebnis vor Augen, auf das er hinsteuern wollte.

Die Evangelische Stadtkirche gehört zusammen mit der Stephanskirche zweifellos zu Weinbrenners besten Bauten. So hat er in der Vorhalle der Stadtkirche die zwei klassischen griechischen Säulenordnungen (korinthische und jonische) nebeneinander eingesetzt. Das wäre aufgrund der antiken Architekturtheorie nicht möglich, sie müssten anders proportioniert sein. Für Weinbrenner war das nicht maßgeblich. Für viele mutet es außerdem merkwürdig an, dass die Zugangstreppen zwischen die Säulen verlegt sind. Dies sei kein guter Stil, hat Weinbrenner selbst formuliert. Aber in seinem Architekturtraktat fügte er an, dass in besonderen Situationen, zum Beispiel bei Platznot, dies durchaus erlaubt sei. Als Beispiel gibt er den sog. Minervatempel an, der am Marktplatz von Assisi steht. Und mit dieser Detailbeobachtung korrigierte er sogar Palladio, das große Vorbild aller neuzeitlichen Architekten, so wie es ähnlich Goethe in seiner „Italienischen Reise" wenige Jahre zuvor getan hatte. Auch die schönen Festons am Architrav über den Säulen gehören eigentlich nicht an diese Stelle, aber sie geben der Fassade nicht nur eine festliche Note, sondern zeigen mit Patene und Kelch die Bestimmung des Bauwerks an.

Die Tempelfassade stimmt ein auf das Innere des Bauwerks, das nun gar nicht tempelartig gestaltet war: Im langgestreckten Raum ragen zu beiden Seiten je sechs mächtige Säulen mit korinthischen Kapitellen auf. Sie tragen die Kirchendecke, die im Mittelteil nochmals etwas erhöht ist, und dienen den Emporen als Auflager. Das ist die Form einer antiken Basilika, wie sie Weinbrenner aus den Schriften des Vitruv rekonstruiert hatte. Die antike Basilika als Vorbild für einen Kirchenraum zu nehmen, entsprach durchaus den Vorstellungen jener Zeit von der Entwicklung und Funktion der Architektur. Die antike Tempelfassade wies auf den Sakralbau hin, das Innere eines antiken Tempels war jedoch dem Bildnis einer Gottheit vorbehalten, zu dem nur Priester Zutritt hatten. Der christliche Gottesdienstraum dagegen ist der Versammlungsraum der ganzen Gemeinde, also brauchte man schon in den Zeiten des frühen Christentums einen Raum, der sich vom Tempel unterschied. Vorbild war die profane Basilika als Raum für Versammlungen. Hier wird die antike Basilika als Leitform für den christlichen Kultbau sichtbar.

Weinbrenners Innenraum der Stadtkirche war am Ende des dreischiffigen Langhauses gerade geschlossen. So gehörte der Kirchturm ursprünglich nicht direkt zum Kirchenraum. Weinbrenner wollte ihm als Pendant zum Rathaus ein flaches Dach geben, doch der Wunsch der Kirchenbehörde obsiegte hier. Der Turm erhielt schließlich einen steilen, ursprünglich kupfergedeckten Helm, den ein

goldener Engel bekrönt. Der breite untere Teil des Turms diente außerdem ganz profanen Zwecken, nämlich dem benachbarten Gymnasium für astronomische Beobachtungen.

Was die Einrichtung des Kirchenraums anging, war ursprünglich über dem Altar eine Kanzel in der Symmetrieachse errichtet worden, die später wegen der Akustik an die zweite Säule zur Rechten gesetzt wurde. Darüber befand sich eine von Ferdinand Jagemann gemalte monumentale Darstellung der „Auferstehung Christi". Das Arrangement von Altar, Kanzel und Bild nötigte Goethe am 8. Oktober 1815 eine spöttische Bemerkung ab, als er an Karl August von Sachsen-Weimar schrieb: „Der protestantischen Kirche haben Ew. Hoheit zu einer verzierten Schlusswand geholfen, indessen wird der geistliche Herr immer, zwischen dem gekreuzigten und auferstehenden Heiland, mehr als Mauerschwalbe denn als Taube schweben." Im Übrigen litt die Ausstattung bereits unter dem immer stärker spürbaren Geldmangel. Nur die unteren Emporenbrüstungen erhielten Bilder, eine Himmelfahrt Christi im Fassadengiebel wurde gar nicht erst ausgeführt. Unter der Kirche richtete 1830 Heinrich Hübsch die Gruft der Großherzoglichen Familie ein, die bis 1946 bestehen blieb, als die Sarkophage in die Großherzogliche Grabkapelle am Klosterweg (Oststadt) transferiert wurden.

Als die Stadtkirche am Pfingstmontag 1816 eingeweiht wurde, war

sie noch die lutherische Hauptkirche des jungen Großherzogtums. Doch Baden hatte vor allem durch die neu hinzugekommenen kurpfälzischen Gebiete und natürlich wegen der Religionsfreiheit inzwischen auch viele reformierte Einwohner. Im Jahr 1821 wurde im Auftrag Großherzog Ludwigs eine Generalsynode nach Karlsruhe einberufen, die am 26. Juli 1821 die Vereinigte evangelisch-protestantische Kirche im Großherzogtum Baden als konfessionelle Vereinigung der lutherischen und reformierten Kirche, heute Evangelische Landeskirche in Baden, beschloss. Die Verlesung der Unionsurkunde in der

Stadtkirche wurde auf den 28. Oktober 1821 festgelegt. Heute predigt hier regelmäßig der Landesbischof.

Bis auf die Außenwände wurde die Stadtkirche am 4. Dezember 1944 durch Bomben zerstört. Der Wiederaufbau wurde lange diskutiert und schließlich bis 1958 nach einem zweigeteilten Konzept realisiert. Während man das Äußere in alten Formen wiederherstellte, wurde für den Innenraum ein Wettbewerb ausgeschrieben, den der Architekt Horst Linde gewann. Zwei Stützenreihen, wesentlich schlanker als die von Weinbrenner und näher an die Außenwände gerückt, tragen eine flachgewölbte Betonschalendecke über dem Mittelschiff und auskragende Halbschalen über den Seitenschiffen. Die Emporen wurden stark zurückgenommen. Das Licht fällt durch die oberste Fensterreihe ein, während die unteren Fenster mit dunklen Glasscheiben nur wenig farbiges Licht einlassen. Insgesamt wirkt der Raum dadurch größer und ist viel heller als vorher. Außerdem wurde der Turmraum zum Mittelschiff hin auf die volle Triumphbogenhöhe geöffnet, wodurch ein dunkler Pseudo-Chorraum entstand.

Im Gesamtbild ergeben die Materialien reizvolle Kontraste: Der sorgfältig gearbeitete Sichtbeton (Säulen, Gewölbe) schafft eine graue Folie vor dem schwarzgrauen Marmor des Altarblockes und des Fußbodens und dem roten Sandstein der Turmquader, die wie ein Memento! an die Zerstörung erinnern. Georg Meistermann entwarf die Turmfenster, Otto Herbert Hajek Altarkreuz und Taufbecken. Nachdem die Krypta von den Grablegen der Großherzöge befreit wurde, wird sie als Ausstellungsraum genutzt. Nur vorne unter der Vorhalle hat Friedrich Weinbrenner 1958 sein Grab gefunden, worauf eine Markierung im Fußboden der Vorhalle hinweist.

2 Etwas abseits der zentralen Achse des Stadtplans liegt in einem eigenen Straßengeviert die katholische Stadtkirche **St. Stephan (kath.)**. Die Genese dieser Kirche ist ähnlich komplex wie die der evang. Stadtkirche. Aufgrund des Privilegienbriefs von 1715 konnten sich auch Katholiken in Karlsruhe ansiedeln, aber es war ihnen nicht gestattet, eine Kirche zu bauen. Deshalb wurde 1718 am Zirkel / Ecke

Lammstraße ein Haus als Bethaus eingerichtet, das 1765 durch den Ankauf eines benachbarten Hauses erweitert bzw. sogar neu gebaut werden konnte. Kapuziner betreuten das Haus mit Gebets-, Schul- und Wohnraum. Anfang des 19. Jahrhunderts war diese Situation unerträglich geworden. 1802 waren zumindest theoretisch die Vorbereitungen für den Bau einer eigenen Stadtkirche getroffen worden, vier Jahre zuvor war bereits mit dem Bau einer großen Synagoge begonnen worden. Am 28. März 1804 genehmigte Kurfürst (so sein damaliger Titel) Karl Friedrich die *Gründung und ordentliche Einrichtung eines hiesigen Katholischen Kirchspiels-Gottesdienstes, desgleichen eine Katholische Kirchspiels-Kirche mit Turm, Uhr, Glocken, samt Glockengeläut und Orgel, mit Schul- und Pfarrhaus.* Alles, was die äußerlichen Zeichen einer legitimen Kirche angeht, war genehmigt und konnte gebaut werden, aber die Gemeinde war bettelarm. Das Geld reichte nicht einmal zum Kauf neuer Altarkerzen. Es wurde sogar verfügt, „das Ewige Licht zur Nacht auszulöschen", um kleinste Beträge zu sammeln. Im April 1807 sandte Papst Pius VII. einen Ablassbrief, doch „vom Ablass-Regen wachsen heute keine Kirchen mehr", wie der zuständige katholische Staatsbeamte Caspar Joseph Oehl bemerkte. Weinbrenner machte schon Entwürfe für eine nochmalige Vergrößerung des Provisoriums an der Lammstraße, da kam unerwartet Hilfe: Das Vermächtnis der katholischen Markgräfin Maria Victoria zu Baden-Baden (1714–1793) in Höhe von 60.000 Gulden stand zur Verfügung, das Grundstück an der Erbprinzenstraße war bebaubar und Markgraf Karl Friedrich

> Erbprinzenstraße 16
> 76133 Karlsruhe
> www.allerheiligen-ka.de

schenkte dieses der katholischen Gemeinde. Der Kirchenvorstand stellte ein ehrgeiziges Programm auf: eine Kirche für 3000 Menschen, mit Turm auf dem Chor, so hoch zu bauen, dass das Geläut in der ganzen Stadt zu hören war. Eine solche Mammutkirche war aber mit dem vermachten Geld nicht zu finanzieren. Zumindest was die Größe anging, wurden die Pläne zurechtgestutzt, aber die anderen Forderungen blieben bestehen.

Weinbrenner lieferte von Anfang an einen Entwurf auf der Basis eines Rundbaus, was den Wünschen der Gemeinde nach einer einfachen Langhauskirche mit Turm diametral entgegenstand. Gleichzeitig widerstrebte es ihm, dem Bau einen Turm aufzusetzen, weil dies nicht zu einem Rundbau passe. Aber die katholische Gemeinde war aus verständlichen Gründen gerade am Kirchturm interessiert. Weinbrenner legte Pläne und Berechnungen vor, nach denen seine Rundkirche sogar wesentlich billiger käme als ein Langhausbau, wobei er kunstvoll seine Berechnungsgrundlagen verschleierte. In den kommenden Monaten und Jahren fiel ein Briefwechsel zwischen Kirchenvorstand und Weinbrenner an, der an Heftigkeit kaum zu überbieten ist. Inzwischen hatte die katholische Gemeinde aber eine weitere wichtige Fürsprecherin bekommen – Stéphanie de Beauharnais, die Adoptivtochter Napoleons (1789–1860). Ihre Hochzeit im April 1806 mit dem Erbprinzen Karl von Baden besiegelte das Bündnis Badens mit Napoleon und die damit verbundene Rangerhöhung zum Großherzogtum. Damit gab es im regierenden Haus wieder ein katholisches Mitglied. Am 25. Mai 1808 griff der Großherzog schlichtend ein, indem er betonte, die Form der Kirche könne nach eigenem Gutdünken gewählt werden, aber sie müsse, gegebenenfalls auch gegen ästhetische Argumente, einen genügend hohen Turm erhalten. Weinbrenner musste sich geschlagen geben, wählte „das kleinere Übel" und rettete so seinen Rundbau, der nun ausgeführt wurde. Bereits am 8. Juni 1808 wurde der Grundstein gelegt. Bis zur Weihe gab es noch mancherlei Schwierigkeiten zu meistern, so dass diese erst am 26. Dezember 1824 erfolgte, am Tag des Hl. Stephanus. Mit der Namensgebung wurde nicht zufällig der neuen Wohltäterin gehuldigt.

Friedrich Weinbrenner und das Pantheon

Das Vorbild für seine Planungen hatte Friedrich Weinbrenner bei seinem langen Aufenthalt in Rom kennen und schätzen gelernt, das Pantheon. Der antike Rundbau aus dem frühen 2. Jh. n. Chr. war unter Kaiser Trajan als Tempel errichtet und im Jahr 608 Papst Bonifatius IV. geschenkt worden, der den Tempel als Kirche S. Maria ad Martyres weihte. Das Pantheon ist berühmt wegen seiner Kuppelkonstruktion, die in ihren Dimensionen – 43 m Durchmesser – mit traditionellen Baumaterialien nie übertroffen worden ist, und wegen der exzellenten Erhaltung der farbigen antiken Marmorverkleidung seiner Wände. Die scheinbar so simple Baugestalt – ein Rundbau von 43 m Durchmesser, der mit seinem Kuppelscheitel eine Höhe von 43 m erreicht, so dass eine Kugel mit diesem Durchmesser in dem Raum Platz finden würde – stellt eine Meisterleistung römischer Wölbtechnik dar, die auf einem komplizierten Pfeiler- und Wölbsystem beruht. Seit der Renaissance messen Architekten und Baumeister ihr Können an diesem Bauwerk, sei es, was Wölbetechnik, sei es, was die Ästhetik angeht. In der Zeit um 1800 lag wohl der Höhepunkt der Wirkmächtigkeit des Pantheons, sowohl in der Revolutionsarchitektur als auch im Klassizismus.

Das Pantheon hatte nur einen Makel – es hatte „Eselsohren". So nannten die Römer mit spitzer Zunge die beiden Türmchen, die Bernini im 17. Jahrhundert an der Fassade angebracht hatte, um dem Pantheon Glocken zu geben, wie es sich für eine Kirche gehört (1883 wurden sie entfernt). Diese Eselsohren sah auch Weinbrenner, und wie jeder Architekt des Klassizismus wird er sich über sie aufgeregt haben. Er wollte eigentlich nur die puristische antike Architektur des Rundbaus sehen. Aus diesem Grunde widerstrebte es ihm, seinem Rundbau einen Glockenturm anzufügen.

Für Weinbrenner ging es darum, in der Residenzstadt zwei Hauptkirchen zu bauen, für die evangelische und für die katholische Gemeinde. Für einen Baumeister wäre es peinlich gewesen, wenn beide Kirchen gleich aussähen; ebenfalls war es kaum möglich, die eine (evangelische) größer und die andere (katholische) kleiner zu machen. Also mussten es zwei grundverschiedene Kirchen sein. Mit den Bautypen Basilika und Rundkirche hat Weinbrenner dem Genüge getan und zugleich zwei Prototypen seiner Rom-erfahrenen klassizistischen Baukunst geschaffen, mit denen er seinem Werk einen besonderen Stempel aufdrücken konnte.

Damit setzte er sich jedoch den Diskussionen der Karlsruher aus. Alles sei verkehrt, wurde verbreitet: eine Rundkirche wäre doch ideal für Protestanten (die die Nähe zum Prediger suchen), eine längsgerichtet Basilika entspräche den Vorstellungen einer traditionellen katholischen Kirche. Im Sinne des liturgischen Geschehens mochten diese Kritiker Recht haben, aber Weinbrenner dachte architektonisch.

Die Raumform, die Weinbrenner wählte, war durchaus nicht eine sklavische Imitation des römischen Pantheons. Weinbrenner wählte als Grundform „eine mit einer Kuppel versehene Kreuzkirche", wobei der Rundbau mit 30 m Durchmesser gewaltige Ausmaße hat. Der kreisrunde Bau steigt bis in die halbe Höhe des Kuppelscheitels senkrecht auf. In dieser Höhe setzen die Tonnengewölbe der Seitenarme und zugleich die große Kuppelwölbung an. Die Kirche erhielt ihre Ausrichtung dadurch, dass an der Fassade eine große tempelartige Vorhalle vorgesetzt wurde, der gegenüber der auf den

Chor gesetzte Glockenturm antwortet. Die Kuppel selbst war eine kühne, aber auch solide Holzkonstruktion, die im Scheitelpunkt ein „Auge" (Opaion) freiließ. Kuppel und Vorhalle, das waren die beiden Komponenten, welche die Stephanskirche dem Pantheon vergleichbar machten.

Die anspruchsvolle Architektur soll nicht darüber hinwegtäuschen, dass letztendlich doch der Rotstift angesetzt werden musste. Die Gemeinde verzichtete schon sehr früh auf begleitende neue Gebäude wie Pfarrhaus, Schulhaus und Säulenhallen, die den Platz sehr reizvoll gestaltet hätten. Die Innenausstattung – Orgel, Uhrwerk und Glocken – wurde großenteils aus dem aufgelassenen Kloster St. Blasien übernommen. Mit dem Hochaltarbild der „Steinigung des Hl. Stephanus", das die Konstanzer Malerin Marie Ellenrieder im Jahr 1831 im Auftrag des Großherzogs geschaffen hatte, begannen die ersten Veränderungen in der Kirche. Denn Weinbrenner hätte dieses „süßliche" Bild in der Tradition der Nazarener nie in seiner Kirche geduldet (heute im westlichen Querarm). Zur gleichen Zeit wurde aus Konstanz das Relief der Dreifaltigkeit von Hans Morinck aus den Jahren 1598/99 nach Karlsruhe überwiesen (heute in der Dreifaltigkeitskapelle). Um 1880 wurde damit begonnen, das Aussehen der Stephanskirche gründlich zu verändern. Unter anderem wurde der Putz abgeschlagen, so dass das rohe Steinmauerwerk sichtbar wurde. Der Klassizismus war unmodern geworden, pseudo-„mittelalterliches" Aussehen wie in der Burgenromantik war en vogue.

Im Zweiten Weltkrieg brannte St. Stephan bis auf die Außenmauern aus, und es ging unmittelbar nach dem Krieg darum, in der Innenstadt einen katholischen Kirchenraum rasch wieder nutzbar zu machen, weil alle katholischen Kirchen zerstört oder unbrauchbar waren. Architekt Hans Rolli vom Erzbi-

schöflichen Bauamt entschied sich für eine neuartige Kuppelkonstruktion: 64 vorgefertigte Betonfertigteile in Form von gekrümmten T-Trägern wurden in einen Zugring am Kuppelfuß und Druckring an der mittleren Öffnung eingespannt. Die Wände selbst blieben in ihrem unverputzten Rohzustand. Dadurch entstand ein völlig neuer Raumeindruck, der mit dem ursprünglichen Erscheinungsbild der Weinbrennerkirche kaum noch etwas zu tun hatte, aber von den Idealen der aktuellen Karlsruher Architekturtheorie geprägt war. Am 12. Mai 1951 wurde die Kirche wieder in Gebrauch genommen.

Der neue Raum erhielt in dem folgenden Jahrzehnt eine vollkommen neue Ausstattung. Emil Wachter lieferte den Entwurf für die drei Bildteppiche (1963) im nördlichen Kreuzarm, die triptychonartig wie

ein Altarbild auch heute noch hinter dem Hochaltar hängen. Der mittlere Teppich ist dem Hl. Stephan gewidmet, der linke zeigt den Baum der Erkenntnis und Maria mit dem Jesuskind, der rechte den Turmbau zu Babel und das Pfingstfest, immer Zeugnisse des Glaubens, die zum rechten Leben führen. Der Bildhauer Emil Sutor schuf die plastische Ausstattung, neben den Kreuzwegstationen (1957), vor allem die Glasmosaik-Madonna (diese bereits um 1930).

2011 wurde die Kirche im Inneren nochmals umgestaltet, nach den liturgischen Vorgaben des II. Vatikanischen Konzils. Neue, gekurvte Bankreihen, die jetzt nur noch die Rotunde einnehmen und die Kreuzarme freilassen, wurden konzentrisch um die weit vorgezogene Altarinsel angeordnet, die Rolf Bodenseh aus griechischem Astir-Marmor als „Insel des Lichts" gestaltete. Die Orgel der Firma Johannes Klais, die bereits 1957 eingerichtet worden war, wurde von derselben Firma nochmals vergrößert, so dass sie heute die zweitgrößte der Erzdiözese Freiburg ist. Für die großen Gottesdienste erstrahlt der Innenraum unter einer LED-Lichtflut aus der Kuppelmitte. Für Konzerte wird vor den Wachter-Teppichen ein gläsernes Akustiksegel ausgefahren.

3 Von den sakralen Bauten der Innenstadt ist heute nur noch die **Kleine Kirche (evang.)** in der Kaiserstraße erhalten, die ursprünglich als Kirche der reformierten Gemeinde errichtet worden war und als letztes Relikt zur Stadt vor Weinbrenner gehört. Erste reformierte Gemeindeglieder lebten schon vor 1715 in Mühlburg, ihre Kasualien wurden vom kurpfälzischen Weingarten aus versehen. Im Jahr 1719 beauftragte der lutherische Markgraf Karl Wilhelm seinen Baudirektor Baron von Welling mit dem Bau der reformierten Kirche, die das sichtbare Zeichen religiöser Toleranz in der jungen Residenzstadt wurde (die Einrichtung einer katholischen Kirche kam über ein Haus für Pfarrer und Hausgottesdienste nicht hinaus). Die Kirche

> Kaiserstraße 131
> 76133 Karlsruhe
> www.stadtkirche-karlsruhe.de

war freilich einfach und bescheiden – ein rechteckiger Holzbau mit einem Türmchen in Form eines Dachreiters. Im Haus daneben wurden die Pfarrwohnung und die kleine Schule untergebracht. Am 6. September 1722 erfolgte die Einweihung, zwei Wochen später die Berufung des reformierten Pfarrers Samuel Grynäus aus Basel.

Ein Vierteljahrhundert später war die Kirche bereits baufällig, aber erst 1773–76 konnte Wilhelm Jeremias Müller den heute noch stehenden Neubau nun aus Stein – roter Buntsandstein aus Grötzingen – errichten. Die Saalkirche mit ihrem wohl proportionierten Portal und dem darüber aufsteigenden Fassadenturm wendet sich der Kaiserstraße zu. Im schönsten spätbarocken Zopfstil verwendet Müller für den Kirchenkörper die toskanische Säulenordnung mit flachen Kapitellen, Dreiecksgiebeln über den Fenstern, Segmentgiebel über dem Portal und die jonische Ordnung für den aufstrebenden Turm. Die Girlanden, die Müller schmückend an mehreren Stellen einsetzt, gaben der Stilrichtung den Namen „Zopfstil".

Die Turmspitze wird von einem Fürstenhut aus Bronze gekrönt, Symbol der Toleranz des lutherischen Fürsten seinen reformierten Untertanen gegenüber. Wie stark die konfessionellen Unterschiede in der Zeit um 1800 noch wahrgenommen wurden, trotz Gleichstellung der Konfessionen vor dem Gesetz, zeigt ein Kommentar aus dem Jahr 1815 zu den Glocken der Kirche, die aus dem aufgelassenen Kloster Frauenalb stammten: *„Während in mancher aufgeklärt scheinenden*

Stadt vornehme Schwachköpfe ihren religiösen Glauben in ihrem politischen Wirken sichtbar werden ließen, läutet man zu Karlsruhe mit geweihten katholischen Glocken, gestiftet von einem lutherischen Fürsten zu einem reformierten Gottesdienste." (Theodor Hartleben)

Der Innenraum wird mit Pilastern korinthischer Ordnung gegliedert, die Wände und das Muldengewölbe sind in zarten Tönen gefasst. Dem Eingang gegenüber stehen unter dem Triumphbogen Altar, Kanzel und Orgel übereinander, eine typisch protestantische Eigenart. Die Darstellung am Kanzelkorb zeigt als Motiv aus der Offenbarung das Lamm über dem Buch mit den sieben Siegeln. Im Zweiten Weltkrieg bis auf die Umfassungsmauern zerstört, wurde die Kirche sogleich 1946–49 von Hermann Zelt als erste Kirche in der Stadt wiederhergestellt und 1995–1996 neuerlich renoviert. Der originale Stil wurde weitgehend beibehalten und dadurch eines der ältesten Bauzeugnisse Karlsruhes bewahrt.

Nach dem Zusammenschluss der lutherischen und reformierten Kirche 1821 besaß die Kleine Kirche zunächst keine wichtige Funktion mehr. Für viele Jahre diente sie als Garnisonkirche, doch schon im 19. Jahrhundert wurde sie die zweite Innenstadtkirche, die „Kleine Kirche", die neben der großen Stadtkirche einen stärker familiären Eindruck macht.

4 Die erste Kirche der neuen Stadt war die **Schlosskapelle (evang.)**. Schon das erste, großenteils aus Holz gebaute Schloss erhielt eine Kapelle, die im Laufe des Jahres 1717 eingebaut und am 31. Oktober 1717 mit der „Celebrierung des Evangelischen Jubel-Festes der Reformation" eingeweiht wurde. Für diese Kapelle

Schlossplatz
76133 Karlsruhe

im Erdgeschoss des Schlosses führte der Maler Franciscus Antonio Giorgio die Deckenfresken aus, welche die hl. Taufe, die Himmelfahrt Christi und das Abendmahl darstellten.

Die Schlosskapelle im neuen Schloss, die 1757 im Südostflügel fertig gestellt wurde, bestand aus einem dreischiffigen Kirchenraum, der mit mächtigen korinthischen Säulen unterteilt wurde und zwei Emporen besaß. Hofbildhauer Christoph Melling führte den gesamten bildnerischen Schmuck in Stuck aus. Unter diesem ragten die allegorischen weiblichen Figuren von „Glaube",

„Hoffnung", „Nächstenliebe" und „Gottesliebe" heraus. Wände, Decke und Figuren waren in Weiß gehalten und mit dünnen Goldstreifen gehöht. Das Schloss wurde 1944 durch Bomben zerstört und nach dem Krieg lediglich als Museumsgebäude wieder aufgebaut. Dabei verschwand auch die Schlosskapelle vollständig.

5 Genau an der Stelle der Pyramide auf dem heutigen Marktplatz hat die **Konkordienkirche (evang.)** gestanden. Kaum hatte der Hof den Beschluss gefasst, von Durlach nach Karlsruhe umzuziehen, wurde auch an den Bau einer lutherischen Stadtkirche mit angrenzendem Friedhof gedacht. Am 31. Oktober 1722 wurde die von dem badischen Offizier und Ingenieur Jakob Friedrich von

Batzendorf erbaute Kirche eingeweiht. Ihr Name war Programm, sollte er doch an die Eintracht unter den Konfessionen erinnern. In gewisser Weise wurde das auch umgesetzt, denn im gleichen Jahr erließ die markgräfliche Hofhaltung eine Dienstanweisung, dass die Pfarrer bei ihren Predigten das übliche „Schmähen" und „Schänden" unterlassen sollten. Der bescheidene Holzbau hatte die Grundrissform eines vierblättrigen Kleeblattes. Im Innern trugen 20 Holzsäulen die Emporen und das Dach. Die Gänge unterteilen den Raum in der Längs- und in der Querachse, so dass vier Abteilungen für die Bankreihen vorhanden waren. Der Altar stand in der Mitte, hinter ihm

Marktplatz
76133 Karlsruhe

erhöht die Kanzel. Drangvolle Enge muss in dieser Kirche geherrscht haben. Von der Empore konnten die Gottesdienstbesucher dem Prediger direkt in den „Rachen" schauen.

Unter dem Altar war 1738 Markgraf Karl Wilhelm beigesetzt worden. Die Diskussionen um eine Vergrößerung der Kirche rissen nicht ab, bis 1807 der Beschluss gefasst wurde, dass Weinbrenner eine ganz neue und viel größere Stadtkirche bauen sollte. Die Konkordienkirche wurde noch 1807 abgerissen und das Grabdenkmal des Stadtgründers Karl Wilhelm durch eine pyramidenförmige hölzerne Abdeckung gesichert. 1825 ersetzte Weinbrenner das Provisorium durch die steinerne Pyramide als Symbol für die Unvergänglichkeit. Sie ähnelt der Cestius-Pyramide in Rom, die Weinbrenner gut kannte.

6 An der Ecke Kronenstraße / Kaiserstraße erinnert heute ein leerer Platz und eine Gedenktafel an die einst hier stehende **liberale Synagoge**. Gleich zwei der schönsten Synagogen Badens haben sich hier befunden. Wegen der Gründungsprivilegien Karlsruhes waren ziemlich schnell viele Juden zugezogen, denn

Kronenstraße 15
76133 Karlsruhe

statt in anderen Orten ein jährliches Schutzgeld zu zahlen, gab es hier Steuerfreiheit. So zählte man 1720 schon 71 jüdische Personen, und 1733 lag der jüdische Anteil mit 282 Personen bei mindestens 10 Prozent der Bevölkerung. Auch wenn der prozentuale Anteil mit dem Auslaufen der Privilegien 1752 wieder etwas sank, gehörte die Karlsruher Gemeinde zu den lebendigen jüdischen Gemeinden im Land. Viele Juden siedelten sich in der Kronengasse an, so dass hier schon im 18. Jahrhundert ein kleines jüdisches Viertel entstand. Weil mit so vielen Anwohnern der Minjan, die Mindestanzahl von zehn männlichen Juden, um einen Gottesdienst abzuhalten, leicht zu erreichen war, war es auch bald möglich, in einem angekauften Haus in der Kronengasse eine Synagoge einzurichten.

Zweimal exemplarischer Synagogenbau in Karlsruhe

Als die alte Synagoge nicht mehr ausreichte, wandte sich die jüdische Gemeinde an Friedrich Weinbrenner, der soeben aus Italien zurückgekehrt war. Nach einer „Besichtigung und Anerkennung der schlechten Beschaffenheit" des bestehenden Gebäudes fertigte er im Auftrag von Baudirektor Müller einen neuen Plan, in dem er beide Gebäude – Vorder- und Hinterhaus – in einen Gesamtplan integrierte. Markgraf Karl Friedrich genehmigte die Pläne unter der Voraussetzung, dass innerhalb eines Jahres die an die Synagoge anschließenden Bauteile „modellmäßig hergestellt" würden. Das traf nicht ganz ein, denn die Synagoge wurde zwar innerhalb von zwei Jahren fertig und 1806 im Beisein des Markgrafen eingeweiht, aber die Vorderhäuser wurden erst 1810 fertig gestellt.

Bei der Bauaufgabe ging es um zweierlei. Dem Markgrafen war es wichtig, die Häuser an der Langen Straße modellhaft repräsentativ zu gestalten. Friedrich Weinbrenner dagegen war daran gelegen, erstmals einen Gesamtplan für eine Synagoge mit Nebengebäuden zu entwerfen. Dabei war zu berücksichtigen, dass Synagogen noch keinen öffentlichen Schaucharakter haben durften, weswegen die Synagoge im Hof errichtet wurde. Für Weinbrenner war es ein ganz besonderer Auftrag: Nach seiner Rückkehr aus Italien war er in markgräflichen Diensten noch nicht mit Leitungsfunktionen (Baudirektor Müller war noch im Amt), aber schon mit einem „Masterplan" für Karlsruhe beschäftigt, ein Projekt also, das auf lange Zeit angelegt war und nicht schnell vorzeigbare Ergebnisse erwarten ließ. Der Auftrag für die

Synagoge war sein erster großer Auftrag überhaupt, eine Aufgabe, mit der er seine Fähigkeiten bald unter Beweis stellen konnte.

Das Bauprogramm umfasste neben der Synagoge selbst einen Vorhof für Versammlungen, ein Frauenbad (Mikwe) für rituelle Waschungen, eine Rabbinerwohnung und vermietbare Räume. Zu den beiden Straßen hin wurden die modellhaften Gebäude mit den Wohnungen errichtet, ein Portal, von ägyptisch anmutenden sich nach oben verjüngenden Pylonen flankiert, führt in den Innenhof mit dorischen Säulen. Ein solcher Innenhof war notwendig, um der jüdischen Gemeinde einen Versammlungsplatz zu bieten, solange die jüdische Religion noch nicht gleichberechtigt war. Der langgestreckte Synagogenraum mit seinem mächtigen Tonnengewölbe mit Kassettenmotiv endet in dem „Allerheiligsten", der Toranische, in der die Torarollen aufbewahrt werden. Der Raum unter den Frauenemporen wurde für Schulräume genutzt, darunter wiederum befand sich die Mikwe.

Die Synagoge – heute würde man „Jüdisches Gemeindezentrum" sagen – von Friedrich Weinbrenner war wegweisend für die

Synagogenarchitektur des 19. Jahrhunderts. In dieser Zeit des beginnenden Historismus, als man für jede Bauaufgabe einen Stil suchte, wurde Synagogenarchitektur gedanklich mit dem Morgenland verknüpft, ägyptisierende, manchmal islamische Bauelemente wurden Leitformen für jüdische Architektur. Die griechischen Säulen und pseudorömischen Kassettengewölbe waren dagegen typische Produkte der aktuellen Architekturdiskussionen, der „Revolutionsarchitektur".

Als Weinbrenners Synagoge am 29. Mai 1871 durch Brand zerstört wurde, lagen Pläne für einen Neubau schon in der Schublade, denn der alte Bau war wegen seines Stiles nicht sehr beliebt in der jüdischen Gemeinde. Josef Durm, der in ganz Deutschland bekannte Architekturforscher und Publizist, Professor am Polytechnikum und Baumeister in einem, hatte schon einen Neubau entworfen, der 1873–75 realisiert wurde. Die Synagoge war nun vollkommen im Stil der italienischen Renaissance durchkomponiert, entsprechend den neuesten Forschungen jener Jahre von Bauten Ober- und Mittelitaliens inspiriert. Die Synagoge brauchte sich nun nicht mehr zu verstecken, ihre hohe Fassade war weithin zu sehen. Als jüdisches Kultgebäude war sie von außen nur an unauffälligen Stellen zu erkennen: Über den seitlichen Eingängen waren die zwei Gesetzestafeln des Moses zu sehen. Auch das Innere war von einem Kirchenraum kaum zu unterscheiden, wenn man nicht gezielt auf die liturgische Einrichtung schaute. Fein abgestimmte Marmor- und Steinsorten und vergoldete Kupferkandelaber bestimmten die Wirkung des Innenraums. Ferner besaß sie eine große Orgel.

Im November 1938 ging die Synagoge in Flammen auf, diesmal in voller Absicht von NSDAP-Mitgliedern in Brand gesteckt. Die Feuerwehr war zur Stelle, durfte aber nur eingreifen, um benachbarte Häuser zu schützen. Anfang 1939 wurde, durch die Nazis erzwungen, die Ruine auf Kosten der jüdischen Gemeinde abgetragen. Die Stelle der Synagoge und des Raumes davor sind bis heute von der Bebauung frei gehalten. Ein kleiner Gedenkstein erinnert an das Schicksal des Gebäudes und der jüdischen Einwohner der Stadt.

7 Eine zweite, **orthodoxe Synagoge** wurde in der Karl-Friedrich-Straße errichtet. Während sich im Laufe des 19. Jahrhunderts ein Großteil der Juden immer stärker assimilierte, entstand konträr dazu eine orthodoxe Gemeinde, die die jüdischen Eigenwerte und die Unterschiede zum Christentum stärker betonte. Orthodoxe Gemeinden legen

Karl-Friedrich-Straße 16
76133 Karlsruhe

Wert zum Beispiel auf traditionelle Kleidung und Rituale und sind Neuerungen gegenüber weniger aufgeschlossen. In Karlsruhe bildete sich die orthodox-jüdische Gemeinde 1868, nicht zufällig in zeitlicher Nähe zum Neubau der liberalen Synagoge. Im Jahr 1881 errichtete

Gustav Ziegler ein orthodoxes Gemeindezentrum in einem Hinterhof in der Karl-Friedrich-Straße. Wie im 19. Jahrhundert üblich, wurde die Synagoge natürlich in einem historischen Stil gebaut, der am ehesten als Neorenaissance zu bezeichnen und deswegen durchaus mit der Durmschen Synagoge vergleichbar ist. Deutlichster Unterschied ist jedoch jeglicher Verzicht auf Bauluxus. Auch diese Synagoge wurde im Novemberpogrom 1938 zerstört.

8 Fast am Ende der Waldhornstraße, jenseits des „Dörfle", steht die **Simeonkirche (ev.-luth.)** am Rande des Alten Friedhofs. Dieser war 1781 im Gewann Lohfeld angelegt worden und diente als

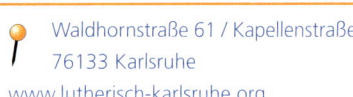

Waldhornstraße 61 / Kapellenstraße
76133 Karlsruhe
www.lutherisch-karlsruhe.org

zentraler Friedhof, bis der neue Hauptfriedhof eröffnet wurde. Hier fanden bekannte Personen des 19. Jahrhunderts ihre letzte Ruhestätte, wie die Eltern Viktor von Scheffels und Friedrich Weinbrenner, dessen Grab 1958 in die Stadtkirche verlegt wurde. Einzelne Grabdenkmäler und die Gruftenhalle am Nordrand des Parks sind noch erhalten. Auch die Kirche selbst errichtete Friedrich Eisenlohr über 17 Grüften, die daraufhin verschlossen wurden. Eisenlohr wurde in der Nachfolge Weinbrenners einer der wichtigen Architekten im Großherzogtum, vor allem für den Eisenbahnbau, doch er entwarf auch mehrere Kirchen. 1837 wurde mit dem Bau der einschiffigen neogotischen Kapelle begonnen und 1842 wurde sie eingeweiht. Da sie gleichzeitig auch den Bewohnern des „Dörfle" als Gottesdienstraum diente, durften in ihr keine Särge aufgebahrt werden.

Im Jahr 1850 ist die Evangelisch-Lutherische Kirche in Baden entstanden, in Abgrenzung zur unierten Landeskirche mit ihren reformierten Anteilen. In Baden sind insgesamt sieben Gemeinden entstanden, darunter gehört die Karlsruher Gemeinde mit ihrer Gründung 1867 zu den älteren. Im März 1882, als der Friedhof stillgelegt worden war, konnte die Gemeinde den Kapellenbau von der Stadt übernehmen. Im April 1944 bis auf die Umfassungsmauern zerstört, wurde die Kapelle nach dem Krieg zunächst als amerikanische Garnisonskirche etwas

vereinfacht wiederaufge-
baut. Fünf Jahre lang –
1948 bis 1953 – wurde die
Kirche „multikonfessionell"
genutzt und diente vielen
ausgebombten Kirchge-
meinden als provisorische
Gottesdienststätte.

Als die Evangelisch-
Lutherische Gemeinde die
Kirche am 1. Juli 1953
wieder alleine nutzen
konnte, wurde sie für ihre
Zwecke gründlich reno-
viert. 1956 wurde eine
Orgel der Firma Friedrich
Weissenborn aus Braun-
schweig eingebaut, die erste vollmechanische Schleif-
ladenorgel in Karlsruhe
nach 1945. Liturgisches
Hauptausstattungsstück ist
das große Altarkruzifix von
Emil Sutor aus dem Jahr

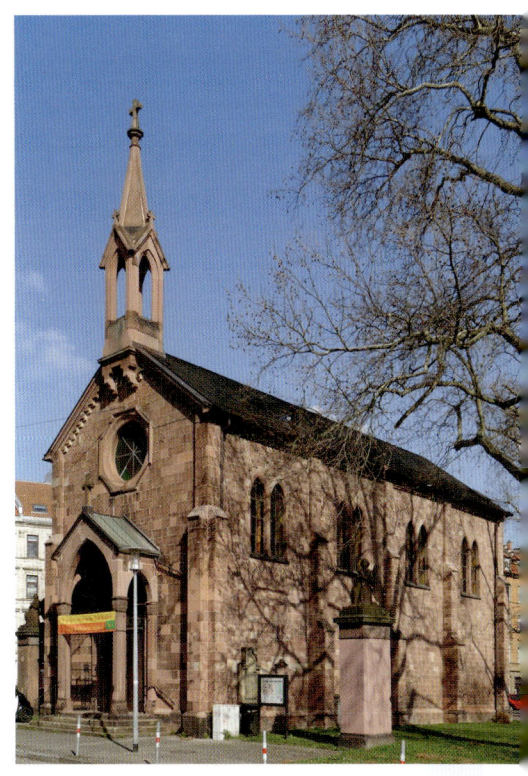

1964. In den Jahren 2006–08 wurde eher unvorhergesehen eine
Totalsanierung außen und innen notwendig. Man begann mit kleinen
Ausbesserungen und der Entfernung des üppigen Weinbewuchses,
musste dann den gesamten Dachstuhl ersetzen, so dass schließlich Horst
Leyendecker den Innenraum neu gestaltete. In den Fensterlaibungen
malte er Motive, die vom Mikrokosmos bis zum Makrokosmos reichen.
2012 wurde der Kirche der Name Simeonkirche gegeben.

Südstadt

Südlich des ersten Bahnhofs von Karlsruhe, der 1843 eingeweiht wurde, entstand auch der erste neue Stadtteil der Residenzstadt, für den bereits 1857 ein Bebauungsplan vorgelegt wurde. Geschäftige Mitte des früheren Arbeiter- und heute sehr populären „Multikulti"-Viertels ist der Werderplatz. Beide Kirchen liegen an der Marienstraße, die das Viertel von Nord nach Süd durchzieht. Das Neubauviertel südlich der Ludwig-Erhard-Allee, das erst in jüngster Zeit entstand, wurde ohne Sakralbauten geplant.

9 Am Ostende des Werderplatzes erhebt sich die **Johannis-Kirche (evang.)**. Bereits 1863 war die Pfarrei eingerichtet worden, für die Eisenbahn- und Augartenvorstadt, wie der Stadtteil damals genannt wurde. Zuerst verhinderten die Kriege den Kirchenbau, dann Geldnot. Die Pläne schwankten zwischen einer stolzen Kirche mit Doppelturmfassade und einem einfachen Betsaal. Schließlich war der Kirchenbau dann doch eine wichtige „staatspolitische" Angelegenheit, weswegen bei der Grundsteinlegung am 28. April 1887 auch das Großherzogliche Paar anwesend war. Hammer und Kelle waren dieselben, die schon 80 Jahre zuvor Weinbrenner dem damaligen Großherzog zur Grundsteinlegung der Stadtkirche gereicht hatte. Immerhin handelte es sich um den ersten Kirchenneubau in Karlsruhe nach den Bauten Weinbrenners und um die erste Kirche nach Gründung der Union. Deshalb waren über den Portalen die Standbilder der Reformatoren Martin Luther, Ulrich Zwingli und Johannes Calvin angebracht, als Sinnbild für die badische unierte Kirche. Am 11. April 1889 wurde die Kirche eingeweiht, und sie wurde von den großherzoglichen Familienmitgliedern reich beschenkt – fast die gesamte Kircheneinrichtung wurde von ihr gestiftet. Erst acht Jahre später wählte man nach langen Diskussionen den Namen Johanniskirche. 1902 wurde die Pauluspfarrei an der gleichen Kirche angesiedelt, um das stürmisch wachsende Quartier gottesdienstlich zu versorgen, statt einer Kirche wurde 1907 aber ein sehr geräumiges Gemeindehaus hinter der Kirche gebaut.

Den Kirchenbau hatte Baurat Ludwig Diemer, ein Schüler von Heinrich Hübsch, ausgeführt, der in der badischen Kirchen-

> 📍 Werderplatz
> 76137 Karlsruhe
> www.johannis-paulus-ka.de

bauverwaltung tätig war. Er schuf eine geräumige dreischiffige neoromanische Hallenkirche. Von den zwei Türmen an der Fassade wurde aus Kostengründen nur der linke ausgeführt. 1944 wurde die Kirche bis auf die Grundmauern zerstört, nur Teile der Fassade und der Turm mit den Glocken blieben stehen. Hans-Detlev Rösiger, ein Architekt der Karlsruher Schule, der 1949–52 den Wiederaufbau leitete, benutzte die noch bestehenden Fundamente der Außenmauern der ersten Kirche, verzichtete jedoch auf die alte Dreischiffigkeit und auf die tiefen Emporen. Auch die Dekorationen wurden reduziert. Dadurch entstand eine breit gelagerte, lichtdurchflutete Saalkirche, deren Ausmaße an frühchristliche Bauten erinnern. Drei große Arkaden begleiten die Außenwände zu beiden Seiten, sie bilden extrem schmale Seitenschiffe. Kirchenbauten der Zwanziger- und Dreißigerjahre waren ähnlich gestaltet worden, z. B. die Markuskirche. Weitere Baumaßnahmen betrafen die Umgebung der Kirche. Gemeindehaus und Kirche werden durch Tore eingefasst, ebenso an der Seite der Kirche kleinere Plätze gebildet. Wie bei einem Kloster sind Räume und Rückzugsmöglichkeiten entstanden, die Gemeindegruppen für sich nutzen können.

Seit 2014 dient die Kirche für einige Wochen zu Beginn des Jahres als „Karlsruher Vesperkirche" und ist zugleich eine „Experimentierkirche". Dafür wurden sämtliche Kirchenbänke entfernt bzw. die letzten Bänke in den Seitenbereichen aufgestellt, der Holzdielenboden im Kirchenschiff bildet nun die Stellfläche für Stühle und Tische, die beliebig aufgestellt werden können. Während dieser Wochen ist die Kirche eine große Gastwirtschaft. Für Gottesdienste oder Musikaufführungen können Stühle in großen Kreisen oder beliebigen anderen Formen aufgestellt werden.

Die ältere Ausstattung der Kirche, die – oft fragmentiert – nach dem Krieg unter meterhohem Schutt geborgen werden konnte, wurde neu arrangiert, und dazu sind neue Kunstprojekte auf den ganzen Kirchenraum und auf die Seiten„kapellen" verteilt.

Die Apsis war einst mit einer Kopie von Leonardos Abendmahl geschmückt, die nicht mehr hergestellt werden konnte. 1968 lieferte der Grafiker Karl Helmut Wagner die Entwürfe für das Tetragramm (Dreieinigkeit) und die sieben Flammen, Symbole für die Gaben des Heiligen Geistes. Im Jahr 2001 wurde darunter die Inschrift „Du bereitest vor mir einen Tisch im Angesicht meiner Feinde. / Du salbest mein Haupt mit Öl und schenkest mir voll ein." von Bernd Brach angebracht, ein Projekt anlässlich der Ausstellung „Kirchen(t)räume".

Der Taufstein, der die vier Evangelistensymbole zeigt, wurde von dem Südstädter Künstler Ehehalt geschaffen und zum 30-jährigen Bestehen der Paulusgemeinde 1933 gestiftet.

Das hölzerne Kruzifix vom Altar der ersten Kirche, 1927 von Dr. Greiner geschaffen, begleitete die Gemeinde durch die Zeit, heute in einer Seiten„kapelle" aufgestellt.

Die Rückwand einer Kapelle gestaltete Gerhard Knodl im Jahr 2000 mit einer Reihe farbiger Tafeln, die von der Mitte nach außen hin immer leuchtender werden. Nach den Worten aus dem Alten Testament (1 Kön 8,12) sagt der Herr, er wolle im Dunkeln wohnen. Die Darstellung symbolisiert das eigene, unruhige Leben, das umso unruhiger wird, je weiter es sich von Gott entfernt.

Die Glasfenster wurden nach dem Krieg neu eingesetzt, bis auf ein figürlich gestaltetes, das die Verheißung Abrahams zeigt. Das Fenster stammt aus der katholischen Nachbargemeinde „Unsere Liebe Frau", als ein bleibendes Zeichen des Dankes dafür, dass diese während der Renovierung der Liebfrauenkirche die Johanniskirche und ihr Gemeindehaus nutzen konnte.

Professor Gustav Heinkel schuf nach dem Ersten Weltkrieg das Gefallenen-Gedächtnismal, das den über ein Gräberfeld siegreich schreitenden Christus zeigte. Von der Christusfigur blieb nur der Kopf, der sich in der Sakristei befindet.

Die Kirchenglocken, hergestellt vom Bochumer Verein für Gussstahlglocken, hängen seit der Einweihung 1889 an Ort und Stelle und haben alle Kriege überdauert, weil sie als Stahlgeläut nicht zum Einschmelzen abgegeben werden mussten. Sie waren ein Hochzeitsgeschenk des Bochumer Vereins an Erbgroßherzog Friedrich von Baden und seine Braut Prinzessin Hilda von Nassau. In Erinnerung an ihre Hochzeit 1885 widmete das Fürstenpaar die Glocken der Johanniskirche.

Die alte Orgel von 1953 ist 1994 durch eine neue aus der Werkstatt Johannes Rohlf ersetzt worden.

10 Nur zwei Querstraßen weiter steht die **Kirche Unsere Liebe Frau (kath.)**, die 1890 begonnen und am 16. Oktober 1892 konsekriert worden ist. Der Wunsch, eine zweite katholische Pfarrkirche in der Residenzstadt zu haben, reicht bis 1853 zurück, der Schritt war überfällig, denn die Zahl der Katholiken war im 19. Jahrhundert rasant gestiegen, von knapp 2.000 um 1800 auf rund 9.000 in der Jahrhundertmitte und 25.000 im Jahr 1885. Die schweren Auseinandersetzungen im badischen und anschließend preußischen Kulturkampf verhinderten jedoch jegliche Planungen, bis sich Ende der 1880er-Jahre eine Lösung abzeichnete. Nun ging es gleich um zwei Kirchen: Während in der Oststadt eine repräsentative Kirche geplant werden sollte, müsste das Bahnhofsviertel sofort eine einfache Kirche erhalten, wurde vom Großherzog am 15. Februar 1888 festgelegt. Durch das neue „Ortskirchensteuergesetz" war auch die Finanzierung auf bessere Beine gestellt. Ihr Architekt war Franz Jakob Schmitt, ein sehr erfahrener kirchlicher Baumeister, der vor allem in Elsass-Lothringen und in der Bayerischen Rheinpfalz tätig war. Er gehörte zu den „Gotikern" unter den Kirchenbaumeistern des 19. Jahrhunderts,

Augartenstraße 50
76137 Karlsruhe
www.allerheiligen-ka.de

hatte in Darmstadt, Berlin und Wien gelernt, wo der berühmte Friedrich von Schmidt sein Lehrer war. Mit sicherer Hand hat Schmitt den Entwurf für Karlsruhe geplant, eine dreischiffige Hallenkirche mit ausladendem Querhaus und einem polygonal schließenden Chor, an dessen Seite ein schlanker Glockenturm aufragt. Seine Kirchenpläne gehorchten einfachen Gesetzen: Das Langhaus war auf der Zahl „vier" aufgebaut, Sinnbild der christlichen Welt. Mit der „vier" ließen sich die Himmelsrichtungen, Jahreszeiten oder Elemente erfassen. Der Chor dagegen fußt auf der „drei", Symbolzahl der Trinität. Schmitts gotischer Sakralstil stellt keine einfache Nachahmung bestehender

mittelalterlicher Kirchen dar, sondern er ist eine eigene Schöpfung in altem Gewand. Der Innenraum ist von seiner Gesamtheit her ein heller und luftiger Raum, was man von einer gotischen bzw. neogotischen Kirche nicht erwarten würde. Die schlanken Stützen besitzen farbige Kapitelle und tragen einfach geformte Rippengewölbe. Das Baumaterial stammt aus dem Pfinztal (roter Buntsandstein) und aus Mühlbach bei Eppingen (hellgelber Sandstein). Im Krieg wurde die Kirche schwer getroffen, der Chor war zerstört. Er wurde nun rechteckig wiederaufgebaut, so dass sich an dieser wichtigen Stelle heute doch ein ganz anderer Eindruck ergibt.

Schon zu ihrer Bauzeit wurde die Kirche reich ausgestattet, und dies änderte sich bis heute nicht. Was im Wesentlichen so vollkommen einheitlich aussieht, ist doch das Werk eines ganzen Jahrhunderts, und viele Kunstwerke waren wie in einem Kreislauf zwischenzeitlich außer Gebrauch geraten und jetzt wieder neu zusammengesetzt.

Aus der Erbauungszeit sind nur noch wenige Ausstattungsstücke vorhanden. Hier ist vor allem der Kreuzweg des Freiburger Bildhauers Joseph Dettlinger zu nennen, der in figurenreichen und farbigen Relieftafeln an der Innenwand des Langhauses umläuft (1899). Wenig später schuf derselbe Künstler das große Missionskreuz im Querhaus: Beide Werke sind im spätgotischen Stil gehalten, ähnlich die Büsten der Kirchenlehrer, die Josef Eberle 1896 ursprünglich für die Kanzel geschaffen hatte und die sich heute an der Chorrückwand befinden. Sie ahmen Holzschnitzwerke aus dem Umkreis des Tilman Riemenschneider nach.

Kirchenrenovierungen in der Zeit vor bzw. nach dem Ersten Weltkrieg und 1937 veränderten das Innere ziemlich einschneidend, was wir heute kaum noch nachvollziehen können. Die Wände wurden einheitlich grau bzw. weiß gefasst, was dem Innenraum einen etwas kühlen Eindruck

gegeben hat. In dieser Farbstimmung kann man sich die beiden Altarreliefs aus Muschelkalk von Fritz Burkert gut vorstellen, die er 1955 und 1957 für das Querhaus geschaffen hat, den Marien- und den Josefsaltar. Zu dieser Zeit war auch der Chor nach den Zerstörungen des Zweiten Weltkriegs verändert wiederaufgebaut worden.

Die nächste einschneidende Veränderung stand mit der Umgestaltung des Chores und der Altarinsel an, die 1974 nach Plänen von August Vogel und Wilfried Kornmüller erfolgte. Zelebrationsaltar, Ambo und Sakramentsstele wurden in der Vierung platziert. Von Siegfried Haas aus Kirchheimer Blaubank-Muschelkalk roh herausgeschlagen, blieben sie halbroh in ihrer urtümlichen Form stehen. Der rückwärtige Chorbereich war nun frei geworden und nahm das neue Taufbecken auf. In diesem immer noch relativ farblosen Kirchenraum schuf Peter Valentin Feuerstein mit seinem großen Chorfenster mit dem Thema „Maria – leuchtendes Zeichen des Glaubens, der Hoffnung und des Trostes dem wandernden Volk Gottes" einen grandiosen Kontrast. Feuerstein nahm Anregungen aus der Gemeinde feinfühlig auf und setzte sie in eine Bildfolge von 35 Teilbildern um, die von links nach rechts und von unten nach oben zu lesen sind. Die Bilder reichen von den Prophezeiungen im Alten Testament bis zum himmlischen Jerusalem in der Bildspitze.

Den Raum prägt heute die Ausmalung der Gewölbefelder, die Feuerstein zusammen mit seinem Sohn Christoph 1991–92 ausführte und die zum Katholikentag in Karlsruhe fertig wurde. Die Zwickelbilder nehmen den gelben Grundton der Wandarchitekturfarbe auf und zeigen zum Schlussstein hin jeweils ein Bild, das dank seiner Inschrift meist recht gut lesbar ist. Die Mittelschiffgewölbe tragen Szenen aus dem Alten Testament (Schöpfung, Kain und Abel, Moses), in den Seitenschiffen zeigen die Bilder die Schöpfungen des Menschen, Musik und Kunst zum Lobe Gottes, aber auch Radioteleskope und Forschungsinstitute. Querhaus, Vierung und alter Chor sind dem Leben und Opfer Jesu, dem Pfingstfest und der Apokalypse gewidmet.

In jüngster Zeit wurden wieder Einzelbildwerke aufgestellt. Vater und Sohn Feuerstein stellten 1996 Fragmente eines Herz-Jesu-Altares an der östlichen Querhauswand mit Aluminiumgussteilen, die Maßwerk nachahmen, zusammen, ein großartiges Ensemble. Wie in einer großen Kathedralwerkstatt werden Reliefteile recycelt und in der Kirche wieder sichtbar gemacht. Die Kirche Unsere Liebe Frau nimmt als Gesamtkunstwerk auf diese Weise eine bemerkenswerte Gegenposition zur katholischen Hauptkirche St. Stephan ein.

Weststadt

Seit dem Jahr 1862 führte eine Eisenbahnlinie vom Karlsruher Bahnhof nach Maxau, auf der Strecke der heutigen Hildapromenade. Zu beiden Seiten entstand die Weststadt, die in ihren frühen Jahren ein sehr gemischtes Quartier darstellte: Handwerksbetriebe und mittelständische Mietshäuser wechselten einander ab. Bierkeller und Brauereien siedelten sich hier an, daneben entstanden vor allem in den zwei Jahrzehnten vor dem Ersten Weltkrieg die gutbürgerlichen Wohnviertel von Karlsruhe. Als Fortsetzung der Kaiserstraße bildet die Kaiserallee die zentrale Achse der Weststadt, Hildapromenade im Norden und Sophienstraße im Süden laufen ungefähr parallel. Der Übergang nach Mühlburg ist praktisch nicht mehr wahrzunehmen.

11 Vor dem Mühlburger Tor, am Beginn der Kaiserallee und zugleich innerhalb einer Grünanlage steht die **evangelische Christuskirche**. Eine Treppenanlage führt hinauf zu der leicht erhöhten, breit gelagerten und dennoch steil aufragenden Kirche im neogotischen Stil. Vor der ganzen Breite der Fassade mit ihrer riesigen Fensterrose liegt

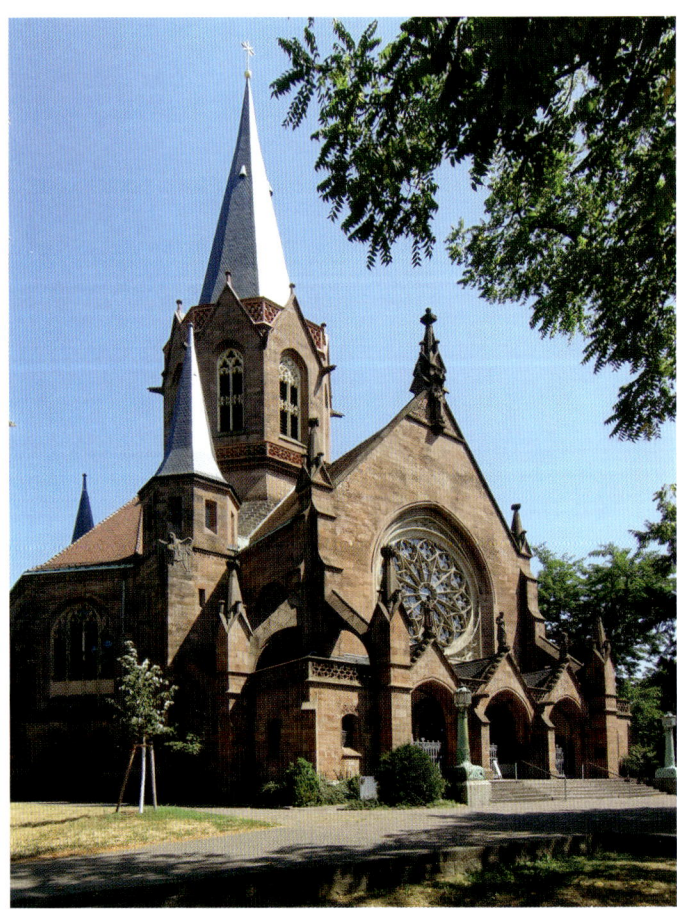

die Portalvorhalle. Die gesamte Anlage wird von dem achteckigen Vierungsturm mit spitzem Turmdach überragt. Wasserspeier und Statuen, Strebemauern und Fialen, Wimperge und Maßwerk erinnern auf den ersten Blick an ein Gebäude im gotischen Stil, doch reichen seine Stilelemente bis hin zum Jugendstil. Im Jahr 1900 eingeweiht, ist sie einerseits ein prominentes Beispiel des Historismus und stellt andererseits eine der frühen Kirchenbauten dar, mit denen die traditionellen Bauschemata überwunden wurden.

Die Planungen für eine Kirche in der neuen Weststadt begannen 1888, als der Kirchengemeinderat vom Großherzog die Überlassung eines Grundstücks vor dem Mühlburger Tor erbat. Damals verlief vor und neben der projektierten Kirche eine Eisenbahnlinie, die Maxaubahn und die Eisenbahnlinie, die bis in das Elsass führte, was strategisch für den Weg nach Westen in jener Zeit von größter Bedeutung war. 1896 konnte das Grundstück erworben werden, das Gelände um die Kirche wurde Eigentum der Stadt.

Riefstahlstraße 2
76133 Karlsruhe
www.christuskiche-karlsruhe.de

Die Christuskirche und das Wiesbadener Programm

Als die Baukommission 1891 erstmals tagte, waren Jahrhunderte alte Maximen des Kirchenbaus in Verruf geraten. Bis dahin hatten klassische Kirchen längsgerichtet und dreischiffig zu sein, der Altar musste sich in einem erhöhten Chorbereich befinden und dergleichen mehr. Im Mittelalter hatten sich diese Regeln gebildet, und im 19. Jahrhundert hatten sie als „Eisenacher Regulativ" von 1861 auch für evangelischen Kirchenbau quasi Gesetzeskraft. Nimmt man die im 19. Jahrhundert übliche Stilwahl hinzu, dass Kirchen im romanischen oder gotischen Stil zu bauen seien, und die Tatsache, dass aufgrund der demographischen Entwicklung und des Wachstums der Städte in der zweiten Hälfte des 19. Jahrhunderts mehr Kirchen gebaut wurden als je zuvor, so kann man sich gut vorstellen, dass die Serienproduktion zu Stereotypen im Kirchenbau führte. Außerdem waren die Großstadtgemeinden weitgehend anonym geworden, die Gemeinden den Pfarrern entfremdet.

In dieser Situation hatte der Wiesbadener Pfarrer Emil Veesenmeyer das „Wiesbadener Programm" formuliert und der Berliner Architekt und Professor Johannes Otzen dies nach anfänglichem Zögern umgesetzt. Danach sollten Kirchen anders konzipiert werden, und zwar soll

- *die Kirche das Gepräge eines Versammlungshauses der feiernden Gemeinde besitzen*
- *die Einheit der Gemeinde und das Priestertum aller Glaubenden ... durch die Einheitlichkeit des Raums Ausdruck finden*
- *sich die Feier des Abendmahls inmitten der Gemeinde vollziehen. Alle Sehlinien sollen auf den Altar hinleiten.*
- *die Kanzel dem Altar gleichwertig und mit der Orgel und der Chorbühne ebenfalls organisch verbunden sein.*

Dadurch spielte sich alles (Predigt, Abendmahl, Musik) im Angesicht der Gemeinde ab und bezog sie viel stärker mit ein, als es in einem traditionellen Kirchenraum der Fall war. Johannes Otzen hat 1892 in der Wiesbadener Ringkirche als erster diese Forderungen mustergültig umgesetzt.

Wegen der Krise des Kirchenbaus war für Mai 1894 einer der größten Kirchenbaukongresse aller Zeiten nach Berlin einberufen worden, zu dem Architekten, evangelische Theologen, Künstler und Kunsthistoriker kamen.

Genau in dieser Zeit hatte der Badische Ingenieur- und Architektenverein den Wettbewerb für eine Predigtkirche in Karlsruhe ausgeschrieben. Im Preisgericht saß neben dem Karlsruher Baudirektor und Professor Durm auch Professor Otzen. Unter den mehr als 60 eingesandten Entwürfen wurde der Plan von Curjel & Moser schließlich zur Ausführung empfohlen.

Der Schweizer Robert Curjel hatte in Karlsruhe und später in München Architektur studiert, er war ein Schüler von Eisenlohr und Durm. Mit seinem Schweizer Kollegen Karl Moser hatte er in Karlsruhe 1888 eine Bürogemeinschaft gebildet, und ihr Büro befand sich just neben der neu zu errichtenden Kirche in der Riefstahlstraße neben dem ebenfalls von ihnen im Jahr 1898 erbauten Pfarrhaus, das im Bildprogramm direkte Bezüge zur Christuskirche aufweist. Curjel und Moser gehörten zu den Teilnehmern des Berliner Kongresses, sie konnten die Ergebnisse der Diskussionen direkt in ihre Pläne einfließen lassen. Mit der Christuskirche begründeten sie ihren Ruf im Kirchenbau. 1897 wurden die Bauarbeiten begonnen, und am 14. Oktober 1900 wurde die Christuskirche eingeweiht.

Die Mitte der Kirche bildet ein Vierungsraum von ca. 14 Metern Kantenlänge und über 17 Metern Höhe. Rechteckige Anräume in der Hauptachse und polygonale Räume in der Querachse erweitern den Bau in Kreuzform und bieten 1200 Plätze. Die rückwärtige Wand der Vierung, hinter der sich Konfirmandensaal und Sakristei befinden, nimmt die Kanzel auf, vor ihr befindet sich der Altar und über ihr ist die Orgelempore mit Platz für Orgel und Sängerchor. Die drei Emporen zur Seite und über dem Eingang sind tief gestaffelt und steigen steil an, damit die Forderung, dass alle Sehlinien auf den Altar hinzielen, auch eingehalten wird. Große Maßwerkfenster sorgen für einen lichtdurchfluteten Raum.

Im Innern trägt die Christuskirche noch deutlich gotische Züge, wie sie in der Fensterrose oder den Sterngewölben zu sehen sind. Jedoch entwickelte sich der Baustil während der Bauzeit weiter, so dass die gotische Ornamentik sich langsam in Richtung Jugendstil wandelte.

Der Zweite Weltkrieg verschonte auch die Christuskirche nicht. Auf den Bombenhagel des 3. September 1942 folgten weitere Angriffe, die die Kirche schwer trafen. Nach dem Krieg wurde die Restaurierung über Jahrzehnte behutsam durchgeführt. Große Diskussionen wurden über den Wiederaufbau des Vierungsturmes geführt. Als schließlich ein Kran am 18. September 1985 die Turmspitze wieder aufsetzte, war die Kirche nach außen und innen so weitgehend wiederhergestellt, dass die Veränderungen erst auf den zweiten Blick auffielen. Wände und Baudekoration wurden von Horst Leyendecker bearbeitet, die Glasmalereien entweder repariert oder nach den alten Vorlagen neu hergestellt. Die Christuskirche gehört zu den wenigen Kirchen in Karlsruhe, die die Atmosphäre der Erbauungszeit bewahren konnten.

Im Unterschied zu echten gotischen Kirchen ist das skulpturale Figurenprogramm am Außenbau deutlich reduziert. Den zentralen Turm umstehen die vier Evangelistensymbole Mensch, Löwe, Stier und Adler: Die Evangelien bilden und stützen das Haus Gottes. Eine Reliefplatte an der Nordseite zeigt die Predigt Jesu am See Genezareth: Predigt und Verbreitung der Lehre sind auf den darunter befindlichen Konfirmandensaal zu beziehen. Über dem Eingangsportal stehen die Statuen von Moses, Paulus und Luther, von der Hand des Wilhelm Sauer: Die göttliche Botschaft wird dem Menschen immer wieder auf neue Weise näher gebracht. Moses erhielt am Berg Sinai die Gesetzestafeln; Paulus war der erste Apostel, der das Evangelium den Nichtjuden brachte und dafür ins Gefängnis kam (deswegen in Ketten dargestellt), und schließlich Martin Luther, der mit seinem Thesenanschlag (Hammer) die Abkehr von Menschenworten und Rückkehr zu Gottes Wort forderte.

Der Innenraum überrascht den Besucher durch seine Breite und Weite, selbst wenn dieser sich auf ein neues Raumerlebnis eingestellt hat. Der heutige Kronleuchter – aus dem Jahr 1981, größer als der ursprüngliche – taucht den Raum in mildes Licht. Die konzentrischen Kirchenbänke sammeln den Blick auf Altar und Altarwand, die in zwei Achsen ein gemeinsames Bildprogramm tragen, entsprechend der Aussagen im Glaubensbekenntnis (geboren von der Jungfrau Maria, gelitten unter Pontius Pilatus, gekreuzigt, gestorben und begraben, am dritten Tage auferstanden von den Toten): In der Waagerechten wurde das Leben Jesu von der Krippe links zum leeren Grab rechts dargestellt. Der Kanzelkorb in der Mitte zeigt den Einzug Jesu in Jerusalem, den Beginn der Passion also, darüber erhebt sich über einem Giebel in großer Höhe das Kruzifix. Der Altartisch liegt auf vier bronzenen Stützen, welche die Evangelisten bzw. ihre Symbole zeigen. Die geometrische und inhaltliche Mitte bildet die große, mit goldenem Mosaikhintergrund versehene Nische, die die Kanzel aufnimmt. Das Bildprogramm ist einleuchtend: Vom Weihnachtsfest über die Kreuzigung hin zum Osterfest werden die Hauptfeste des Kirchenjahres dargestellt. Die Evangelisten mit ihren Berichten stehen am Altar, sie sind die Träger der Erinnerung. Dem Pfarrer auf der Kanzel darüber obliegt es, dies zu verkünden und zu deuten, so dass danach das Abendmahl als Erinnerungsmahl an dem Tisch unter der Kanzel den Schlusspunkt setzt. Das Kruzifix wird von der Orgel hinterfangen, womit die Orgel zu einem Verkündigungsinstrument wird, durchaus der Predigt ähnlich. Die ganze Wand erscheint wie ein „Theatrum sacrum" in Weiterentwicklung des barocken Kirchenraumes.

Die Bronzearbeiten fertigte Fridolin Dietsche, die Bildhauerarbeiten haben Wilhelm Sauer und Hermann Binz ausgeführt. Eines der Altarkreuze, das Pfarrer Klaus Müller-Kollmar (im Amt 1968–91) gestiftet hat, stammt aus Italien.

Wertvoller Schmuck der Christuskirche sind ihre Glasmalereien. Das Rosettenfenster in der Fassade wurde 1950 von Schülern der Meisterklasse Erich Heckels von der Karlsruher Kunstakademie wiederhergestellt. Inmitten der Pflanzen und Blüten ist Christus dargestellt. Die Fenster der Seitenemporen sind großenteils noch original, sie hat Albert

Lüthy entworfen. Im Westen Geschichten aus dem Alten Testament: Moses auf dem Berg Nebo (5 Mose 34), Himmelfahrt des Elias (2 Kön 2), Jeremia auf den Trümmern des Tempels: im Osten Jesus und die Samaritanerin (Joh 4), Jesus segnet die Kinder (Mk 10,13-17), Jesus der Heiland der Armen und Kranken. Valentin Feuerstein entwarf 1973 die Fenster neben dem Haupteingang mit „Siehe, ich sende euch wie Schafe unter die Wölfe" (Mt 10,11) und „Der sinkende Petrus" sowie auf der Südempore „Das himmlische Jerusalem" bzw. „Das Weib und der Drache".

Das Glockengeläut wurde 1953 neu gegossen und erhielt 2004 eine wichtige Ergänzung: die Friedensglocke, deren Verzierung von Emil Wachter entworfen wurde. Sie erinnert jeden Mittag um 12 Uhr weithin hörbar an die längste Friedenszeit, die Karlsruhe in seiner Geschichte bisher erlebt. Die eigentliche innere Fertigstellung erlebte die Christuskirche im Jahr 2010 mit der Einweihung der neuen Orgel der Firma Klais. Es handelt sich um das größte moderne Orgelbauwerk in Baden. Die Klais-Orgel von 1966 wurde dabei größtenteils übernommen und erweitert. Die Christuskirche gehört zu den kirchenmusikalischen Zentren der evangelischen Landeskirche in Baden und ist der Predigtsitz des Stadtdekans.

12 Hinter dem Rathaus West liegt in einer Kurve der Hildapromenade der Ökumeneplatz. Auf ihm steht die Kirche **Christi Auferstehung (alt-katholisch)**. Diesen Namen erhielt der kleine Platz im Jahr 1978 in Erinnerung an den ersten ökumenischen Gottesdienst in Karlsruhe im Jahr 1964, und

> Röntgenstraße 3 / Ökumeneplatz
> 76133 Karlsruhe
> www.altkatholisch.de

Karlsruhe war die erste Stadt in Deutschland, in der die Ökumene mit einem Straßen- bzw. Platznamen gewürdigt wurde.

Die Alt-Katholische Kirche hatte sich 1870 von der römisch-katholischen Kirche nach dem Ersten Vatikanischen Konzil abgespalten, als dieses das Dogma der päpstlichen Unfehlbarkeit beschlossen hatte. Sie nannte sich „alt-katholisch", um die althergebrachten Werte der Katholischen Kirche zu betonen und sich von den neuen Werten des Ersten Vatikanischen Konzils abzugrenzen. Die Karlsruher Gemeinde hat sich 1872 konstituiert. Es dauerte über zwanzig

Jahre, bis der Kirchbau in die Hand genommen werden konnte, für den Großherzog Friedrich I. der Gemeinde den Baugrund schenkte.

Die Kirche ist einschiffig mit Langhaus und Querhaus angelegt und besitzt Kreuzrippengewölbe, daran angefügt eine polygonale Apsis. Die einfache Fassade besitzt zwei schmale Ecktürme und als größten Schmuck eine große Fensterrose. Zwischen Querhaus und Chor erhebt sich der Glockenturm. Trotz der glatten, kaum gegliederten Mauern wird man die Stilstufe der Kirche als frühgotisch bezeichnen.

Mit Oberbaurat Professor Carl Schäfer als Architekt hatte die Gemeinde einen der besten Bauhistoriker seiner Zeit gewonnen, der gerade 1894 von Berlin an die Karlsruher Hochschule wechselte, wo er als Fünfzigjähriger den Architekturlehrstuhl übernahm und für 15 Jahre prägte. Hier suchte er nochmals den Kontakt zur Baupraxis. Mit seinem Namen ist beispielsweise einer der berühmtesten Fälle der Denkmalpflege vor dem

Ersten Weltkrieg verbunden, die Wiederherstellung des Heidelberger Schlosses. Hier stellte
er den sog. Friedrichsbau wieder her. Mit diesen
Maßstäben betrachtet, handelte es sich bei der
Alt-Katholischen Kirche um einen sehr
bescheidenen Bau, aber das war das Reizvolle
an der Aufgabe: Wie kann auch eine kleine
Gemeinde einen anspruchsvollen Kirchenbau
erhalten, der im Stadtbild wahrgenommen
wird? Schäfer war ein „Gotiker" und wählte
frühgotische Kirchen der Ile-de-France als
Vorbild, was sehr ungewöhnlich war, weil doch
im historistischen Bauwesen Deutschlands
Baustile bevorzugt wurden, die in der Heimat
wurzelten. Zwei Faktoren waren wohl
ausschlaggebend für Carl Schäfer. In der
französischen Frühgotik werden häufig
Frühformen des Maßwerks verwendet, wie sie

mustergültig in der Fensterrose aufgegriffen wurden („Chartres-
Rose"). Als Frühform des gotischen Stils passt sie gut zur
kirchenpolitischen Stellung der Alt-Katholischen Kirche. Und mit den
schlanken, hoch aufragenden Turmspitzen war die Kirche auch von
Weitem gut erkennbar.

Bei dem Bombenangriff im September 1944 brannte die
Kirche total aus, die Gewölbe stürzten großenteils ein und es
wuchsen schon Bäume inmitten der Ruine. Im Jahr 1950 wurde
mit den Wiederherstellungsarbeiten begonnen, die sich bis 1978
hinzogen. Dabei wurde das Sandsteinmauerwerk im Innern
unverputzt belassen, die im Krieg beschädigten Quadersteine oder
Rippensteine wurden beibehalten, so weit es ging, denn sie sollten
auf Dauer an die Kriegszerstörung erinnern. Der alte Taufstein
wurde wieder zusammengefügt und erhielt einen Kupferdeckel
mit der Aufschrift „Ökumene" in griechischen Buchstaben. Den
neuen Geist des Zusammenlebens unterstreicht das Glasfenster, das
die Nachbargemeinden 1970 stifteten, und zwar die evangelische
Gemeinde der Christuskirche und die katholischen Gemeinden
St. Bonifatius und Herz-Jesu. Das Fenster wurde 1970 zum
Hundertjahrgedenken des Ersten Vatikanischen Konzils von Valentin
Peter Feuerstein entworfen. Dieser schuf 1975 auch die Glasfenster
des Rosettenfensters, in der Ausformung stark an alte Glasmalerei
erinnernd. Das jüngste Fenster wurde bei der Sanierung der Kirche
2001 eingebaut. Günter Grohs gestaltete das Thema „Das neue
Jerusalem" (Ausführung Glasstudio Derix). An der Südwand des
Querhauses steht auf einer Betonkonsole eine Bronzeplastik mit dem
einladenden Jesus, ein intimes Werk des alt-katholischen Bildhauers
Karl Albiker, der es 1926 seiner Gemeinde gestiftet hat.

13 Recht genau in der Mitte der Sophienstraße steht die Kirche **St. Bonifatius (kath.)**. Zusammen mit dem Pfarrhaus bildet sie ein schönes Ensemble historistischer Architektur, das zumindest im äußeren Erscheinungsbild den Charakter aus der Zeit der Weihe 1908 recht gut bewahrt hat. Im Jahr 1896 hatte man das großzügig bemessene Grundstück erwerben können, und nur der zur gleichen Zeit laufende Bau der St. Bernhardskirche am Durlacher Tor verhinderte einen raschen Aufbau. Man begnügte sich zehn Jahre lang mit einer preiswerten Notkirche. Von 1905 an konnte dann Diözesanbaumeister Johannes Schroth die Kirche errichten, die am 18. Oktober 1908 geweiht wurde. Schroth, der in der weiteren Umgebung von Karlsruhe schon eine reiche Erfahrung im Kirchenbau gesammelt hatte, errichtete eine dreischiffige romanische Basilika mit Emporen im Langhaus, einem ausladenden Querhaus und einem Chorumgang mit einem Kranz von Seitenaltären. Die Vierung erhielt nur einen bescheidenen Dachreiter, das Schwergewicht in der Komposition lag auf der Fassade, aus deren Mitte ein mächtiger Turm aufsteigt. Die Kirche ist in reifen romanischen Formen gehalten und ganz aus rotem Buntsandstein errichtet. Ein eindeutiges Vorbild ist nicht auszumachen. Sie erinnert vor allem mit dem Rautenhelm des Turmes an Bauten des Rheinlandes, etwa das Bonner Münster.

Im Zweiten Weltkrieg wurde die Kirche mehrmals Opfer von Bombenangriffen. Zwei Meter Schutt mussten im Kircheninneren beseitigt werden, um das Langhaus schon Ende 1946 wieder nutzen zu können. 1950 war der Wiederaufbau in einfacher Weise abgeschlossen. Ihr heutiges Aussehen erhielt die Kirche in den Jahren 1978–80, als der

Sophienstraße 127
76135 Karlsruhe
www.allerheiligen-ka.de

Altarraum den Anforderungen hinsichtlich der Liturgiereform angepasst wurde. Damals wurde der gesamte Innenraum farblich neu gefasst und freundlich licht gestaltet.

Trotz der Kriegsschäden bietet die Bonifatiuskirche eine reiche alte Innen-einrichtung, die geschickt mit der neuen kombiniert wurde. Der erste Eindruck wird durch die strenge Architektur bestimmt – wechselnde Pfeiler tragen Empore und Gewölbe, die Fenster im hohen Mittelschiff folgen dem Rhythmus der Gewölbe. Dieses Architektursystem war der fortgeschrittenen Romanik entlehnt und steht im Mittelalter für eine bestimmte Epoche des Übergangs, nämlich zur Gotik (daher auch Übergangsstil genannt). Bauten des Übergangsstils sind in Deutschland in reichem Maße vertreten. Die architektonische Auffassung des Innenraums wird durch die aufgemalte

Quaderung noch verstärkt. Diese war im ursprünglichen Bau nicht vorhanden, dessen Ausmalung jedoch nicht mehr zu rekonstruieren war. Es war die einzige Möglichkeit, dem Bau einen „Stil" zu geben.

Johannes Schroth hat in seinem Kirchbau von 1908 viel Architektursymbolik versteckt, die erst entdeckt sein will. So sind im

rechten Seitenschiff die Beichtstühle kapellenartig in eine Arkadenreihe integriert, und die Kapitelle dieser Arkaden nehmen auf die Sünden, die in den Beichtstühlen bekannt werden, Bezug. Und die Eckzier der romanischen Säulenbasen ist symbolhaft mit Tierdarstellungen geschmückt, die auf die schwere Last der Architektur hindeuten. Von einem monumentalen Baldachin überfangen, steht der alte Hochaltar mit der Darstellung des Abendmahls nach wie vor im Scheitel des Hochchors (das Abendmahl-Relief stammt von Hofbildhauer August Schädler). Der Hochaltar wird von fünf kleineren Altären eingerahmt, die populäre Heilige aufnehmen: die hl. Familie, der hl. Franziskus von Assisi, der die Tiere um sich versammelt, die hll. Josef und Antonius von Padua. In den Seitenschiffen sind die Kreuzwegstationen, Reliefarbeiten von Joseph Dettlinger, angebracht.

Den neuen Zelebrationsaltar in der Vierung hat Frido Lehr 1978 geschaffen. In Material und Farbe passt er sich dem Bau an, ist aber ganz in modernen Formen gehalten. Eigentlich war vorgesehen, nur das Gewölbe der Vierung auszumalen. Doch die Arbeit von Valentin Feuerstein war so überzeugend, dass er schließlich alle Gewölbefelder bemalt hat. Dabei war es ihm nicht möglich, die ursprünglichen Malereien wiederaufzunehmen oder sich auch nur an sie anzulehnen, weil sie zu schlecht dokumentiert waren. Feuerstein gab jeder Kuppel eine gelbe Fläche, welche den Raum hell machte. In den Gewölbeanfängen der Kuppeln (Pendentifs) stellte er Szenen aus dem Alten und Neuen Testament sowie die Geschichte des hl. Benedikt dar. Die Fensterrosetten des Querhauses hatte Franz Dewald bereits 1963 mit Szenen aus dem Leben Jesu bzw. Maria ausgeschmückt.

14 Am weiten Rondell des Yorckplatzes steht die **Markuskirche (evang.)**. Kirche und Gemeindehaus liegen wie ein aufgeschlagenes Buch vor einem, der Glockenturm als Lesezeichen in der Mitte. Das Ensemble von Otto Bartning gehört zu den wenigen Kirchenbauten in Karlsruhe, die den Zweiten Weltkrieg nahezu unbeschadet überstanden haben.

Weinbrennerstraße 23 / Yorckplatz
76135 Karlsruhe
www.markusgemeinde-karlsruhe.de

Bereits 1905 war die Neuwestpfarrei entstanden (seit 1924 Markuspfarrei), die 1908 vom Großherzoglichen Domänenamt das heutige Grundstück erworben hatte. Krieg und Nachkriegsjahre ließen den Plan zurückstehen. Otto Bartning, der aus Karlsruhe stammte und in Berlin lebte, war in seiner Heimatstadt nicht in Vergessenheit geraten. Nach dem Ersten Weltkrieg war er zum führenden evangelischen Kirchenbaumeister Deutschlands aufgestiegen. Als

man in den 1920er-Jahren über den Bauplatz nachdachte, rieten die Karlsruher Fachleute zu einem Tausch, um ein besser gelegenes Grundstück zu bekommen. Otto Bartning riet ab. Die Aufgabe schien ihm reizvoll. 1933 wurde endlich ein Wettbewerb ausgeschrieben, den Bartning für sich entschied. Im März 1934 wurde der Bau begonnen, unter heftigem Widerspruch des NS-Gauleiters, der den Bau als „undeutschen Internationalismus" geißelte. Bartning setzte sich durch, am Erntedanktag des Jahres 1935 (6. Oktober) wurde die Markuskirche eingeweiht.

Die Bauform der Kirche ist aus reinen geometrischen Körpern gebildet: Dem rechteckigen Langhausraum ist der halbrunde Altarraum gegenübergestellt. Die Kanzel steht im Brennpunkt der Rundung, ist zugleich Fokus für die Gemeinde. Ungewöhnlich im allgemeinen Kirchenbau, bei Bartning der Normalfall, steht die Kanzel in der Symmetrieachse *vor* dem Altar. Dadurch erhält sie ihr besonderes Gewicht. Der Altar wiederum ist an die Wand gerückt und wird von einem riesigen Kreuz hinterfangen, dessen Stamm fast bis an die Decke reicht. Durch den Verzicht auf traditionelle Schmuckelemente kommt dem Kreuz über die symbolische eben auch dekorative Bedeutung zu.

Das Langhaus besitzt schmale seitliche Gänge, die durch die nach innen gelegten Strebepfeiler laufen. So entsteht die Wirkung eines pseudobasilikalen Raumes, der jedoch ganz aus dem Problem erwachsen ist, wie ein Raum kostengünstig und rationell gedeckt werden kann. Die Decke wird nämlich durch eine fertig montierte

Holzbinderkonstruktion vorbereitet, die durch einen Kran an ihren Platz gebracht wurde. Dank der sorgfältigen Planung war der Bau sogar billiger als erwartet. Auf der Holzbinderkonstruktion liegt eine dreifache Holzlamellenstruktur auf, die in dem Raum für eine hervorragende Akustik sorgt.

Die Markuskirche wurde nur sparsam dekorativ ausgestattet. Als erstes begegnen dem Besucher die Opferstöcke, auf denen der Bildhauer Carl Egler die Geschichte vom „Scherflein der Witwe" etwas derb dargestellt hat. In der Vorhalle hat ferner der Bildhauer O. Schneider die Gleichnisse „Vom verlorenen Sohn" und „Vom barmherzigen Samariter" entworfen, die die Staatliche Majolikamanufaktur Karlsruhe in Majolika ausgeführt hat. Der Steinaltar wird von zwei geflügelten Tiergestalten getragen, vom Markuslöwen und dem Stier des Lukas, beide vom Bildhauer K. Dietrich geschaffen. Sie stehen für die beiden Pfarreien, welche die Kirche anfänglich nutzten (s. Lukaskirche). Die monumentalen Inschriften an der Altarwand sind Worte aus den Evangelien und der Offenbarung. Sie stehen in der Tradition der frühchristlichen und mittelalterlichen Mosaikinschriften in den Basiliken Roms. Die Goldbuchstaben, beste Antiqua-Lettern, wurden von den Vereinigten Werkstätten für Mosaik und Glasmalerei in Berlin-Treptow gefertigt. Den inhaltlichen Schwerpunkt bildet jedoch die Kanzel, die ebenfalls eine Inschrift trägt: *Ich bin der Weg, die Wahrheit und das Leben*. Deutlicher konnte 1935 ein regimekritischer Standpunkt nicht formuliert werden.

Der Glockenturm hat in dem Entwurf Bartnings eine zentrale Stelle. Bei ihm wurde der Grundstein gelegt. Ihm kommt nicht nur die Scharnierfunktion zwischen Kirche und Gemeindehaus zu, er nimmt außerdem Bezug auf den Platz und das Straßensystem. Die Anzahl der Straßen am Yorckplatz bestimmte die Zahl seiner Ecken. Und als einziger Glockenturm von Karlsruhe hängen in ihm die Glocken in einem vollkommen offenen Glockenstuhl.

Görresstraße 3
76135 Karlsruhe
www.nak-karlsruhe.de

15 In der nahegelegenen Görresstraße steht die **Neuapostolische Kirche (NAK)**. Die Gemeinde war 1923 gegründet worden. Nach verschiedenen Versammlungsstätten konnte sie das Grundstück in der Görresstraße erwerben. Die erste Kirche wurde 1939 von Hans Zippelius errichtet. Dieser Bau wurde 2008–2010 unter der Leitung des Architekten Andreas Ringle generalsaniert. Bemerkenswert ist, dass schon der Bau der 1930er-Jahre über den sonst üblichen Wohnhauscharakter hinausging und dass Elemente des Kirchenbaus, z. B. lange Fensterbahnen, übernommen wurden.

16 Im Norden der Weststadt steht an der Hildapromenade die **Lukaskirche (evang.)**. Mit ihrem Campanile ist sie im Quartier schon von Weitem zu erkennen. Der Bau entstand in den Jahren 1963–64 und ist seither kaum verändert worden.

Schon vor dem Ersten Weltkrieg wurde mit der Bebauung des Quartiers begonnen und folgerichtig ein Vikariat eingerichtet, aus dem 1928 parallel zur Markus- die Lukaspfarrstelle entstand. Erste gemeinsam genutzte Kirche wurde 1935 die Markuskirche am Yorckplatz. 1954, lange nach dem

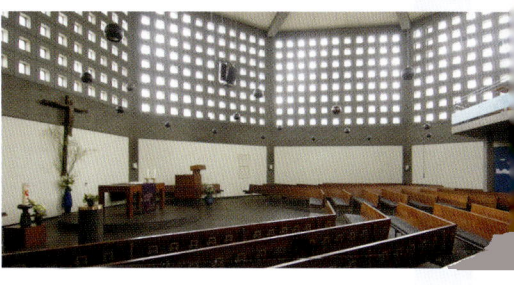

Zweiten Weltkrieg, konnte für die Lukaskirche das passende Grundstück erworben werden, die Villa Ruh. Diese war für lange Zeit Wohnhaus des Pfarrers, auf dem Gartengelände wurde der Kirchbau geplant. 1960 wurde ein beschränkter Wettbewerb ausgeschrieben, den der Karlsruher Architekt Erich Rossmann gewann. Nach den üblichen Nachbesserungen der Planungen wurde am 7. Juli 1963 der Grundstein gelegt und die Kirche am 20. Dezember 1964 eingeweiht.

Rossmann, ein Schüler von Egon Eiermann, dem Erbauer der modernen Kaiser-Wilhelm-Gedächtniskirche in Berlin, plante ein Ensemble, bestehend aus Kirche, Gemeindehaus und Glockenturm, das aus einem quadratischen Raster mit Einheiten von zwei Metern entwickelt wurde und in dem Plattenbelag sichtbar geblieben ist. Die Plattform hebt sich um zwei Stufen vom umgebenden Straßenraum ab. Die Kirche bildet darin die Mitte und ist als regelmäßiges Achteck

> Hagenstraße 7
> 76185 Karlsruhe
> www.lukasgemeinde-karlsruhe.de

gebildet. Gemeindehaus und Campanile sind im gleichen Raster, aber rechteckig bzw. quadratisch angelegt. Auch in der Höhenstaffelung sind die drei Gebäude aufeinander bezogen.

Die Außenmauern der Lukaskirche sind im unteren Bereich massiv aus Stahlbeton gebildet, im oberen Teil, der zwei Drittel der Höhe einnimmt, in kubische Glasbausteine aufgelöst. Die Decke ist konsequent als Radialskelett ausgebildet. Die Achteckform wählte der

Architekt als Idealform, die sich in allen Epochen des Kirchenbaus findet und für den protestantischen Wortgottesdienst besonders gut geeignet erscheint. Trotz der Idealform ist der Altarbereich aber nicht in die Mitte, sondern dem Eingang gegenüber an die Wand gerückt worden. Ein ungewöhnlich breites Portal mit sechs Flügeln aus Gusseisen führt in das Innere. Die Bankreihen bilden konzentrische Ringe um die Altarinsel mit dem Taufstein zur Linken und dem Ambo zur Rechten. Für die Glasbausteine hatte Rossmann zunächst gelbes und blaues Glas vorgesehen, die Gemeinde entschied sich jedoch für die neutralen Glassteine. Dadurch fällt von allen Seiten gedämpftes, aber klares Licht ein. Die Frage, inwieweit der Entwurf auf das Vorbild der Kaiser-Wilhelm-Gedächtnis-kirche zurückgeht, hat der Architekt immer verneint, aber frappierende Ähnlichkeiten sind kaum zu leugnen. Abgesehen von der Größe sind die Lichtverhältnisse vollkommen anders, dank der neutral-weißen Glasscheiben.

Hauptausstattungsstück ist das Kruzifix von Robert Günzel, das in der Karwoche 1966 in der Kirche enthüllt wurde. Der bronzene Korpus, den auch der Architekt als Ziel- und Mittelpunkt seines Kirchenentwurfs forderte, löste Diskussionen aus. Denn der Gekreuzigte ist weder mit Dornenkrone noch sonst vom Tod gezeichnet dargestellt, sondern scheint am Kreuz zu schweben: Christus ist Gekreuzigter und Auferstandener zugleich. Das Kruzifix war anfangs direkt am Altar montiert, so dass der Pfarrer sich dem Altar nur von vorne nähern konnte. In den Achtzigerjahren gefiel dieses Raumkonzept nicht mehr. Das Kruzifix wurde 1983 an der Außenmauer und in höherer Position befestigt, es geriet so in eine Randposition. Gewonnen war dadurch die bessere Stellung des Pfarrers zu Altar und Gemeinde.

As jüngstes Kunstobjekt besitzt die Kirche seit 1996 ein Loch. Das „Loch in der Kirche" ist ein Kupferrohr, das Michaela Kölmel geschaffen hat. Es gestattet den Blick in beide Richtungen, der Betrachter nimmt jedoch immer nur einen Ausschnitt wahr. Es will neugierig machen.

17 In der Kaiserallee befindet sich die **Kapelle der ehemaligen Landesfrauenklinik (kath.).** Neben der Klinik hatte Stadtbaumeister Paul Brömme 1941 im Rahmen des „Luftschutz-Sofortprogramms" einen Luftschutz-Operationsbunker erbaut. Auf diesen wurde 1965 ein Geschoss aufgesetzt, in das eine Kapelle integriert wurde. Der großzügige holzgetäfelte Kapellenraum enthält an der Außenwand zwei Betonfenster von Emil Wachter zum Thema „Taufe" (1965), die den Raum in warmes Licht tauchen, und einen eigenartigen Kruzifix mit einem extrem langen Querbalken. Seit 1987 wird das Krankenhaus als „Klinik für Psychiatrie und Psychotherapie" genutzt.

Kaiserallee 10
76133 Karlsruhe

18 Im kleinen „Behördenviertel" zwischen Generallandesarchiv und Staatlicher Akademie der bildenden Künste liegt die **Justizvollzugsanstalt mit ihrer Kapelle (evang. / kath.).** Die heutige moderne Kapelle wurde im Jahr 2009 eingerichtet.

Die alte Tradition, dass Gefängnisse einen Sakralraum besitzen, ist auch in Karlsruhe lebendig. Der Gefängnisbau selbst stammt aus den Jahren 1894–97. Als der Karzer im Rathaus zu eng wurde,

Riefstahlstraße 9
76133 Karlsruhe
www.jva-karlsruhe.de

musste ein neuer Bau möglichst nahe an der Stadt geplant werden. In Frage kam das gehobene Viertel in der Riefstahlstraße. Josef Durm entwarf ein Gefängnis im Stil eines toskanischen Palastes, denn sein Bau kam ohne wehrhafte Außenmauern aus – alle Gefängniszellen sind zu den Innenhöfen ausgerichtet, nach außen befinden sich nur Flure. Bereits zur Erbauungszeit war eine Kapelle eingebaut. Die heutige Kapelle im zweiten Obergeschoss wurde 2009 von dem Künstlerehepaar Barbara Jäger und OMI Riesterer neu ausgestaltet. Auf spezifische konfessionelle Eigenheiten der Ausstattung wurde dabei verzichtet (bis auf Weihwasserbecken und Tabernakel) vermieden. Die Möbel sind aus Würfeln entwickelt, und zwar sowohl die Sitze als auch der Altar, der auf relativ dünnen Eichenstäben steht. An der Wand befinden sich auf halber Höhe „Schmuckbänder" aus Messing mit ornamentalen Motiven. In Wirklichkeit enthält das eine den Tabernakel, das andere dient als Hintergrund einer Marmorbank, in deren Sandgrube man Kerzen einstecken und anzünden kann – auch Gefängnisinsassen haben persönliche Anliegen. Die Altarplatte hat in ihrer Mitte eine Spalte, durch sie dringt ein in sich gedrehtes Messingkreuz nach oben und bildet das Altarkreuz.

Der neue Kapellenraum entwickelt durchaus Anziehungskraft auf die Gefängnisinsassen. Der Gottesdienstbesuch liegt bei 35 Prozent.

Oststadt

Im Jahr 1880 lag hier noch der großherzogliche Hofküchengarten, und bis zum Ersten Weltkrieg war kaum eine der Karlsruher Vorstädte so rasant angewachsen wie die Oststadt. Vor dem Durlacher Tor entstanden in dichter Folge Handwerksbetriebe, die die Hinterhöfe füllten. Von den großen Betrieben ist heute noch die Brauerei Hoepfner an Ort und Stelle. Heute ist das Viertel, im Zuge der Expansion der Universität, ein junges, dynamisches Quartier mit einem großen Anteil studentischer Wohnbevölkerung und vielen kleinen Start-up-Unternehmen.

19 Am Beginn der Oststadt erhebt sich die neogotische Kirche **St. Bernhard (kath.)**. Der Fassadenturm reckt sich mit seiner Spitze 93 Meter in die Höhe (der höchste Kirchturm der Stadt) und ist schon von der Stadtmitte aus zu sehen. Hinter ihm schließt sich das dreischiffige basilikale Langhaus an. Das Querhaus und der Chor bilden eine weit ausgreifende Dreikonchenanlage. Eine weit vorstehende gotische Achskapelle – in Wirklichkeit die Sakristei – schließt den stattlichen Kirchenbau malerisch ab. Die St. Bernhardskirche ist nicht nur die zweite katholische Hauptkirche von Karlsruhe, sondern auch der bedeutendste späthistoristische Kirchenbau des Großherzogtums. Darüber hinaus ist ihre städtebauliche Situation nicht zu vergessen.

Bertholdstraße 3
76131 Karlsruhe
www.st-raphael-ka.de

Die St. Bernhardskirche im Karlsruher Stadtgefüge

Im Jahr 1885 zählte Karlsruhe 25.000 katholische Einwohner und hatte mit St. Stephan nach wie vor nur ein katholisches Kirchengebäude. Schon 1853 hatte Heinrich Hübsch den Entwurf für eine zweite katholische Kirche vorgelegt, interessanterweise bereits für einen Platz nahe dem Durlacher Tor, aber der badische, später der preußische Kulturkampf verhinderten jede Bauaktivität. Ende der 1880er-Jahre löste sich der Knoten. Das „Ortskirchensteuergesetz" vom 26.7.1888 eröffnete neue Finanzierungsmöglichkeiten auch für große Bau projekte, weil in der Gründerzeit das Steueraufkommen entsprechend stark anstieg. Noch wichtiger aber waren die politischen Weichen stellungen. In der Audienz vom 15. Februar 1888 überließ Großherzog Friedrich der katholischen Stiftungskommission eine Parzelle des Hofküchengartens, die als öffentliche Anlage eigentlich unbebaut bleiben sollte. Innerhalb von fünf Jahren sollte ein „der Schenkung und der Residenzstadt würdiges Gotteshaus entstehen", während im Bahnhofsviertel schell ein einfacher Kirchenbau realisiert werden sollte.

Noch im gleichen Monat legte Adolf Williard, der Vorstand des Erzbischöflichen Bauamts Karlsruhe, erste Entwurfsskizzen für einen „hochbedeutungsvollen Monumentalbau" im frühchristlichen Stil und mit mächtiger Kuppel vor. Zwar wurde der Entwurf von der örtlichen Stiftungskommission als zu aufwendig abgelehnt und wegen des daraus resultierenden Ärgers bat Williard um Entpflichtung von dem Auftrag, aber die urbanistische Bedeutung des Projekts hatte er durchaus richtig erfasst. Daraufhin wurde Franz Jakob Schmitt, der gerade mit der Südstadtkirche beschäftigt war, um einen neuen Entwurf gebeten. Das Urteil über diesen Plan fiel vernichtend aus und es wurde gefordert, „das Beste was zu erlangen ist, sollte bei der großen Bedeutung des vorliegenden Baues angestrebt werden." Erzbischof Roos, der am 19. Oktober 1891 anlässlich der Konsekration der Liebfrauenkirche in Karlsruhe weilte, sprach sich dafür aus, mit einem wirklich erfahrenen Architekten in Verbindung zu treten. Damit kam Max Meckel ins Spiel, der Favorit des Erzbischofs, der allerdings erst 1892 seine Stelle als erzbischöflicher Baudirektor antrat.

Meckels gotischer Entwurf überzeugte, sowohl in städtebaulicher Hinsicht als auch die innere Organisation des Bauwerks betreffend. Die Lage, natürlich dieselbe wie die früheren Planungen, war sehr geschickt: Das Durlacher Tor bildet den Abschluss einer 4.000 Meter langen Achse, die sich durch das neue, gründerzeitliche Karlsruhe zieht. Sie umfasst nicht nur die Kaiserstraße, sondern auch ihre Fortführung vom Mühlburger Tor nach Mühlburg. Dieser Straßenzug, der quer zur „Via triumphalis" liegt, markiert nicht mehr den Weg vom Schloss zur Stadt, sondern die geschäftige Hauptstraße der Stadt, die am Marktplatz ihren Mittelpunkt hat. Hier markiert die neue Kirche einen *„point-de-vue"*, wie er besser nicht sein könnte: Der 93 Meter hohe Turm der Kirche, noch dazu unauffällig auf einen Sockel von ca. zwei Meter Höhe gestellt, ist von weitem durch die Straßenschlucht erkennbar. Er stellt „die zu Stein gewordene Versöhnung von katholischer Kirche und badischem Staat am Ende der Kulturkampfzeit" dar. Auch das Kirchenpatrozinium St. Bernhard gehört dazu. Denn dabei handelte es sich um den „Hausheiligen" des Hauses Baden, Bernhard von Baden, der bei Kreuzzugsvorbereitungen am 15. Juli 1458 in Moncalieri bei Turin ums Leben kam. Von der Katholischen Kirche 1769 selig gesprochen, steht der Heiligsprechungsprozess noch an. Mit dem Sichtbarwerden des katholischen Baden in der Residenzstadt war ein weiteres Stück Gleichstellung der Katholiken erreicht worden.

Die Kirche selbst in ihrer dreischiffigen Anlage und mit dem Chor in Form eines Kleeblattes hat ihr Vorbild am ehesten in der Marburger Elisabethkirche. Mit der Wahl dieser Kirche trat ein bemerkenswerter Wandel bei der Suche nach Vorbildern für den zeitgenössischen historistischen Kirchenbau ein: Nicht mehr die französische Gotik wie der Kölner Dom, sondern die Marburger Kirche als Idealtyp reinster deutscher Gotik war nun gefragt – allerdings mit einem markanten Unterschied bei der Fassade: Marburg hat eine Doppelturmfassade, St. Bernhard nur einen Turm. Dafür war wiederum die städtebauliche „point-de-vue"-Situation verantwortlich, aber auch das zweite Vorbild, das Baden selbst lieferte, nämlich das Freiburger Münster. Noch manche andere Einzelheit wurde vom Freiburger Turm übernommen, unter anderem die Ausführung in Haustein. Dieser Wunsch des Großherzogs, aus Repräsentanzgründen geäußert, verteuerte allerdings den Bau um eine nicht unerhebliche Summe.

In noch anderer Hinsicht wurde St. Bernhard ein Musterbau, nämlich was die innere Einteilung angeht. Ähnlich wie im Protestantismus gab es in den Jahren um 1890 auch im Katholizismus eine heftige Diskussion über die Grundrissdisposition der Kirchen. Der Theologe und Kunstgelehrte Friedrich Schneider forderte eine stärkere Berücksichtigung der liturgischen Erfordernisse und der Bedürfnisse der Gottesdienstbesucher. In der Quintessenz forderte Schneider einen weiten, von allen überschaubaren Gottesdienstraum für ca. 1.000 Besucher und daneben Kapellen für die private Andacht. Meckel hat mit seinen Plänen bereits auf diese Diskussionen reagiert, indem er alle Sitzplätze der Bernhardskirche in dem mit 11,5 Meter außerordentlich breiten Mittelschiff konzentrierte und die Seitenschiffe quasi zu Laufgängen reduzierte. Eine größere Anzahl von Kapellen wurde in den Querhausarmen eingerichtet. Daraus wird ersichtlich, dass der mittelalterliche Vorbildbau – hier die Elisabethkirche in Marburg – nur noch einen ästhetischen Vorbildcharakter hatte und die äußere Form mit ganz anderen Inhalten gefüllt wurde.

Für den frisch nach Freiburg berufenen Max Meckel wurde St. Bernhard eine badische Musterkirche, an der er seine Vorstellungen von Kirchenbau realisieren konnte bzw. wollte. Denn so einfach war auch nicht alles zu erreichen, immer wieder gab es Auseinandersetzungen mit den früher ausgeschalteten Architekten oder über Angelegenheiten des Baubetriebs selbst. Das Bauamt war lange Zeit nicht in der Lage, Meckels Aufträge im gewünschten Umfang und in der gewünschten Akkuratesse auszuführen. Meckel schaltete sein eigenes Frankfurter Baubüro ein, was zu neuen Spannungen führte.

Am 26. Oktober 1902 wurde St. Bernhard feierlich eingeweiht. Zu diesem Zeitpunkt war der Bau zwar fertig, aber die Ausstattung nur zu einem kleinen Teil. Die farbigen Glasfenster von Helmle & Merzweiler und von Linnemann sind im Zweiten Weltkrieg zerstört worden. Die Ausstattung mit Altären aus der Freiburger Werkstatt Joseph Dettlinger zog sich über Jahrzehnte, bis in die 1930er-Jahre, hin. Dabei ist es durchaus interessant, die Arbeit der Werkstatt, die für ihre historischen Werke im Stil des Spätmittelalters bekannt ist, über die Jahrzehnte zu verfolgen (1905 Franziskus-Altar, 1921–26 Marien-Altar, 1927 Herz-Jesu-Altar, 1928 Bernhards-Altar, 1936 Josefs-Altar). Ein besonderes Ausstattungsstück wurde der Hochaltar (Mezger, Überlingen), für den eigens der Karlsruher Privatier Heinrich Bauer 18.000 Mark stiftete. Im Grunde wurde die Ausstattung nie vollendet, blieb manches wie zum Beispiel die Ausmalung der Wände unfertig liegen.

Bei den Bombenangriffen am 8. September 1944 wurde die Kirche schwer beschädigt, unter anderem wurden alle Glasmalereien zerstört. Nach einer Notsicherung unmittelbar nach dem Krieg hat Werner Groh die Kirche 1953/54 umfassend renoviert. Eine grundlegende Sanierung wurde erst nach dem Einbau des neuen Zelebrationsaltars begonnen (1975, Frido Lehr). So hat der Innenraum 1991 eine Neuausmalung nach Entwürfen von Eva Lehr erhalten, die sich harmonisch an die Architektur anlehnt und mit der die Kirche nun endlich komplettiert wurde. 2010 konnte die Außensanierung abgeschlossen werden.

20 Nur wenige Häuserblocks weiter steht am Gottesauer Platz die **Lutherkirche (evang.)**. Im gleichen Stadtviertel wie die katholische St. Bernhardskirche gelegen und fast zur gleichen Zeit erbaut, ist es doch sehr erstaunlich, wie unterschiedlich die beiden Kirchen sind. Die Lutherkirche ist Karlsruhes einzige Jugendstilkirche.

Durlacher Allee 23
76131 Karlsruhe
www.luthergemeinde-karlsruhe.de

Ein Kirchbauwunsch für eine neue Oststadtgemeinde kam schon 1889 auf, und einen Platz für eine Kirche hoffte man auf dem Alten Friedhof zu finden. Anfang des neuen Jahrhunderts ergab sich dann die Möglichkeit, in dem schon parzellierten Gelände nördlich der Durlacher Allee ein Grundstück so abzuteilen, dass darauf eine freistehende Kirche errichtet werden konnte. Am 31. Mai 1905 wurde der Grundstein gelegt und am 10. November 1907 die Einweihung vollzogen, eher zufällig an Luthers Geburtstag, denn der ursprünglich vorgesehene Termin musste wegen des Todes des Großherzogs verschoben werden. Der Name „Lutherkirche" war schon vorher festgelegt worden, und die monumentale Lutherstatue neben dem Portal von Oskar Alexander Kiefer ist das einzige, was an den Reformator erinnert.

Für die Gewinnung eines Entwurfs war ein Wettbewerb ausgeschrieben worden, den das Team Curjel & Moser gewann. Die Aufgabe war, eine Kirche mit Gemeindehaus künstlerisch und architektonisch als Gegenentwurf zu St. Bernhard zu gestalten. Der Entwurf von Curjel & Moser vereinte mehrere Vorzüge in sich. Kirche und Gemeindehaus waren nach dem Prinzip des „Gruppierten Baus"

entworfen, asymmetrisch aneinandergefügt, der Kirchenraum sehr raumsparend gebildet. Treppenhäuser und ähnliche Räume wurden derart in den Ecken eines Quadrats platziert, dass als Restfläche für den Kirchenraum fast automatisch die symbolisch bedeutsame Kreuzform entstand. Die gekrümmten Bankreihen nehmen den Altar und die Kanzel in den Fokus: Das Wiesbadener Programm, das Curjel & Moser schon in der Christuskirche realisiert hatten, konnte hier wesentlich preisgünstiger ausgeführt werden. Die geringeren Kosten und das hervorragend ausgewiesene Architektenteam waren bestimmt die wichtigsten Faktoren. Als der junge Le Corbusier im Jahr 1910 Karlsruhe durchquert, ist die Lutherkirche das einzige Bauwerk, das ihn zu begeisterten Worten hinreißt.

Die Abkehr von traditionellen Baustilen kommt vor allem in der Bauzier zum Tragen. Im Inneren sind es die Proportionen der weitgeschwungenen Emporen. Der Raum ist, wie es das Programm erfordert, annähernd quadratisch, Altar, Kanzel und Orgel sind übereinander angeordnet. Hermann Binz schuf mit dem Relief über der Kanzel ein großartiges Kunstwerk, das den Sinn der Kanzelanordnung erschließt: Dargestellt wird die Bergpredigt. Der predigende Jesus steht weit ausgreifend über dem Pfarrer, der ihm zu Füßen auf der Kanzel steht. Festlich gekleidete Personen schreiten von beiden Seiten auf die Kanzel zu, wo aus dem Reliefgrund Dutzende von zuhörenden Köpfen erwachsen. Emporenbögen, ihre Brüstungen, die Gewölberippen und Gewölbe wurden in ihrer Farbigkeit und mit ihren Mustern weitgehend originalgetreu nach Befunden 1983/84 von Horst Leyendecker wiederhergestellt und vermitteln, zusammen mit dem originalen Kronleuchter, etwas von der Pracht der Jugendstilkirche.

Im Zweiten Weltkrieg war die Lutherkirche schwer beschädigt worden, nach dem Krieg wurde sie vereinfacht, vor allem weiß getüncht wiederhergestellt. Die alten Glasfenster von Max Laeuger waren unwiederbringlich zerstört, Klaus Arnold schuf 1961 die neuen großen und farbenkräftigen Zyklen, über der Empore eine abstrakte Komposition zum Thema „Thron, Herrlichkeit, Krone", unter der Empore kleine Fenster zum Vaterunser.

21 Vom Gottesauer Platz erreicht man mit wenigen Schritten die Hochschule für Musik. Hier, wo heute das Schloss des 16. Jahrhunderts steht, befand sich einst **Kloster Gottesaue**. Es ist das älteste Kloster im Bereich der Stadt Karlsruhe.

Graf Berthold von Hohenberg († 1110) hatte das Benediktinerkloster Gottesaue gestiftet, das 1103 durch Bischof Gebhard von Konstanz geweiht wurde (zu Berthold vgl. bei Durlach und Grötzingen Gesagtes) und im Sinne der Hirsauer Reform organisiert war. Bis ins 13. Jahrhundert wurde es, wie allgemein üblich, mit zahlreichen Grundherrschaften beschenkt, durch die das

 Am Schloss Gottesaue 7
76131 Karlsruhe

Leben des Konvents gesichert wurde (darunter auch viele heutige Ortsteile von Karlsruhe). Ab dem 14. Jahrhundert setzte der Niedergang ein, woran auch ein Aufschwung im 15. Jahrhundert auf Dauer nichts ändern konnte. 1525, im Bauernkrieg, wurde das Kloster geplündert und war offenbar so marode, dass für den 1529 verstorbenen Abt kein Nachfolger mehr gewählt wurde. 1556 wurde das Klostergut eine Domäne der Markgrafen von Baden-Durlach. In den Jahren 1588–97 wurde nach den Plänen des Baumeisters Johannes Schoch das Schloss Gottesaue erbaut. Es erlebte im Dreißigjährigen Krieg nochmals eine durchaus bedeutsame klösterliche Phase. Nach dem Restitutionsedikt von 1629 musste das Schloss den Benediktinern zurückgegeben werden, die hier von 1631 bis 1648 blieben. In dieser Zeit wurde im Schloss eine Kapelle eingerichtet, in der die Mönche wohl einiges historisches Material aus Klosterzeiten sammelten. Am Ende des Dreißigjährigen Krieges fiel Gottesaue wieder als Schloss an den Markgrafen zurück. Nach den Zerstörungen des Zweiten Weltkriegs 1982–89 rekonstruiert wird es heute von der Hochschule für Musik genutzt.

Nennenswerte bauliche Reste von dem Kloster wurden auch bei den Rekonstruktionsarbeiten nicht gefunden, aber es existieren doch einige Ausstattungsstücke. Dazu gehört der Altar, der sich heute in St. Michael in Beiertheim befindet und dort besprochen wird. Wichtigstes altes Zeugnis (neben einigen Fragmenten) ist aber die Deckplatte für das Hochgrab des Stifters Graf Berthold von Hohenberg, die im 14. Jahrhundert neu angefertigt wurde und sich in der Klosterkirche befunden haben muss. Der Ritter wird betend im Hochrelief gezeigt, zu seiner Rechten eine Lanze mit Fahne, zu seiner Linken Schwert und Stechhelm. Zu seinen Füßen das Wappenschild der Markgrafen von Baden, die die Neuherrichtung des Grabes wohl initiiert hatten. Die Inschrift in gotischer Minuskel lautet (vereinfacht wiedergegeben): *anno . d(omi)ni . mcx . v / non(as) / mar / cij . o(biit) . bertholdvs . /*

comes . de heneb(er)g . fvdator h(vivs) . cenobij . + (Im Jahr des Herrn 1110 am 3. März starb Berthold Graf von Heneberg, Gründer dieses Klosters). Die Deckplatte ist das früheste figürliche Grabdenkmal Mittelbadens, die Inschrift gehört zu den frühesten Inschriften Mittelbadens. Immerhin haben wir mit dieser Reliefplatte ein greifbares Zeugnis für die frühe Geschichte der Region, bedeutsam für Grötzingen, den Turmberg und das Kloster Gottesaue.

Im nördlichen Bereich der Oststadt führt der Weg zu drei außerordentlichen Monumenten der Grabkultur.

22 An der Haid-und-Neu-Straße, noch jenseits der Brauerei Hoepfner, befindet sich der Karlsruher Hauptfriedhof. Über einen geräumigen Vorplatz gelangt man zur **Großen Friedhofskapelle**. Sie ist Mittelpunkt des ersten kommunalen Parkfriedhofs Süddeutschlands, den Josef Durm in den Jahren 1872–74 angelegt hat.

> Haid-und-Neu-Straße 35
> 76131 Karlsruhe
> www.friedhof-karlsruhe.de

Der Alte Friedhof an der Kapellenstraße war schnell zu klein geworden und besaß wegen der großräumigen Stadterweiterung durch Wohnbauten oder Industrieanlagen keine Möglichkeiten der Erweiterung. 1871 kaufte die Stadt nach zähen Verhandlungen ein großes Gelände auf der

Rintheimer Gemarkung. Josef Durm erhielt den Auftrag zur Anlage des Friedhofs, der 1874 eröffnet wurde. Der Friedhof selbst wurde nach den Prinzipien englischer Landschaftsgärten angelegt, wobei der Übergang in den Hardtwald fließend war. Mittelpunkt des Eingangsbereichs ist die Große Kapelle, die inmitten eines rechteckigen Säulenganges steht. Mit seinen weiten Säulenstellungen erinnert der Eingangshof an Florentiner Stadtplätze wie den beim dortigen Findelhaus, die Kapelle selbst besitzt eine elegante Fassade im Stil der Frührenaissance, die dem Oratorium des San Bernardino in Perugia nachgebildet ist. Durms Leidenschaft als Architekt galt der Renaissance, deren Erforschung in jenen Jahren große Fortschritte machte. Fassaden wie die der Großen Kapelle wären ohne Studienaufenthalte in Italien nicht möglich gewesen.

23 In der Mitte des Hauptfriedhofs steht auf einer leichten Anhöhe die **Kleine Kapelle**, die als Krematorium errichtet worden ist. August Stürzenacker, der vor allem als Architekt des Karlsruher Hauptbahnhofs bekannt wurde, hatte das Krematorium 1904 als eines der ersten in Deutschland gebaut (Gotha 1878, Heidelberg 1891, Hamburg 1892). Gegen die Verbrennung von Leichen hat es in Deutschland, noch länger in rein katholischen Ländern starke religiöse Bedenken gegeben. Deswegen wurden die frühen Anlagen in der Formensprache antiker Tempel oder in

Haid-und-Neu-Straße 35
76131 Karlsruhe
www.friedhof-karlsruhe.de

orientalischem Baustil gehalten. Stürzenacker orientierte sich dagegen an christlicher Baukunst. Das Gebäude, das sich innerhalb eines kreisförmigen Gartens, dem Urnengräberfeld, auf einer Anhöhe befindet, erinnert an Kapellen des 13. oder 14. Jahrhunderts. Türgewände oder Kapitelle der Biforien können ihre Vorbilder auf Burgen oder an Kirchen der Stauferzeit haben. Der Innenraum mit einer reich gestalteten Holzdecke ist kapellenartig mit einer zentralen Apsis mit Kreuz ausgestattet. Josef Asal schmückte die Stirnwand mit einem Gemälde, das

die Verschiedenheit der menschlichen Schicksale darstellt. Bis 1998 wurde der Leichnam in einem Sarg in der Kapelle aufgebahrt und nach der Trauerzeremonie mit einer Hebebühne in den Keller abgesenkt, wo sich die Verbrennungsöfen befanden. Im Jahr 2002 wurde das Untergeschoss zu einer zweiten Trauerhalle umgebaut.

24 Am Rand des Schlossparks, aber schon im Hardtwald, erhebt sich die **Großherzogliche Grabkapelle**, die 1889 erbaut wurde. Bei der Planung hatte sich zunächst der erzbischöfliche

Bauinspektor Franz Baer aus Freiburg durchgesetzt, er musste jedoch aus Krankheitsgründen auf den Auftrag verzichten. Hofbaudirektor Friedrich Hemberg übernahm den Auftrag zusammen mit seinem Sohn Hermann, der immer stärker die Leitung an sich zog, so dass die Kapelle als sein Werk gelten kann.

Großherzog Friedrich I. und seine Gemahlin Luise von Preußen ließen das Mausoleum für ihren früh verstorbenen Sohn Ludwig Wilhelm von Baden (1865–1888) erbauen. Das Mausoleum sollte im Wald liegen, um ihrer Trauer einen stärker privaten Charakter geben zu können. Die offizielle Grablegen der badischen Herrscher in der Schlosskirche Pforzheim und die neue Gruft in der Stadtkirche von Karlsruhe waren nur unter den Augen der

> Klosterweg 11
> 76131 Karlsruhe
> www.grabkapelle-karlsruhe.de

Öffentlichkeit zu betreten. Ein Grab im Grünen oder im privaten Bereich hatte bereits eine hundertjährige Tradition, die von Rousseaus Insel mit seinem Grab im Park von Ermenonville (1776) ausging. Das Grab im eigenen Garten hatte Königin Luise von Preußen, die Großmutter der badischen Großherzogin, 1810 erhalten, mit dem Mausoleum im Park des Charlottenburger Schlosses, das von Schinkel errichtet worden war.

Die preußische Tradition ist auch in der Karlsruher Grabkapelle noch zu spüren, und zwar im Grabmal des Ludwig Wilhelm, das von Hermann Volz in Anlehnung an die preußischen Vorbilder gestaltet worden war. Volz stellte dann auch die Grabmäler für Großherzog Friedrich I. und sein Gemahlin Luise von Preußen her.

Dem jungen Hermann Hemberger ist mit der Grabkapelle ein stimmungsvoll-romantischer Kapellenbau gelungen. Die gotischen Formen erinnern an Bauten des 13. Jahrhunderts wie die Marburger Elisabethkirche, doch ist kein direktes Vorbild zu benennen. Der steile Bau mit dem hohen Turm ist auf Fernsicht angelegt – er sollte vom Schloss aus zu sehen sein. Das Baudekor ist vielfältig und phantasiereich, von Eidechsen und Engelsfriesen über Laubfriese und Laubkapitelle. Der Wald, der das Mausoleum umgibt, spiegelt sich auf diese Weise auch im Bau wider.

Südweststadt

Die Südweststadt konnte sich erst relativ spät entwickeln, denn das Gebiet gehörte ursprünglich zur Beiertheimer Gemarkung. Sukzessive kaufte die Stadt im 19. Jahrhundert Geländestreifen, um eine weitere Bebauung zu ermöglichen. Um 1900 war dieser Prozess abgeschlossen. Drei Zonen mit unterschiedlicher Nutzung lassen sich abgrenzen: Der östliche Bereich zwischen Festplatz und Hauptbahnhof nahm besonders öffentliche Einrichtungen auf, wie das Kongress- und Ausstellungszentrum, das Vierordtbad und den Stadtgarten. Der mittlere Bereich reicht bis zur Ebertstraße und ist ein sehr beliebtes Wohnquartier. Im dritten Bereich, heute noch „Beiertheimer Feld" genannt, haben sich in letzter Zeit besonders viele Dienstleistungseinrichtungen angesiedelt, ZKM, Städtische Galerie, Filmpalast und viele mehr. Die kirchliche Bebauung setzte deutlich später ein als in den anderen Vorstädten Karlsruhes. Ähnlich wie in der Südstadt – und im Gegensatz zu West- und Oststadt – liegen die Kirchen der beiden großen Konfessionen mitten in ihrer Vorstadt. Die Südwestadt ist außerdem das Quartier der Kapellen: In keinem Stadtviertel gibt es mehr davon. Zudem haben sich hier einige freie Kirchengemeinden niedergelassen.

25 Vom Kartenbild ausgehend, steht „auf halber Höhe" in der Südweststadt in der Vorholzstraße die **Matthäuskirche (evang.)**. Ein Kirchbauwunsch war schon 1899 festzustellen, als sich der Kirchengemeinderat um ein Grundstück am heutigen Kolpingplatz bemühte und es sogar erstehen konnte. Erste Verhandlungen mit der Stadt liefen glänzend, denn die Stadt hätte wohl sogar den Verlauf der Straßen im Bereich des Kolpingplatzes so geführt, dass die geplante Kirche mit ihrem Kirchturm eine ähnliche Fernwirkung gehabt hätte wie die St. Bernhardskirche in der Oststadt. Allein es kam zunächst 1913 zur Bahnhofsverlegung an seinen heutigen Platz, die auch die Planungen in der Südweststadt tangierte und dazu führte, dass das Kirchengrundstück verkleinert wurde. Und mit dem Ersten Weltkrieg und danach waren andere Nöte vorhanden. Trotzdem richtete man schon einmal die Matthäuspfarrei ein und hielt die Gottesdienste in der Turnhalle

> Vorholzstraße 2
> 76137 Karlsruhe
> www.matthaeus-ka.de

der Südendschule. Als mit der Inflation alle Pläne Makulatur wurden, beschloss der Kirchengemeinderat 1926, auf dem Grundstück eines Gemeindegliedes eine einfache Notkirche zu bauen, die später wieder abgebrochen werden konnte. Am 16. Oktober 1927 wurde die provisorische Matthäuskirche eingeweiht und blieb bis heute stehen.

Auf diese Weise entstand ein Unikum des Kirchenbaus, stilistisch ein seltenes Beispiel expressionistischer Architektur in Karlsruhe, aber vom technischen Standpunk her vielleicht noch bedeutungsvoller, weil die Elemente des Notkirchenbaus wie Holzbinderkonstruktionen und spezielle Beleuchtungskörper erst entwickelt werden mussten. Architekten, Ingenieure und Bildende Künstler arbeiteten auf das Engste zusammen. Als Architekt fungierten Hermann Alker und Hermann Zelt (letzterer war Gemeindeglied), als Bildende Künstler Emil Sutor und Ernst Babberger.

Der Baukörper zur Straßenfront, der in traditioneller Massivbauweise errichtet wurde, wirkt wie ein mittelalterliches Westwerk, hat aber nichts mit diesem gemein. In den hohen Fensterbahnen in der Mitte der Vorhalle hat Sutor die Figurengruppe des Engels mit Matthäus eingefügt. Von der dunklen Vorhalle aus betritt man den lichten und weiten Kirchenraum. Alker hatte die Form der Saalkirche gewählt, an die sich ein rechteckiger eingezogener Chor anschließt. Der 14 Meter weite Raum wird durch die Holzbinderkonstruktionen rhythmisiert, dazwischen sind Leichtbauwände mit hohen Fenstern eingesetzt. Die originale Farbigkeit – Wände und Binder in hellem Graublau, Holzeinbauten ochsenblutrot, dunkelbraun oder weiß – ist zwar nicht mehr erhalten, wurde aber bei der jüngsten Sanierung 2008 modern imitiert. Für die Ecken der Holzbinder entwickelte Alker zusammen mit einem Lichttechniker eigene prismatische Beleuchtungskörper aus Metallrahmen und Milchglas, die im Rücken der Kirchenbesucher angebracht wurden und deshalb nicht blenden. Der Altarraum war ursprünglich absolut symmetrisch ausgestattet, besaß einen Kanzelaltar mit einem Kruzifix von Sutor in der Mitte, über das August Babberger das Gleichnis von den zehn Jungfrauen in drei

Einzelbildern malte. Dieses Bildwerk war am wenigsten beliebt. Als es nach dem Krieg unter Wasserschäden litt, wurden die Reste mit einer Putzschicht überzogen und mit einem Vorhang verschlossen.

Der ganze Kirchenraum hat auch nach den letzten Sanierungen durch Hans Robert Hiegel 2008 erstaunlich viele Einzelheiten seines Interieurs bewahren können. Bei vielen Detailformen fällt die Drei als Bezugspunkt auf: dreikantige Hölzer, Fenster mit einem Dreieck als Spitze usw. Suchen lohnt sich! Die Farbigkeit wurde ähnlich, aber nicht exakt wiederhergestellt. Lediglich der Altarraum wurde total verändert: Hinter dem Altartisch und vor der weißen Wand steht nun ein hohes dunkles Holzkreuz, das Kruzifix von Sutor befindet sich in einem kapellenartigen Raum unter der Empore. Neu ist auch die Orgel auf der Empore; sie wurde von Hermann Eule in Bautzen gefertigt und im Oktober 1989 in Karlsruhe angeliefert, sie ist also die letzte Orgel aus DDR-Produktion.

26 Einen Häuserblock weiter nach Süden steht in ähnlicher Position die Pfarrkirche **St. Elisabeth (kath.)**, deren frühe Geschichte einige Ähnlichkeiten mit der der Matthäuskirche aufweist. 1897 dachte man schon an den Bau einer Kirche in dem neuen Stadtteil, doch die bekannten Probleme verzögerten die Angelegenheit bis zum Ende der 1920er-Jahre. 1928/29 wurde die Kirche schließlich gebaut und gleichzeitig die Pfarrgemeinde eingerichtet.

Südendstraße 39
76137 Karlsruhe
www.st-nikolaus-ka.de

Wieder war das Geld knapp, weswegen der Karlsruher Architekt Josef Graf einen Stahlbetonskelettbau als Notkirche realisierte. Die Planung sah vor, die „Notkirche" später als Gemeindehaus weiterzunutzen, wenn einmal der Kirchenbau definitiv errichtet wäre. Doch dazu ist es nie gekommen, die Notkirche ist heute noch in Benutzung und in der Zwischenzeit vielfach verändert worden.

Der Kirchenbau ist zwischen zwei mächtige Riegel eingespannt: Der größere bildet die Fassade zur Südendstraße, ursprünglich mit einem Portal, Fassadenrelief, spitzen Fenstern und Glockenturm; ein ähnlich gestalteter Baukörper am anderen Ende nimmt das Chorhaus und seitliche Anbauten (Sakristei) auf. Dazwischen hat Graf das tonnengewölbte Langhaus eingespannt, an dessen Außenwände auf beiden Seiten je ein Laufgang und kleinere Anräume angegliedert sind. Das Provisorium war anfangs durchaus aufwendig ausgestattet, wie alte Fotografien zeigen, doch wurde im Laufe der Zeit alles beseitigt, teils bedingt durch die Kriegsschäden, teils aber auch aus dem Wunsch heraus, einen einfachen sauber weißen Kirchenraum zu haben, wie es in den 1950er-Jahren häufig der Fall war.

Nach den Eingriffen im Zuge der Liturgiereform stand eine Neuausstattung an, die 1989 der Karlsruher Künstler Herbert Kämper durchführte. Diese war so umfassend, dass der Kirchenraum ein völlig verändertes Aussehen erhalten hat. Zentrale Leitgedanken waren, den Raum einerseits stark aufzuhellen und andererseits das Kircheninnere durch großflächige geometrische Musterflächen zusammenzuhalten. Die dekorative Malerei spielt mit den Farben Blau und Gelb, und die zwei Themenkreise „Leben Jesu" und „Leben der hl. Elisabeth" werden mit diesen Leitfarben geschickt auf Wände und Decken verteilt.

Blickfang an der Altarraumrückwand ist die goldgelbe Sonnenscheibe mit dem Auferstandenen über dem offenen Grab, umgeben von vier Bildfeldern mit Szenen aus dem Leben Jesu. Die Stirnwände

links und rechts des Chorbogens bemalte Kämper mit zwei Andachtsbildern, links die Hl. Elisabeth mit Stationen ihres Lebens und rechts die Muttergottes mit dem Jesuskind und mit Bildern aus der Lauretanischen Litanei. Im Tonnengewölbe des Langhauses – und damit fast barocke Traditionen aufgreifend – werden Stationen aus dem Leben der hl. Elisabeth dargestellt, u.a. sehr eindringlich, wie Elisabeth die Kranken speist. Die Dekoration setzt sich bis in die seitlichen Durchgänge fort und bindet den ganzen Raum einheitlich zusammen. Auch den Kreuzweg hat Herbert Kämper mit einem eigenen Bilderzyklus ausgestaltet, der zwar im vorgegebenen Farbenkanon bleibt, aber doch ein eigenes Gepräge hat. Ein Jahr später entwarf der Künstler die Gaubenfenster des Langhauses, mit denen er seine Arbeiten in der St. Elisabethkirche abschloss (Ausführung Reinhold Herbold, Karlsruher Glaskunst 1990). Die Innenrenovierung wurde 1991 mit dem Einbau der neuen Orgel der Firma Mönch abgeschlossen.

27 Nahe am Kongresszentrum steht in der Hermann-Billing-Straße etwas zurückgesetzt, aber durch den Turm gut erkennbar, die **Erlöserkirche (Evangelisch-methodistische Kirche)**. Es ist das größte Kirchengebäude der Evangelisch-methodistischen Kirche im Karlsruher Raum.

> Hermann-Billing-Straße 11
> 76137 Karlsruhe
> www.emk-karlsruhe.de

Die Evangelische Gemeinschaft, so ihr früherer Name, ist seit 1888 in der Stadt Karlsruhe präsent. Die damals gebaute Kirche an der Kreuzung von Beiertheimer Allee und Gartenstraße fiel dem Fliegerangriff vom 3. September 1942 zum Opfer. Als Ersatz wurde zunächst 1949 an gleicher Stelle eine einfache Holzkirche errichtet, die jedoch den neuen Verkehrswegen im modernen Nachkriegs-Karlsruhe weichen musste. Im Tausch erhielt

die Gemeinde das jetzige Grundstück. Die Aufgabe für den Stuttgarter Architekten Erich Fritz bestand darin, auf dem nicht sehr großen Grundstück einen multifunktionalen Bau zu erstellen, der Kirchenraum, Wohnungen und Gemeinschaftsräume vorsah. Fritz hat das Problem so gelöst, dass der Kirchenraum ins Obergeschoss verlegt und das Erdgeschoss für Wohnungen genutzt wird. Die Kirche wurde am 7. August 1961 eingeweiht.

Den eigentlichen und überraschenden Akzent nach außen setzt der Kirchturm, der 30 Meter hoch aufragt und auch in der Straßenflucht kräftig vorspringt. Hauptschmuck des Turms sind die nach drei Seiten, also nach außen weisenden, Zifferblätter der Turmuhr, allerdings gibt es kein Geläute. Kirchtürme waren früher, im „Alten Reich" (also bis 1806), die privilegierten Zeichen der einzig legitimierten Konfession. Andere nur geduldete Konfessionen durften Kirchengebäude jedoch nur ohne äußere Erkennungszeichen bauen. Diese rechtliche Situation hatte sich zwar im 19. Jahrhundert gebessert, von einer wirklichen

Gleichstellung der Konfessionen konnte aber noch keine Rede sein. Erst in der Weimarer Republik wurden die rechtlichen Voraussetzungen dafür geschaffen. Der Turm der Evangelisch-methodistischen Kirche ist das erste architektonische Zeugnis für diese neue Rechtsauffassung und Geisteshaltung.

War der Turm vor allem eine Kostenfrage (auch deshalb wurde er nicht schon früher gebaut), so war das eigentliche Problem des Architekten, für eine kleine Gemeinde einen würdigen und repräsentativen Kirchbau zu planen. Seine Lösung lag darin, die Kirche größer erscheinen zu lassen, als sie eigentlich ist, und das gelang durch das Übereinander-Anordnen von Wohnraum und Kirche. Der geräumige Kirchenraum im ersten Obergeschoss ist rechteckig geschnitten und besitzt zur Nordseite eine Wand mit fünf farbigen Glasfenstern, die Leo Multerer aus Stuttgart mit Symbolen der Passion geschmückt hat. Von ihm stammt auch das große Fenster zur Südseite, das den Altarraum in weiches Licht hüllt. Der Kirchenraum mit seiner elegant geschwungenen Empore wird nach oben durch die zeltartige Holzdecke geschlossen.

In den letzten Jahren wurde der Gebäudekomplex saniert und modernisiert. Dabei wurden eine Jugendkirche im Untergeschoss eingerichtet und eine moderne Küche angebaut, die auch für Sozialprojekte geeignet ist. Am Turm wurde das Holzbildwerk „Menschen und Engel" des Grötzinger Bildhauers Guntram Prochaska aufgestellt.

28 Noch im Bereich nahe der Innenstadt steht an der Karlstraße die **Neuapostolische Kirche (NAK)**. Diese Glaubensgemeinschaft hatte sich 1863 aus der Hamburger „Allgemeinen christlichen apostolischen Mission" entwickelt und ist in Südwestdeutschland stark vertreten. 1898 waren Richard Nordmann und Johann Diethelm aus Zürich nach Karlsruhe gekommen. Sie konnten 1902 in der Gartenstraße ein erstes Wohnhaus mit Kirchenraum einrichten, das in der Folgezeit mehrmals vergrößert wurde. Im Karlsruher Stadtgebiet befinden sich einige NAK-Kirchen, die als Filialgemeinden nach dem Ersten und in einer weiteren Welle nach dem Zweiten Weltkrieg entstanden.

Das vielfach genutzte Zentrum in der Gartenstraße war 1944 zerstört und nach dem Krieg wieder hergestellt worden. In den Siebzigerjahren entstand der Wunsch, für alle Karlsruher Gemeinden einen zentralen Ort zu schaffen, was erstaunlich rasch umgesetzt werden konnte. 1984 wurde das Grundstück erworben und am 4. Oktober 1987 konnte die Kirche eingeweiht werden. Die Neuapostolische Kirche besitzt ein eigenes Baubüro, das zusammen mit

> Karlstraße 57–59
> 76137 Karlsruhe
> www.nak-karlsruhe.de

dem in Karlsruhe tätigen Architekten Walter Fleck den Bau entwarf, die Fenster schuf Diether F. Domes aus Langenargen. Der Gebäudekomplex mit Tiefgarage, Wohnungen, Serviceeinrichtungen und dem großen Kirchensaal ist auf die Ansicht von der Karlstraße her ausgerichtet. Das mehrstöckige Gebäude ist mit tiefrotem Balmoral Granit verkleidet, die kupfergedeckte Kuppel trägt weithin sichtbar das 5 m hohe Emblem der NAK, das hohe Kreuz mit den Lichtstrahlen aus goldeloxiertem Aluminium. Der kirchliche Versammlungsraum, der aus einem Würfel von 26 m Kantenlänge besteht, bietet auf zwei Ebenen 950 Gottesdienstbeteiligten Platz. Er befindet sich im Obergeschoss des großzügigen Bauwerks, denn nach dem Selbstverständnis der Neuapostolischen Kirche sind zahlreiche Dienste angegliedert: Eine große Garderobe für die von weit Anreisenden, ein eigener Mutter-Kind-Raum sowie Übersetzerkabinen für Simultanübersetzungen.

29 Die Hochschulgemeinden der Karlsruher Hochschulen – unter ihnen KIT, PH, FH, HfG – bieten ihren Studierenden Wohnraum,

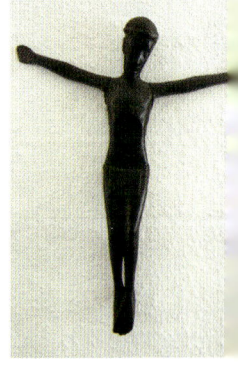

> Gartenstraße 29A
> 76133 Karlsruhe
> www.esg-karlsruhe.de

Seminare und Vorträge und nicht zuletzt auch eine geistliche Begleitung. Daraus ergibt sich, dass die Häuser auch über Gottesdiensträume verfügen. Die **Evangelische Studierendengemeinde (ESG)** besitzt ein Haus in der Gartenstraße. Der Andachtsraum ist als schlichter, weiß gestrichener Raum gestaltet und ringsum mit Sitzkissen ausgestattet. Als religiöse Zeichen sind eine Menora und ein afrikanisches kleines Kruzifix am Mittelpfosten zwischen den Wänden befestigt. Ihre Gottesdienste feiert sie oft in der Kleinen Kirche.

30 Die **Katholische Hochschulgemeinde (KHG)** residiert im Karl-Rahner-Haus in der Hirschstraße. Das stattliche Haus hat

> Hirschstraße 103
> 76137 Karlsruhe
> www.khg-karlsruhe.de

Hugo Slevogt 1898 als Villa für Emma von Lindenau errichtet. 1990 ist die KHG eingezogen, und im Untergeschoss wurden im selben Jahr Räume für Gottesdienste und Meditation eingerichtet.

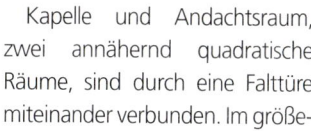

Kapelle und Andachtsraum, zwei annähernd quadratische Räume, sind durch eine Falttüre miteinander verbunden. Im größeren Raum findet sich das Triptychon „Das wandernde Gottesvolk" von Hildegard Strutz als ein Symbol für die junge Gemeinde. An der Wand hinter dem Ambo befindet sich ein Corpus des Gekreuzigten und eine Madonna mit Kind, beide von Emil Sutor. Im benachbarten Andachtsraum hat Hildegard Strutz den „Karlsruher Christusweg" gestaltet, eine Folge von 19 Bildern, die eine Mischung von Leben Jesu und Kreuzweg darstellen. In einer Ecke steht der Tabernakel in Form einer 2 Meter hohen Stele, der von derselben Künstlerin gestaltet wurde.

Im benachbarten Meditationsraum hat Elisabeth Roth im Jahr 2010 ein Kunstwerk aus Hunderten von Muscheln um drei Muscheln (die Trinität) herum zusammengefügt. Die irisierenden Oberflächen der Muscheln laden den Besucher ein, zur Ruhe zu kommen und sich auf den Rhythmus des Lebens zu konzentrieren.

31 In der Südweststadt unterhält die St. Vincentius-Klinik drei Häuser, die jeweils über eine Krankenhauskapelle verfügen. Die **Krankenhauskapelle (kath.)** in der Südendstraße, die dem Krankenhaus vorangestellt worden ist, wurde am 4. Februar 1959

eingeweiht. Architekt war Hans Gäckle. Der Altar, die Figuren der Patrone Maria und Josef sowie die Kreuzwegstationen wurden von Frido Lehr geschaffen. Das Bild des Gekreuzigten stammt von Emil Sutor. Als der Künstler im August 1974 im St. Vincentius-Krankenhaus starb, hing es in seinem Sterbezimmer, er vermachte es den Schwestern. Am Kreuz fehlt der Querbalken, was zur näheren Betrachtung auffordert. Man erkennt, dass eigentlich der Auferstandene dargestellt ist.

> Südendstraße 32
> 76137 Karlsruhe
> www.vincentius-kliniken.de

32 Im zweiten Klinikbau, der 1969–73 in der Steinhäuserstraße errichtet wurde, war eine **Kapelle (kath.)** von Anfang an vorgesehen. Für den quadratischen Kapellenbau entwarf Emil Wachter einen Fensterzyklus als Visualisierung des Psalms 126: *Die unter Tränen säen, werden in Freude ernten.*

> Steinhäuserstraße 18
> 76137 Karlsruhe
> www.vincentius-kliniken.de

33 In der **St. Marien-Klinik** wurde die **Kapelle (kath.)** am 10. Mai 1976 eingeweiht. Sie wurde von der Kunstwerkstätte von Matthäus Bayer ausgestaltet. Besonders fein: die Glasfenster der Ostseite. In kleinen Einsatzbildern sind die Rosenkranz-Geheimnisse eingearbeitet.

> Edgar-von-Gierke-Straße 2
> 76137 Karlsruhe
> www.vincentius-kliniken.de

Nordstadt

Die heutige Nordstadt ist kein organisch gewachsenes Stadtviertel, hier befanden sich vielmehr nach dem Zweiten Weltkrieg Wohnbauten der amerikanischen Streitkräfte. Erst nach deren Abzug wurde der Stadtteil neu konzipiert.

34 Nahe am Gelände der ehemaligen preußischen Kadettenanstalt steht in der Grenadierstraße die Kirche **Herz Jesu (kath.)**. Der Wunsch nach einer eigenen Pfarrgemeinde bestand schon kurz nach dem Ersten Weltkrieg. Nachdem die Kadettenanstalt 1919 aufgelöst worden war, konnte sich die katholische Gemeinde eines der Gebäude sichern, und zwar die Badeanstalt der Kaserne, und damit begann eine doch

> Grenadierstraße
> 76133 Karlsruhe
> www.allerheiligen-ka.de

sehr eigenartige Geschichte. 1924/25 richtete man provisorisch in der ehemaligen Schwimmhalle eine „Notkirche" ein, wobei das Mauerwerk schon aus Kostengründen großenteils erhalten wurde. Nicht ohne Stolz wurde berichtet, dass das Halbrund mit den Duschen nun auf wunderbare Weise als Apsis für den Hochaltar diene. Diese Umwidmung erinnert an ideologisch motivierte umgekehrte Fälle in der Sowjetunion, wo die Moskauer Erlöserkirche und die deutsche lutherische Kirche von Leningrad jeweils in Badeanstalten transformiert wurden, beide jedoch wesentlich später. Erst nach dem Zweiten Weltkrieg wurde die alte Bausubstanz sukzessive in einen Neubau integriert. 1952 wich die halbrunde Apsis dem jetzigen rechteckigen Chor, und 1954 schuf Werner Groh aus den Seitenmauern des Schwimmbads den heutigen Bau, der mit keinem Stein mehr an seine Geschichte erinnert, im Gegenteil, die dreischiffige flachgedeckte Kirche nimmt die Form einer klassischen Basilika auf. Der Glockenturm steht von der Kirche etwas abgesetzt zur Straße hingewendet.

Eigentlicher Schmuck der Kirche ist ihre qualitätvolle Einrichtung aus der Nachkriegszeit. An der Stirnseite des Chores brachte Emil Sutor das Relief der „Johannesminne" an, das auf den Titel der Kirche Bezug nimmt: Der Lieblingsjünger Johannes lag beim Abendmahl an der Brust (oder dem Herz) Jesu. Die Technik, ausgeschnittene flache Figuren auf eine Wand zu setzen, hat ihre Wurzeln in den

bildenden Künsten der 1920er- und 1930er-Jahre. Die Chorfenster und fünf kleinere Fenster wurden 1956 von Ludwig Barth entworfen.

Im Jahr 2009 konnte die Kirche dank einer großzügigen Schenkung renoviert werden und hat dadurch ihre schnörkellose Schönheit der Nachkriegszeit in seltener Reinheit bewahren können.

35 Am südlichen Beginn der ehemaligen amerikanischen Siedlung steht die **Neue Synagoge**. Die beiden alten Synagogen von Karlsruhe waren in der Reichspogromnacht 1938 zerstört worden.

Nach dem Krieg konnte relativ schnell wieder jüdisches Leben in Karlsruhe einziehen, weil viele nun aus Osteuropa vertriebene Juden durch Deutschland kamen, jedoch meist auf dem Weg in die USA oder nach Israel. Die Jewish Claims Conference hatte offiziell auf eine Restituierung der alten Synagogengrundstücke verzichtet, da man sich so schnell nach dem Krieg hier keine jüdische Gemeinde vorstellen konnte.

Immerhin lebten im Juni 1946 ca. 90 Juden in Karlsruhe. Zentrum der Jüdischen Gemeinde wurde das frühere Gemeindehaus der Israelitischen Religionsgemeinschaft in der Herrenstraße. Hier wurde im September 1946 ein Betsaal eingerichtet. Weil der Wunsch nach einer neuen Synagoge nicht schnell realisiert werden konnte, wurde zunächst der Betsaal 1951 zu einer Synagoge umgewidmet.

In den 1960er-Jahren wurde der Synagogenbau wieder diskutiert. Schließlich fand sich das Grundstück in der Knielinger Allee, das das Land Baden-Württemberg zur Verfügung stellte. Land und Stadt teilten sich die Kosten des Bauwerks. Die Synagoge wurde nach zweijähriger Bauzeit am 4. Juli 1971 feierlich eingeweiht. Die Karlsruher Architekten Hans Backhaus und Harro Wolf Brosinsky entwarfen einen Synagogenraum auf der Basis des sechseckigen Davidsterns. Zugleich lassen die gefalteten, holzgetäfelten Seitenwände an ein großes Zelt denken, also an das Volk Israel auf seiner Wanderschaft in das verheißene Land. Der sechseckige Raum ist auf die an der Ostseite befindliche Thoranische ausgerichtet, vor der sich die Bima, das Lesepult, befindet. Fünf im Winkel geführte Reihen mit Klappsitzen und – am Rücken des Vordersitzes – hölzernen Kästen für die Deponierung eigener Bücher sind für die Männer vorgesehen. Im westlichen, hinteren Raumteil sind, leicht erhöht, die Sitzreihen für die Frauen, die nach der

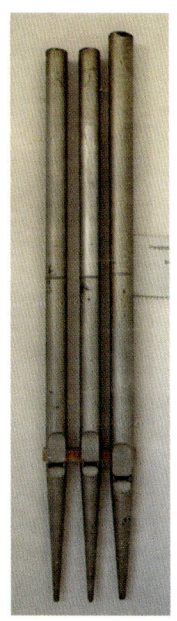

Tradition hinter einem halbhohen, teilweise durchbrochenen hölzernen Paravent den Blicken der Männer entzogen sind. Die Glaskuppel in der Mitte, in der das Symbol des Davidsternes wiederholt wird, und ein abstraktes farbiges Glasband tauchen den Raum in indirektes, helles Licht. Heute besitzt die Synagoge kleine Reste der Synagoge aus der Kronenstraße, u. a. von der dortigen großen Orgel. Unter dem Synagogenraum wurde ein Festsaal eingerichtet.

Vor wenigen Jahren (2010) wurde vor der Synagoge ein großer Chanukka-Leuchter aufgestellt, ein neunarmiger Leuchter, dessen Kerzen zum jüdischen Chanukkafest entzündet werden. Mit diesem Fest wird die Wiedereinweihung des Jerusalemer Tempels nach dem Aufstand der Makkabäer gegen die Seleukiden im Jahr 164 v. u. Z. gefeiert. Nach dem Bericht im Talmud fanden die siegreichen Juden nur so wenig Olivenöl vor, dass die Menora (der siebenarmige

> Knielinger Allee 11
> 76133 Karlsruhe
> www.jg-karlsruhe.de

Leuchter) eigentlich nur einen Tag lang brennen konnte. Das Öl hielt aber auf wundersame Weise für acht Tage, bis neues Öl gebracht wurde. In Erinnerung daran wird acht Tage lang jeden Abend eine Kerze angezündet. Nach dem jüdischen Kalender findet das Fest jedes Jahr Ende November oder Anfang Dezember statt, in zeitlicher Nähe zum christlichen Advent.

36 Inmitten der ehemaligen amerikanischen Siedlung steht auf einem weiten Rasenplatz die Kirche der **Hl. Mutter Paraskeva (serb.-orth.)**. Das Kirchengebäude war 1952/53 als „Standard Church" für die amerikanischen Streitkräfte errichtet worden. Dabei handelte es

sich um einen seriellen Bautyp, bei dem das Kirchenschiff mit Holzbinderkonstruktionen schnell und preiswert herzustellen ist. Die Standard Church war von dem Mannheimer Architekten Emil Serini entwickelt worden und wurde nötig, als sich herausstellte, dass die amerikanischen Truppen für längere Zeit in deutschen Kasernen bleiben würden.

Nach dem Abzug der amerikanischen Truppen war das Schicksal der Kirche ungewiss. Für einige Jahre wurde hier das ökumenische Zentrum Maria Magdalena betrieben. Im Jahr 2012 hat die Serbisch-Orthodoxe Gemeinde die Kirche gekauft und sie mit dem Namen Hl. Mutter Paraskeva belegt. Renovierungsarbeiten sind im Gange, die dem Inneren der Kirche ein orthodoxes Aussehen geben werden. Eine Ikonostase ist bereits eingebaut.

> Erzberger Straße 170
> 76149 Karlsruhe
> www.spc-karlsruhe.de

37 Nahe der Linkenheimer Landstraße steht seit Kurzem das **Gemeindezentrum der Baptisten-Gemeinde (EFG)**. Die Baptisten-Gemeinde ist seit 1946 in Karlsruhe präsent und hatte früher ein eigenes Haus in der Innenstadt (Kreuzstraße).

Im Juni 2012 wurde das neue Gemeindezentrum eingeweiht, das von dem Büro PIA-Architekten unter Leitung von Andres Löffler geplant worden war. Das Zentrum besteht aus vier Bereichen: Raum der Stille, Kirchenraum, Gruppentrakt und Forum, die um einen kleinen Innenhof gruppiert wurden. Das Forum fungiert als offener Raum, von dem aus Kirche und Gruppenräume zugänglich sind. Der Kirchenraum ist rechteckig in der Breite angelegt, den Stuhlreihen gegenüber befindet sich die breite Bühne mit dem Altar. Zur Seite des Altars führen Stufen hinunter in das Taufbecken, das so groß ist, dass Erwachsenentaufen durchgeführt werden können. Der Kirchenraum ist multifunkional angelegt. Im Raum der Stille, der wesentlich kleiner und intimer ist, wird der alte Altar aus der Kreuzstraße

> Ohiostraße 17
> 76149 Karlsruhe
> www.efg-karlsruhe.de

weiterverwendet, dadurch wird der Raum auch für die Gemeinde zu einem Raum der Erinnerung.

Das Gemeindezentrum wurde konsequent nach ökologischen Gesichtspunkten geplant und errichtet. Bevorzugte Bauart war die Stampflehmbauweise, wobei die Wandhöhe von 7,2 Meter schon eine extreme Randbedingung unter anderen darstellte. Aus baurechtlichen Gründen und wegen Erdbebengefahr am Oberrhein musste der Kirchenraum zusätzlich mit einem Stahlgerüst gesichert werden.

Der Nordwesten

Knielingen

© Stadt Karlsruhe | Liegenschaftsamt 2015 | 1985

Neureut

Der Nordwesten

Die Landschaft zwischen der Karlsruher Kernstadt und dem Rhein nördlich des Rheinhafens bzw. der Alb fasst mehrere noch weitgehend selbständige Siedlungen und große Natur- und Wirtschaftsräume zusammen. Der Rhein bildet die natürliche Grenze, die Uferlandschaft wird zum größeren Teil von Industrieanlagen eingenommen. Beim alten Ort Knielingen sind das alte Rheinufer und das Hochgestade aus der Zeit vor der Rheinregulierung durch Johann Gottfried Tulla noch gut zu erkennen. Neureut mit zwei alten Siedlungskernen hat sich großflächig als Trabantenstadt nach Norden ausgedehnt. In diesem Kapiel wird die Nordweststadt einbezogen, weil sie von der Kernstadt durch den ausgedehnten Klinikbereich und den ehemaligen Flugplatz separiert wird.

Knielingen

Nach der Erwähnung Knielingens im Lorscher Kodex von 786 gilt das Dorf als ältester Stadtteil von Karlsruhe. Auch die Endung des Ortsnamens auf „-ingen" deutet auf eine alte alemannische Siedlung hin. Der Ort entwickelte sich am hohen Ufer eines Rheinarms, lebte vom Handelsbetrieb und vom Fischfang. Als das politische Gebiet im 16. Jahrhundert geteilt wurde, kam Knielingen zu Baden-Durlach und wurde 1556 evangelisch. Im Jahr 1817 begann Tulla mit dem bekannten „Knielinger Durchstich" die Arbeit der Rheinbegradigung, mit der der stark mäandrierende Strom schiffbar gemacht und gebändigt werden sollte. Dadurch kam der Ort auf dem Hochgestade endgültig abseits des Flusses zu liegen. In neuerer Zeit wurde Knielingen ein wichtiger Industriestandort mit Ölraffinerie, einer Papierfabrik und den Siemenswerken, nahe beim Karlsruher Rheinhafen, der seit 1901 in Betrieb ist. 1935 wurde Knielingen nach Karlsruhe eingemeindet.

38 Im alten Ortskern nahe am westlichen Ortsende hoch über dem Tiefgestade liegt die **evangelische Kirche Knielingen**. Sie gehört zu den wenigen mittelalterlichen Kirchen im Stadtgebiet. Die Kirche muss eine lange Vorgeschichte haben, denn bereits im Jahr 1256 wird in den Urkunden ein Dekan genannt. Von einem Bau aus dieser und älterer Zeit fehlt bislang jede Spur. Der heutige Kirchbau wurde im Jahr 1480 begonnen und war dem Hl. Kreuz geweiht. Aus dieser Zeit stammen der Fassadenturm und der schöne polygonale Chor. Das Langhaus dazwischen wurde 1689 im Pfälzischen Erbfolgekrieg durch Feuer zerstört. Thomas Lefèbvre, Hofbaumeister des Markgrafen, stellte den schlechten Bauzustand fest und plante den Neubau. Zunächst wurde der Chor notdürftig gedeckt, um eine Gottesdienststätte zu haben, zwischen 1700 und

Saarlandstraße 3
76187 Karlsruhe
www.ev-kirche-ka.de

1702 wurde das saalartige Langhaus neu aufgerichtet, wahrscheinlich in den gleichen Dimensionen wie zuvor. Der Neubau wurde 150 Jahre später für die angewachsene Bevölkerung zu klein. Residenzbaumeister Carl Küntzle ließ diesen abreißen und an gleicher Stelle 1858–60 ein dreischiffiges Langhaus mit Emporen errichten. Dabei bezog er den Turm teilweise ein. Im Kircheninneren ergab sich ein Bild, wie es viele Kirchen des 19. Jahrhunderts in der Umgebung Karlsruhes bieten, die in der Tradition von Weinbrenner und Hübsch, der Karlsruher Bauschule, stehen.

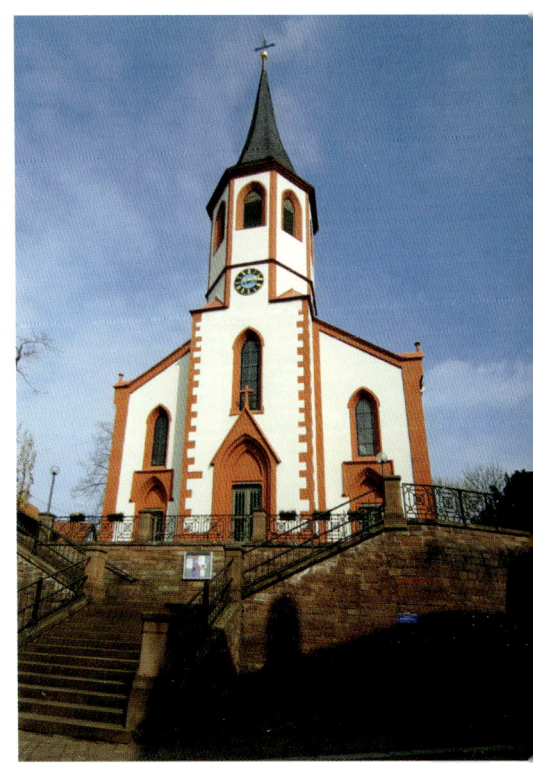

Der Turm stand ursprünglich an drei Seiten frei und besaß einfache spitzbogige Portale, die in die Turmhalle führten, ganz ähnlich wie in Grötzingen. An zwei Quadern der linken Turmkante befindet sich eine Inschrift, die über die Grundsteinlegung berichtet. In gotischer Schrift ist zu lesen: *anno dni 1480 ist durch . heinrich . riesen . von . sulßbach . gelegt / worden an diesem baw . der . erst . stein / uff . den / donerstag / nach . dem / sontag / judica.* Der Donnerstag nach dem Sonntag Judica war im Jahr 1480 der 1. April (nach unserem heutigen Kalender). Heinrich Riese von Sulzbach ist

der Stifter der Kirche, der in diesen Jahren (1465 / 1488) in der Region mehrmals genannt wird. Er war Lehnsmann des badischen Markgrafen Christoph I., dessen Wappen – damals das badisch-sponheimische – im Turm und im Chor an der Sakristeitür zu sehen ist.

Aus der gleichen Zeit stammt auch der Chor, wobei hier keine Jahreszahl überliefert ist (eine außen am Chor lesbare Jahreszahl ist wohl als 1873, nicht 1473 zu lesen). Es fällt aber schnell auf, dass die Baulinie des Chores von der Achse des Langhauses deutlich abweicht. Die Kirche hat einen sog. Achsknick. Dieses Phänomen trat bei mittelalterlichen Kirchen relativ häufig auf, es hat nichts mit dem Unvermögen der Baumeister zu tun, einen Bau schnurgerade zu errichten, sondern damit, dass sie das Langhaus und den Chor an verschiedenen, wenn möglich „heiligen" Orientierungspunkten ausrichteten. Die Kirchen wurden nämlich nicht genau nach Osten ausgerichtet, sondern nach dem tatsächlichen Sonnenaufgangspunkt an bestimmten Tagen, oft Festtagen. In Knielingen scheint der Orientierungstag des Chores der 15. August gewesen zu sein, Mariä Himmelfahrt, also einer der höchsten kirchlichen Feiertage jener Zeit (genauere Messungen und Berechnungen dazu wären wünschenswert).

Als Residenzbaumeister Küntzle im 19. Jahrhundert das neue Kirchenschiff zwischen Turm und Chor errichtete, gab er dem Äußeren, bis auf den Chor, ein gleichmäßiges neues Aussehen. Zu beiden Seiten und am Turm wurden gleichartige Portale eingesetzt und mit Bibelzitaten im Türsturz versehen (*Wir haben ein festes prophetisches Wort und ihr tut wohl, dass ihr darauf achtet; 2 Petr 1,19*, und ähnliche), eine typische Manier des 19. Jahrhunderts. Im Inneren macht die Kirche einen hellen, lichtdurchströmten Eindruck, was durch die elegante und schlanke Holzkonstruktion bewirkt wird. Die Stützen und das Dach werden durch eiserne Zugstangen zusammengehalten.

Der Chor ist besonders reich ausgestattet. Darüber hinaus sind sogar Reste der mittelalterlichen Ausstattung erhalten geblieben, in der Region eine Seltenheit. Im Badischen Landesmuseum befinden sich drei Skulpturen, und zwar ein Vesperbild, eine Hl. Maria Magdalena und eine Hl. Anna Selbdritt, die höchstwahrscheinlich aus der Knielinger Kirche stammen. Zwei weitere Figuren sind überliefert, aber verschollen. Zeitlich um 1500 anzusetzen, würden sie sehr gut in die Ausstattungsphase des damaligen Kirchenneubaus passen. Möglicherweise sind sie schon vor Einführung der Reformation aus der Kirche entfernt worden. Denn die Figuren tragen Zeichen einer Verstümmelung vor allem im Bereich des Gesichts, die mit dem Auftauchen von radikalen Bilderstürmern (Täufern) zusammenhängen können.

Der Brand von 1689 hat offenbar auch die Ausstattung betroffen, denn nach der Wiederherstellung durch Thomas Lefèbvre wurde die Kirche innen weitgehend neu gestaltet. Dazu gehören der Taufstein und der Altar mit dem Kruzifix, das eine qualitätvolle Arbeit des frühen 18. Jahrhunderts darstellt. Die größte Überraschung stellt jedoch die Ausmalung im Chorbereich dar. In zwei Zonen übereinander ist die linke Seitenwand bis unter die Gewolbe bemalt. Es ist anzunehmen, dass an der Wand gegenüber die Zyklen fortgesetzt wurden. Der untere Streifen zeigt Moses mit den Gesetzestafeln (nur 8 Gesetze sind aufgeführt, vielleicht einfach nur eine Unachtsamkeit des Malers), die beiden Evangelisten Markus und Lukas sowie, zum Abschluss, den Hl. Paulus mit dem Schwert. Die beigefügte Jahreszahl nennt 1724 als Datum der Fertigstellung. Als Ergänzung kann man sich gegenüber die zwei fehlenden Evangelisten, den Hl. Petrus und eine alttestamentarische Person vorstellen. Die zweite Zone zeigt zwei großformatige

Bilder: Zur Linken Jakob mit der Himmelsleiter und daneben das Opfer Isaaks. Beide Szenen sind beschriftet, die zweite nennt den Knielinger Metzger Johann Martin Schlindwein als Stifter und eine nicht ganz sicher erkennbare Jahreszahl. Die Malereien wurden bei der Restaurierung der Kirche 1956 aufgedeckt. Alte Fotos lassen noch die Jahreszahl „172[.]" erkennen, also möglicherweise dasselbe Datum. Die Malerei ist stilistisch nicht sehr qualitätvoll, lässt eher an ländliche Kirchenausmalungen denken als an Hofkunst. Es ist aber ein wichtiges Zeugnis für den Umstand, dass auch die evangelischen Kirchen in dieser Region im Barock eine Ausmalung erhalten konnten.

Im 19. Jahrhundert wurde anlässlich des Neubaus des Kirchenschiffs (Grundstein im Triumphbogen) eine neue Kanzel aufgestellt, der Taufstein wurde nochmals mit einer Jahreszahl versehen (jetzt sind gegenüber „1701" und „1860" eingeritzt). Nach dem Zweiten Weltkrieg wurde die Kirche mehrmals restauriert. Bei den Arbeiten 1956 wurden im Chor nicht nur die Malereien gefunden, sondern auch farbige Glasfenster eingesetzt. Das war wohl der Ausgangspunkt für eine bilderreiche Kirche. Als großzügiges Geschenk erhielt die Kirchgemeinde aus dem Nachlass von Annemarie Frau Reibel-Fricke vier mittelalterliche Tafelbilder, die zwischen 1480 und 1520 entstanden sind. Sie haben zwar nie zur Knielinger Kirche gehört, vermitteln aber recht gut den Eindruck, den die mittelalterliche Kirche gemacht haben könnte. Weitere Renovierungen folgten 1980 zur 500-Jahrfeier und 2003. Bei diesem Anlass wurden im Langhaus neue Glasfenster nach Entwürfen von Barbara Jäger (Ausführung Großkopf) eingefügt, die für viel Licht in der Kirche sorgen und gleichzeitig mit ihren schmalen farbigen Rahmen kleine Farbakzente setzen.

39 Im Neubaugebiet von Knielingen, das nach dem Zweiten Weltkrieg besonders stark wuchs, steht die Kirche **Heilig Kreuz (kath.)**. Mit dem Namen nimmt die Kirche das alte, in Knielingen bereits im 15. Jahrhundert bekannte Patrozinium wieder auf, das die evangelische Kirche nicht weitergeführt hatte. Es war sogar gelungen, ein Heilig-Kreuz-Partikel aus einer vorderösterreichischen Gemeinde (Gegend von Freiburg) zu erhalten. Die Reliquie ist im Vortragekreuz von Herbert Kämper eingeschlossen.

Reinmuthstraße 42
76187 Karlsruhe
www.allerheiligen-ka.de

Die Geschichte der Gemeinde reicht weiter zurück als der moderne Bau vermuten lässt. Noch um 1900 lebte nur eine Handvoll Katholiken in Knielingen, doch ihre Zahl stieg so schnell an, dass man gleich nach dem Krieg im Jahr 1919 ein Grundstück für den baldigen Bau einer Kirche erwarb und in der Gaststätte „Hirsch" eine Notkirche einrichtete. Das hölzerne Kruzifix und die Statue einer Madonna mit Kind, die sich jetzt in der Seitenkapelle befinden, stammen aus dieser ersten provisorischen Kirche.

Die Kirche wurde nach dem Entwurf von Werner Groh 1959/60 gebaut und am 12. März 1961 konsekriert. Sie besteht aus einer großen rechteckigen Halle mit einem flachgeneigten Dach. Schönstes architektonisches Motiv ist der weite halbrunde Chor, der an die altchristlichen Kirchenbauten Roms erinnert, trotz seiner weißen Farbe (römische Kirchen haben rote Ziegel). Zur Linken hat Groh eine Seitenkapelle angebaut. Modern und als eine der ersten Kirchen in der weiteren Region wurde der Altarbereich so organisiert, wie es erst wenige Jahre später das II. Vatikanische Konzil beschloss: Entlang des Halbrunds befindet sich ein Umgang, so dass die Gemeindeglieder bei der Eucharistiefeier ringsum an die Altarinsel und die Kommunionschranken herantreten können.

Die gesamte künstlerische Ausstattung, die Emil Wachter entworfen hat, steht unter dem Motto des heilbringenden Kreuzholzes. Der Grundgedanke lehnt sich an die Heilig-Kreuz-Legende an, eine der wichtigsten und bekanntesten christlichen Le-

gendengeschichten des Mittelalters. Im Zentrum der Erzählung steht das Kreuzholz, das in den Büchern des Alten Testaments bereits präsent sei und auf die Heilstat des Neuen Bundes vorausweise, nämlich zum Beispiel im Paradiesbaum und im Holz der Arche Noah. Im Neuen Testament ist das Kreuzholz dann Träger des Martyriums Christi, also im Grunde der erste Zeuge der Erlösungstat Jesu. Deswegen ist das Kreuzholz in Wirklichkeit lebendig, es ist ein Lebensbaum. Die Kreuzholzlegende umfasst letztlich die gesamte Geschichte der Menschheit im religiösen Sinn, von der Schöpfung bis zum Jüngsten Gericht. Sie konkretisiert sich in Knielingen im Reliquienpartikel und in der Namengebung der Kirche. Bereits am bronzenen Kirchenportal wird das Kreuz bzw. der Lebensbaum (*spes unica*) dargestellt. Besonders eindringlich hat Wachter den Oberlichtstreifen in der Seitenkapelle gestaltet, die biblischen Geschichten der Schöpfung und der Arche Noah sind schnell zu erkennen. Das Glasfenster, das im Hauptkirchenraum den Altarbereich beleuchtet, zeigt in voller Höhe des Kirchenschiffes den Lebensbaum. Sein Licht fällt auf den Altar und das Kreuzreliquiar, so schließt sich der Kreis.

40 Im alten Ortskern liegt ferner die **Pauluskirche (Evangelisch-methodistische Kirche)**. Die evangelisch-methodistische Kirche wurde bereits 1865 in Knielingen gegründet, sie gehört zu den ältesten Niederlassungen der Methodisten in der Region.

Neufeldstraße 47
76187 Karlsruhe
www.emk-karlsruhe.de

Im Jahr 1900 konnte die Gemeinde das Grundstück in der Neufeldstraße erwerben und zunächst eine Kapelle einrichten. Nach der Erweiterung des Gebäudes 1963/64 wurde am 18. Oktober 1964 die Pauluskirche eingeweiht.

41 Die evangelische Gemeinde ist nach dem Zweiten Weltkrieg so stark angewachsen und der Ort zugleich so weitläufig geworden, dass die Einrichtung einer zweiten Pfarrei erforderlich wurde. In der Struvestraße entstand das **Evangelische Gemeindezentrum Knielingen (evang.)**. Als erstes wurden ein Kindergarten eingerichtet und das Pfarrhaus

Struvestraße 45
76187 Karlsruhe
www.ev-kirche-ka.de

gebaut. Am 28. September 1980 wurde das Gemeindezentrum eingeweiht. Neben dem zentralen Kirchensaal, den farbige Glasfenster schmücken und der durch einen Glockenturm auch von außen weithin kenntlich gemacht ist, enthält es Sitzungs- und Konfirmandenzimmer, ein Musikzimmer, Jugendräume und anderes mehr und stellt ein multifunktionales Zentrum in kompakter Form dar.

42 Im Norden von Knielingen liegt das ehemalige Kasernengebiet mit der entwidmeten **amerikanischen Militärkirche**. Die Kaserne war 1936/39 als Rheinkaserne errichtet worden, 50 Jahre lang wurden die „Gerszewski Barracks" dann von den amerikanischen Streitkräften genutzt. Seit 2007 ist es eines der großen Konversionsgebiete Karlsruhes, auf dem ein neuer Stadtteil entsteht. Die amerikanischen Truppen hatten hier 1951/52 die Militärkirche eingerichtet, in Form einer

Egon-Eiermann-Allee 6
76187 Karlsruhe

schlichten Hallenkirche in Holzbinderkonstruktion mit einem parabelförmigen Triumphbogen zum Chorraum. Auch nach außen ist das bescheidene Gebäude dank seiner hohen Rundbogenfenster und des Dachreiters klar als Kirche erkennbar. Zeitweise hat die Piusbruderschaft die Kirche genutzt. Zurzeit steht die Kirche wieder leer (eine in der Konstruktion ähnliche Kirche befindet sich in der Nordstadt).

Neureut

Neureut wurde erstmals im Jahr 1260 unter Markgraf Rudolf I. erwähnt, dieser gilt sogar als der Gründer dieses Dorfes. Der Name lässt sich von „Neue Rodung" ableiten. Bei der badischen Teilung 1535 kam Neureut zum Erbteil Baden-Durlach und wurde deshalb 1556 protestantisch. Auf Neureuter Gebiet wurden 1699 Glaubensflüchtlinge aus Südfrankreich aufgenommen, daraufhin hießen die beiden jeweils selbständigen Orte Teutsch- und Welschneureut. Erst 1935 wurden die beiden Ortschaften zusammengelegt, und 1975 erfolgte die Eingemeindung nach Karlsruhe. Neureut hat noch etwas von seinem ländlichen Charakter bewahrt, mehrere Siedlungen (1921 Gartensiedlung, 1929 Kirchfeldsiedlung) und eine Kaserne haben im 20. Jahrhundert zu einem großen Wachstum der Bevölkerung geführt.

43 Im nördlichen Bereich der breiten und langen Hauptstraße liegt die **Evangelische Kirche Neureut-Nord**. Erst seit der Mitte des 18. Jahrhunderts hat Neureut eine eigene Kirche, denn vorher gehörte der Ort zur Pfarrei Mühlburg. Der markgräfliche Baumeister Johann Heinrich Arnold errichtete eine Kirche mit Pfarrhaus und Pfarrgarten, Letztere sind heute noch erhalten. Im 19. Jahrhundert stieg die

> Neureuter Hauptstraße 262
> 76149 Karlsruhe
> www.ekino-neureut.de

Einwohnerzahl stark an. Aus dem Jahr 1857 wird berichtet, dass durchschnittlich über 800 Personen einen Gottesdienst besuchten, obwohl die Kirche nur 550 Sitzplätze bot, eigentlich untragbare Umstände. Trotzdem dauerte es noch 30 Jahre bis zum jetzigen Neubau. Baurat Karl Dyckerhoff errichtete in den Jahren 1885–87 an der Stelle der alten Kirche die neue, nun fast doppelt so lang und doppelt so breit. Sie ist im damals für Kirchenbauten sehr beliebten neugotischen Stil gehalten. Die Eingangsseite der Kirche gipfelt in einem Glockenturm von 51 Metern Höhe. Er ist noch heute Wahrzeichen des Ortes und von weither sichtbar.

Im Innern wirkt die Kirche hoch und weit. Die hohen Pfeiler im Lang-haus der dreischiffigen Kirche stehen in weitem Abstand, so dass der

Innenraum sehr übersichtlich wirkt. Emporen laufen an den Längsseiten entlang. Der Kirchenraum besitzt kein Gewölbe, sondern eine aufgefaltete Holzdecke und entspricht vom historischen Baudenken her den einfachen spätgotischen Kirchen der Bettelorden. Bei der Renovierung in den Jahren 2008–10 wurde die alte Farbfassung wiederhergestellt. Grundfarbe ist ein lichter gelber Ton für die Wände, rahmende Architekturteile wurden mit kräftigen Farben, rot oder blau, akzentuiert.

Der Altarbereich mit dem Taufstein und dem tischartigen Altar aus Buntsandstein wurde ebenfalls neu gestaltet. Von der alten Ausstattung blieb die hölzerne Kanzel (dort auch der Grundstein mit der Jahreszahl 1886) und ein ausdrucksvolles Kruzifix aus dem frühen 17. Jahrhundert hinter dem Altar. Das Glasfenster in der Mittelachse zeigt den Auferstandenen mit Segensgestus und der Siegesfahne, von der Grabszene sind nur die Wachsoldaten in tiefstem Schlummer zu sehen. Die Fenster daneben zeigen einfache farbige Ornamentbänder und geben eine Vorstellung davon, wie die ganze Kirche früher ausgeschmückt war.

Geprägt wird die Kirche nach wie vor durch die Arbeiten von Helmuth Uhrig, der 1963 das Hauptportal und den Glasfensterzyklus in den Seitenschiffen schuf. In zwei Bildfolgen stellte der Künstler in der für ihn typischen Weise Bildfolgen aus dem Alten und dem

Neuen Testament dar. Seine Bilder sind bekannt als „Sprechzeichnungen", sie sind wie Szenen aus einer theaterartigen Darbietung (heute Bibliodrama genannt) leicht zu erfassen. Die Personen haben keine Gesichter, weil es ihm nur auf die Typen ankam und das Individuelle zurücktreten sollte. Eine Hand am oberen Bildrand steht für Gottes Eingreifen in der Welt, sie hat ihr Vorbild in mittelalterlichen Darstellungen. Häufig begegnet man einem weißen Bogen, mit dem der Raum abgesteckt bzw. eine Person umfasst wird, in der Gott besonders intensiv wirkt.

44 Im südlichen Teil des Ortes liegt die **Waldenserkirche Neureut (evang.)**. Der Name der Kirche erscheint fragwürdig, denn die Glaubensflüchtlinge, die am 17. September 1699 ihren ersten Gottesdienst auf badischem Boden in Mühlburg abhielten und denen Markgraf Friedrich Magnus Land auf der Neureuter Gemarkung abtrat, waren eigentlich aus Südfrankreich gekommen. Es handelte sich um Hugenotten aus dem Diois, einer Region im Departement Drôme nahe der Rhone. Im Jahr 1685 waren die französischen Calvinisten (oder Hugenotten) vor König Ludwig XIV. aus Frankreich geflohen, weil sie ihrer bürgerlichen und religiösen Rechte beraubt worden waren. Viele hatten sich zunächst in die Schweiz gerettet. Von dort wurden sie aber im Jahr 1699 wieder ausgewiesen und kamen in kleineren Gruppen unter anderem in die Markgrafschaft Baden-Durlach.

Der erste Kultraum war ein schlichter Holzbau, der bereits im Spanischen Erbfolgekrieg (ca. 1707) zerstört wurde. Ein Bauwerk, das man als Kirche bezeichnen kann, entstand erst 1720, als der Mühlburger Zimmermeister Dold einen zweistöckigen Holzbau errichtete, der im Erdgeschoss einen Gottesdienstraum für 150 Personen und darüber die Pfarrwohnung enthielt. Schon ein Vierteljahrhundert später war die Kirche so baufällig, dass sie nicht mehr repariert werden konnte. Der markgräfliche

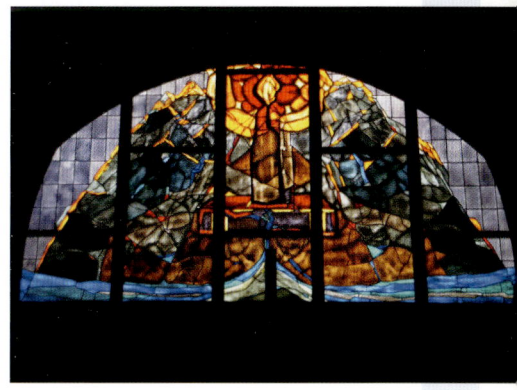

Baumeister Johann Heinrich Arnold fertigte schließlich die Pläne für das erste Kirchengebäude aus Stein, das 1751 eingeweiht wurde und fast zweihundert Jahre genutzt wurde, bis es im Zweiten Weltkrieg zerstört wurde. Wieder war es ein Kombinationsbau: Vorne der Kirchenraum, der nun, inklusive später eingebauter Emporen, 300 Sitzplätze bot, und im hinteren Teil die zweistöckige Pfarrwohnung. Nach

Neureuter Hauptstraße 82
76149 Karlsruhe
www.waldenserkirche-neureut.de

außen war die Kirche mit ihren hohen eleganten Fenstern und dem aus der Fassade erwachsenden kleinen Glockenturm in der Hauptstraße leicht erkennbar. Eine weitere Vergrößerung erreichte die Gemeinde, indem 1870 ein eigenes Pfarrhaus gebaut wurde und jetzt in den bestehenden Außenmauern ein großer Kirchenraum mit Platz für 500 Kirchgänger entstand. Im September 1944 brannte die Kirche bis auf Teile der Außenmauern aus.

Die heutige Kirche nach Plänen des evang. Kirchenbauamtes wurde 1950 eingeweiht. Die Kirche ist nochmals etwas größer, lehnt sich aber mit ihren Fensterformen an den Bau Arnolds an. Neu ist der Fassadenturm, im unteren Teil massiv geschlossen, im Glockengeschoss mit großen Arkaden, ein klein wenig an Weinbrenners Kirchtürme in der weiteren Region erinnernd. Die Kirche nimmt so behutsam historische Formen wieder auf und schafft vor allem mit ihrem Turm ein Gegengewicht zur Neureuter Nordkirche.

Auch im Inneren erinnert die Saalkirche an den historischen Kirchenbau vor der Zerstörung, ohne ihn wirklich nachzuahmen. Der einschiffige Raum mit Holzdecke und einer hölzernen Orgel- und Chorempore im Eingangsbereich läuft auf den Altarraum zu, der sich hinter dem Triumphbogen befindet. Die Inneneinrichtung war mit dem Neubau 1950 geschaffen worden: Die seitlichen, schlicht gehaltenen Glasfenster stammen von der Firma Großkopf aus Karlsruhe, alle Holzteile (Bänke, Decke, Empore) bestehen aus dunklen bzw. dunkel gebeizten Hölzern. Im Turmraum ist noch eine Inschrift aus der alten Kirche zu sehen: *Bien heureux sont ceux, qui oyent la parole de Dieu et la gardent* (Lk 11,28: Selig sind, die Gottes Wort hören und bewahren). Darunter erinnert das Glasfenster an die badische Bekenntnisunion von 1821 (Großkopf, 1950).

Im Jahr 1983 wurde das Gemeindehaus in der Weise an die Rückseite der Kirche angebaut, dass die Wand hinter dem Altar beiseite geschoben werden und auf diese Weise der Kirchraum für die weihnachtlichen und Konfirmations-Gottesdienste um 100 Plätze erweitert werden kann. Das Glasfenster über der Trennwand, das Reinhard Dunke entwarf, zeigt eine künstlerische Umsetzung des Mottos der Waldenser *„Lux lucet in tenebris"* (Das Licht leuchtet in der Finsternis), das auch auf dem Schlussstein über dem Triumphbogen zu sehen ist.

45 Im Ostrand des alten Ortes entstand in den 1960er-Jahren eine neue Siedlung, die mit dem Neureuter Platz und der Badnerlandhalle 1977 einen Mittelpunkt bekam. Hier liegt das **katholische Gemeindezentrum St. Judas Thaddäus**, am 3. Dezember 1989 geweiht und somit der jüngste katholische Kirchenbau in Karlsruhe. Der Name hängt mit der Vorgeschichte des Kirchenbaus zusammen. 1929 war ein erster Gottesdienstraum in der alten Schule von

> Bärenweg 40
> 76149 Karlsruhe
> www.kath-ka-hardt.de

Neureut eingerichtet worden. Der damalige Pfarrer empfand die Gottesdienste mit einem Dutzend Gemeindeglieder als sehr mühsam. Deswegen weihte er diese Kapelle dem St. Judas Thaddäus, dem Helfer in besonders schweren Nöten. Dieses Patrozinium erhielten alle Nachfolgebauten, auch die Notkirche im „Lammsaal" aus dem Jahr 1948, der von der gleichnamigen Gaststätte erworben worden war.

Die heutige Kirche entstand nach langen Gesprächsrunden, in die die Gemeinde aktiv miteinbezogen war. Der Architekt, Professor Ottokar Uhl, wollte ein modernes und variables Gemeindezentrum schaffen. Der Gebäudekomplex, der aus Kindergarten, Gemeinderäumen, Pfarramt, Pfarrwohnung und Kirche besteht, nimmt mit seiner Höhenstaffelung die sehr differenzierte Bebauung des

Ortsteils auf. Die Kirche bildet als längsrechteckiger hoher Kasten einen Querriegel. Er erinnert in seiner Form an die Speicherbauten (vor allem für Tabak), die es am Oberrhein einst in großer Zahl gegeben hat. Von draußen kommt man nun keineswegs direkt in die Kirche, sondern in den gemeinsamen Eingangsbereich. Dieser öffnet sich in einen Innenhof (meist als „Kreuzgang" bezeichnet), um den die Gebäudeteile entwickelt sind.

Rechterhand öffnet sich der Kirchenraum, der wiederum quergelagert und höhengestaffelt an der hohen, schneeweißen Wand endet. Niedrige Teile der Kirche schließen an den Kindergarten an, der unmittelbar angrenzt. In den höheren Teilen der Kirche befinden sich Emporen. Die Stuhlreihen sind im Normalfall in U-Form rund um den Altar aufgestellt, es sind jedoch viele Varianten möglich. Die Altarinsel selbst, aus einem kleinen Podest mit Ambo, Dreisitz und Altar bestehend, sämtlich aus Holz gefertigt, ist von der weißen Rückwand abgerückt, diese ist auch vollkommen frei von einem „Altarbild". Innerhalb des Gesamtraumes werden drei gekurvte Sonderräume gebildet – die Taufkapelle, ein „Ort für Individualandacht" (Gruppengottesdienst) und ein Segment aus Glasbausteinen für das Allerheiligste. Im Kapellenraum (Individualgottesdienst) hat eine Marienskulptur ihren Platz gefunden; sie stammt aus der alten Notkirche und stellt damit auch die Brücke zur Vergangenheit dar. Im zweiten Segment befindet sich der Tabernakel in Kugelform, von Goldschmied Eiblmeier aus Lenggries gestaltet.

46 Jenseits der Linkenheimer Landstraße liegt in der Kirchfeldsiedlung die **kath. Kirche St. Heinrich und Kunigunde**. Die Anfänge dieser Siedlung gehen auf das Jahr 1928 zurück, jedoch wuchs sie erst nach dem Zweiten Weltkrieg sprunghaft an, als viele Flüchtlinge und Heimatvertriebene neuen Wohnraum suchten. Ab 1948 wurde der „Lammsaal" in Neureut genutzt. Dann wurde 1952–53 der Kirchbau nach einem Entwurf von Hans Gäckle sehr rasch realisiert, so

Moldaustraße 16
76149 Karlsruhe
www.kath-ka-hardt.de

dass die erste Messe am Weihnachtsfest 1953 im neuen Gotteshaus gefeiert werden konnte. Der Glockenturm wurde 1960 hinzugefügt. Wie ein italienischer Campanile steht er frei neben der Kirche und bildet symbolisch das Zentrum der Gesamtanlage von Kirche mit Pfarrzentrum und Kindergarten. Bei den Titelheiligen handelt es sich um das Kaiserpaar Heinrich II. und seine Gemahlin Kunigunde, die beide noch im 12. Jahrhundert heilig gesprochen wurden. Heinrich II. ist insbesondere als Gründer des Bistums Bamberg in der Kirchengeschichte bekannt.

Der Kirchenbau ist ein relativ einfacher rechteckiger Betonständerbau. Die Seitenwände werden mit einem farbigen Lichtband abgeschlossen. Der schmalere Chor erhält viel Licht und setzt mit seiner Kassettendecke einen eigenen Akzent. Nach einem Brand am 17. Januar 1988 wurde die Kirche komplett renoviert und vor allem heller gestaltet. Bei dieser Gelegenheit wurden auch die Glasfenster eingesetzt.

Die bildhauerische Ausstattung stammt von Erich Lipp. Der Altar zeigt an seinem Unterbau Fische und Brot als Symbole des gemeinsamen Mahls, die Taube steht für die Anwesenheit des Heiligen Geistes. Das Kruzifix an der Rückseite des Altarraums ist sehr feingliedrig und schlicht. Es passt gut in die Entstehungszeit der Kirche. Weitere Arbeiten Lipps, jeweils in Beton gegossene Skulpturen, sind der Kreuzweg und die Marienstatue am Seitenaltar. Im Eingangsbereich steht das Taufbecken, auf das die drei Fenster von Clara Kress bezogen sind.

Hauptschmuck sind heute die Fenster von Michael Mannel, die von der Firma Karlsruher Glaskunst Herbold im Juni 1988 ausgeführt wurden. Die Motive aus dem Schöpfungsbericht sowie aus den Gleichnissen Jesu sind in ihrer Bildsprache leicht zu erfassen.

47 Am Kiefernweg liegt die **evangelische Kirche Neureut-Kirchfeld**. Seit 1951 konnte in der Siedlung evangelischer Gottesdienst gefeiert werden, und im November des Jahres beschloss die Gemeinde, ein „Gemeindehaus mit Kirchsaal" zu bauen. Der Bau einer eigentlichen Kirche wurde wegen der hohen Baukosten auf unbestimmte Zeit zurückgestellt. Am 13. September 1953 wurde der Grundstein gelegt und am 30. Mai 1954 wurde das Gebäude nach den Plänen von Dipl.-Ing. Gärtner mit einem Kirchsaal als „Lutherhaus" eingeweiht. Unmittelbar danach kümmerte man sich um die Glocken, die 1957 eintrafen. Als der einheimische Architekt Jakob Beyer 1958 den schlanken offenen Glockenturm, wie ein Campanile etwas seitlich des Lutherhauses stehend, errichtet hatte, wurde der Gemeinde bald klar, dass das Lutherhaus auf Dauer die evangelische Kirche bleiben würde. Die Diskussion um eine „richtige Kirche" flammte nach dem Abzug der Amerikaner nochmals auf, wurde aber 2004 endgültig beendet und stattdessen die Kirche renoviert und 2009 neue Glocken angeschafft.

> Kiefernweg 24
> 76149 Karlsruhe
> www.ev-kirche-kirchfeld.de

Nordweststadt

Bei der Karlsruher Nordweststadt handelt es sich um keinen historisch gewachsenen Stadtteil. Vielmehr wurden in Karlsruhe 1975 nach den Eingemeindungen die Stadtteilgrenzen neu definiert, um sinnvolle Quartiergrößen zu erhalten. Dabei wurden Siedlungen der Weststadt und von Mühlburg zusammengelegt. Aufgrund der Nähe zu Neureut bzw. zu Knielingen wird die Nordweststadt in diesem Kapitel mit behandelt. Die Distanz zur Stadtmitte ist relativ groß.

48 An der Hertzstraße, die mit ihrem begleitenden Grünstreifen die Süd-Nord-Achse des Stadtteils bildet, steht die Kirche **St. Konrad (kath.)**. Für die Siedlung, die Anfang der 1920er-Jahre am Binsenschlauchweg entstand, wurde bereits 1923 eine Pfarrei vorgesehen und eine Notkirche in der Telegraphenkaserne eingerichtet. Sie erhielt das Patrozinium St. Konrad und besaß 1935 sogar schon eigene Glocken. Ein herber Rückschlag erfolgte 1936, als der NS-Staat den Mietvertrag kündigte. Die Gemeinde musste auf eine Schreinerei in einem Hinterhaus der Kärcherstraße ausweichen. Dekan Rüde bezeichnete die neue Notkirche als den „unwürdigsten, armseligsten und notdürftigsten

> Hertzstraße 16a
> 76187 Karlsruhe
> www.allerheiligen-ka.de

Gottesdienstraum", den das Dekanat Karlsruhe jemals gehabt habe.

Erst in den Jahren 1956–1957 konnte die große, frei in ihrem Umfeld stehende Kirche und der seitliche Glockenturm nach Plänen des Architekten Werner Groh errichtet und am 15. Dezember 1957 geweiht werden. Die weiträumige Hallenkirche, die ursprünglich 1000 Personen (650 Sitz- und 350 Stehplätze) fasste, wurde auf parabelförmigem Grundriss geplant, wobei der Altar in den Scheitelpunkt gesetzt wurde. Die Seitenwände der Kirche streben zum Kircheneingang hin auseinander, so dass immer neue Wandstücke zur Mitte hin gestaffelt wurden. Diese Außenmauern aus Backstein, in die die Beichtstühle

vollkommen integriert sind, wurden durch hohe Glasfenster verbunden. Die Raumform spiegelt sich in der Decke mit ihrem Flechtwerk aus Sperrholz wider.

Die Ausstattung wurde nach und nach realisiert. Das Kruzifix im Scheitelpunkt hatte Herbert Jogers bereits 1948 für die Notkirche geschaffen. Im Jahr 1968 entwarfen Frido Lehr den Kreuzweg und Franz Dewald die 48 Kirchenfenster, die interessanterweise auf beiden Seiten gleich, nur spiegelverkehrt ausgeführt wurden. Heute ist die Kirche im Umbruch, die Ergebnisse sind noch nicht abzusehen. Die Altarinsel wurde provisorisch nach vorn verlegt, im Eingangsbereich der Kirche sollen eigene Bezirke für Taufe und Kleingottesdienste geschaffen werden.

49 Die Kirche **St. Matthias (kath.)** liegt am nördlichen Ende der Nordweststadt. Gedacht war mehr an eine Kapelle innerhalb eines Gemeindezentrums, die Vorgabe war, wirklich preiswert zu bauen. Werner Groh schuf daraufhin 1969–70 einen einfachen rechteckigen Saalraum mit Wänden aus Beton und einem

Kaiserslauterner Straße 4
76187 Karlsruhe
www.allerheiligen-ka.de

steilen Dach, alles andere ist aus Holz gefertigt. Auch farbige Glasfenster mussten entfallen. Eigenwillig gestaltete die Bildhauerin Gudrun Schreiner den Ambo und das Kruzifix. Das Kreuz, an den der Korpus genagelt ist, hat überlange dünne Arme, die in Tellern auslaufen. Das grazile Kreuz regt zum Nachdenken an. Im Seitenschiff geborgen ist eine spätmittelalterliche Madonna aus dem Schweizer Raum aufgestellt.

50 Am Walter-Rathenau-Platz stand bis vor Kurzem das Gemeindehaus der **Petrus-Gemeinde (evang.)**. Die eigentlich zugehörige Kirche wurde nie errichtet. Ein Sakralraum wurde 1961 eingeweiht und 2014 zugunsten der neu entstehenden Kirche aufgegeben (s. unten). Der Sakralraum hatte 1977 als Schmuck an der Altarwand eine große Lutherrose erhalten, die beim Abriss nicht gerettet werden konnte. Aus dieser Petrusgemeinde war 1965 wegen des starken Wachstums dieses Stadtteils die Jakobusgemeinde ausgegliedert worden. Am 1. Februar 2010 fusionierten beide Gemeinden wieder zur Petrus-Jakobus-Gemeinde.

Bienwaldstraße 16
76187 Karlsruhe

51 Die Jakobusgemeinde erhielt in der Trierer Straße ein Gemeindezentrum mit einem Sakralraum, der allgemein **Jakobuskirche (evang.)** genannt wird. Die Planungen liefen 1964 an. Erich Rossmann hatte nach langen Diskussionen den Baukomplex 1970 entworfen.

Trierer Straße 6
76187 Karlsruhe
www.petrus-jakobus-gemeinde.de

Dabei ging es innerhalb des Gesamtkomplexes um einen zentralen, multifunktionalen Raum. Dieser ist quadratisch angelegt, acht Meter hoch und besitzt eine Flachdecke. Am oberen Rand läuft ein Oberlichtband um, das neutrales Licht spendet. Dieser Raum war seinerzeit in seiner Funktionalität bewusst neutral gehalten worden, es war ein Mutifunktionalraum, der für Gemeindeversammlungen genau so gut wie für Gruppenarbeit benutzt wurde und eben auch für Gottesdienste. Er besaß kein Portal, und das gottesdienstliche Mobiliar war leicht zu entfernen. Im Laufe der Jahre wurde der sakrale Charakter der Anlage jedoch immer stärker unterstrichen. 1985 wurde an der weithin sichtbaren Außenseite ein großes Holzkreuz angebracht, 1989 kam ein schlank aufsteigender Glockenturm hinzu, der für das gesamte Areal – Schule, Gemeindebüro, Kindergarten und Kirche – eine imaginäre Mitte darstellt. Im Jahr 1995 schuf Werner Frisch die Kanzel- und Altarparamente, bereits vorher (1987) hatte er ein wuchtiges Kruzifix für den immer stärker als Kirche identifizierbaren Raum hergestellt. Der Architekt sträubte sich gegen diese Tendenz, weil er bewusst einen nichtsakralen Raum geschaffen hatte, musste sich letztendlich aber dem Wunsch der Gemeinde fügen. Die Ausstattung als Kirche gipfelt in der Installierung des Glasfensterzyklus, den Graham Jones 2001 unter dem Motto „Es werde Licht" entworfen hat (Ausführung Derix).

Das nächste Kapitel in der Geschichte eines Kirchenraums für die Petrus-Jakobus-Gemeinde wird in den Jahren 2015–17 realisiert. Das Karlsruher Architekturbüro Peter Krebs hat ein neues Gemeindezentrum mit Kirche und Gemeindehaus für das Grundstück der ehemaligen

Petrus-Gemeinde an dem neu entstehenden Walter-Rathenau-Platz entworfen. Der Gebäudekomplex wird durch geschlämmte Ziegelfassaden und Dachflächen geprägt, die sich harmonisch in die Umgebung einfugen. An der Ostseite wird die Kirche stehen, die mit ihrer hohen Altarwand ein doppeltes Zeichen setzt – urbanistisch zur Wilhelm-Hausenstein-Allee hin und nach innen als lichtdurchfluteter Höhepunkt des Sakralraums. Der Kirchenraum selbst ist durch die nach Westen anschließenden Raumgruppen des Gemeindezentrums vielfältig erweiterbar und den großen Fest- und normalen Sonntagsgottesdiensten gut anzupassen. Am 8. August 2015 wurde der erste Spatenstich vollzogen, für Ostern 2017 ist die Einweihung geplant. Ein Teil der Glasfenster von Graham Jones aus der bisherigen Jakobuskirche, die abgebrochen wird, wird in den neuen Kirchenraum integriert werden.

52 An der Bienwaldstraße hat die **ACBF-Gemeinde (Pfingst-gemeinde)** im Oktober 2014 einen Kirchenbau bezogen, den zuvor die Neuapostolische Gemeinde errichtet hatte. Der Gottesdienstraum befindet sich im Obergeschoss.

Bienwaldstraße 36
76187 Karlsruhe
www.acbf.de

53 Im Torhaus der Städtischen Kliniken befindet sich die öku-menisch genutzte **Kapelle im Haus A (evang., kath.)**. Einer alten Tradition entsprechend gehört zu einem Krankenhaus eine Ka-pelle. Im badischen Raum fanden zudem Tau-fen regelmäßig in der Klinik statt, erst nach dem Zweiten Weltkrieg wurden die Taufen allmählich in die Gemeinden verlagert. Auch heute erfüllen die Kapellen eine wichtige Funktion, weil sie neben den Gottesdiensten Patienten wie Besuchern einen Raum der Stille bieten.

Moltkestraße 90 (Haus A)
76133 Karlsruhe
www.klinikum-karlsruhe.de

Die Karlsruher Kapelle war mit dem Krankenhaus zusammen im Jahr 1907 gebaut worden. Es ist ein einfacher einschiffiger Ka-pellenraum, der schon von außen als solcher zu erkennen ist: Das Rundbogenfeld über dem Eingangsportal zeigt die Darstellung des Barmherzigen Samariters, ein Bronzerelief von Heinrich Bauser aus der Erbauungszeit. Die Apsis ragt aus dem Torgebäude heraus, ähn-lich wie bei privaten Häusern des Mittelalters.

Die Kapelle zeigt im Innern eine Reihe von Glasfenstern, die Elisabeth Streich 1950 entworfen hat und von der Firma Großkopf 1950–51 ausgeführt wurden. Es sind die Evangelisten bzw. Apostel Petrus, Johannes, Lukas und Paulus zu sehen. Über dem Eingang befindet sich ein weiteres Glasgemälde mit der Darstellung der Maria mit Kind.

54 Im Innern des Klinikbereichs befindet sich eine weitere **Kapelle im Haus D (evang., kath.)**. Der 1976 im Tiefgeschoss angelegte Raum besitzt ein großes Rosenfenster, das den Raum in ein wohltuendes Licht eintaucht. Kreuz und Osterleuchter, Tabernakel und Ewiges Licht wurden von Gudrun Schreiner geschaffen.

Moltkestraße 90 (Haus D)
76133 Karlsruhe
www.klinikum-karlsruhe.de

Der Westen

© Stadt Karlsruhe | Liegenschaftsamt 2015 | 1985

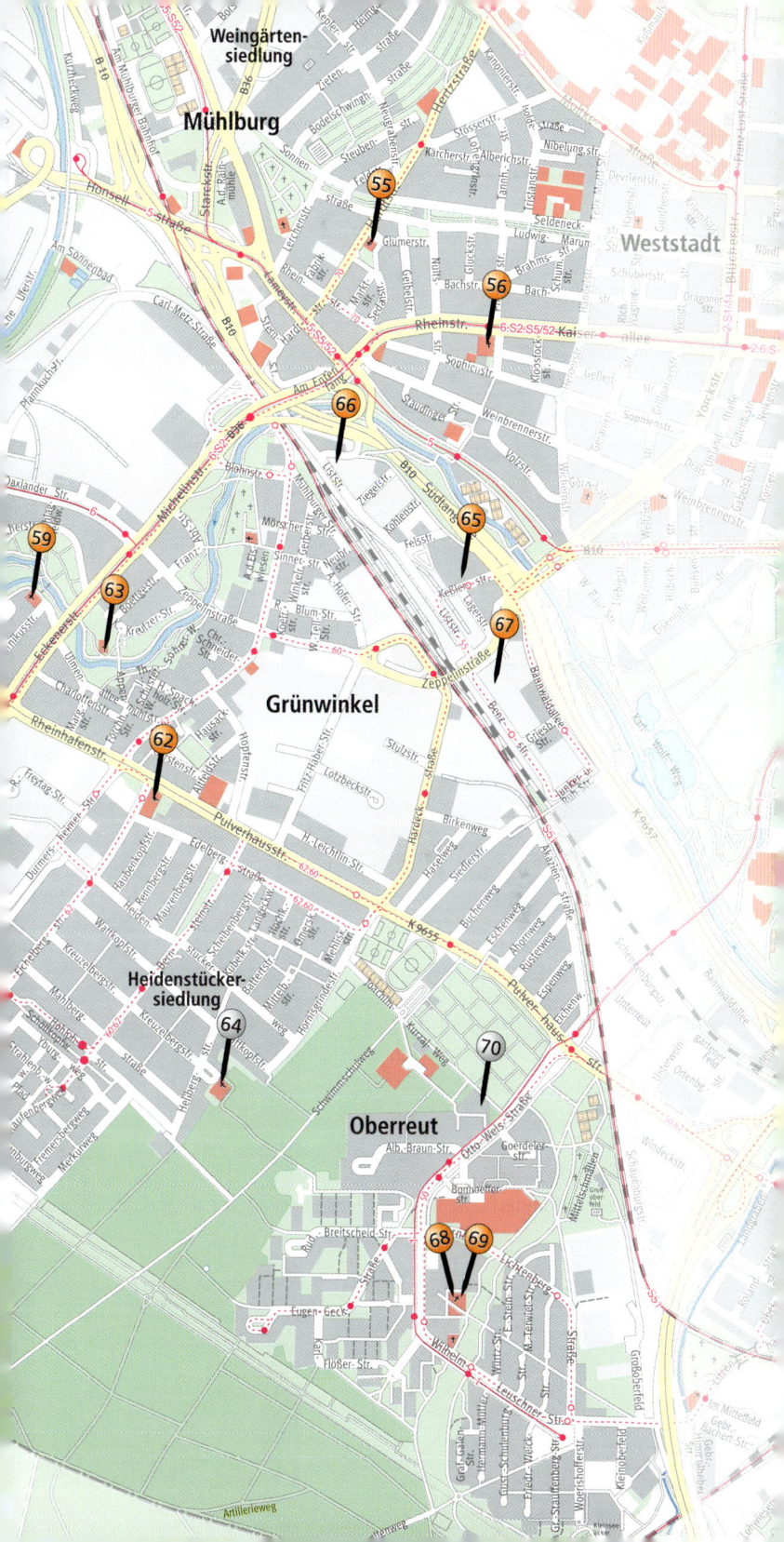

Der Westen

Die Gegend zwischen Karlsruhe und dem Rhein auf Höhe des Rheinhafens und südlich davon, die in diesem Kapitel behandelt wird, umfasst die zwei älteren Siedlungskerne Mühlburg und Daxlanden. Grünwinkel ist diesen gegenüber eine viel jüngere Siedlung und Oberreut schließlich eine Trabantenstadt der Zeit nach dem Zweiten Weltkrieg.

Mühlburg

Im Jahr 1248 wurde Mühlburg erstmals erwähnt, und die namensgebende Burg, zu der auch eine eigene Kaplanei gehörte, war seitdem eine wichtige Residenz der Markgrafen. Im 16. Jahrhundert erfolgte der Ausbau zum Schloss, und die Bewohner Mühlburgs lebten vom Dienst am Hof. In den Kriegen des 17. Jahrhunderts, im Dreißigjährigen Krieg und im Pfälzischen Erbfolgekrieg, wurde das Schloss zweimal zerstört und schlussendlich nicht mehr aufgebaut, sondern seine Steine dienten zum Aufbau des Karlsruher Schlosses. Stattdessen entwickelte sich ab 1670 die Stadt mit Freiheitsbriefen, die den späteren von Karlsruhe durchaus ähnlich sind. Im 18. und 19. Jahrhundert entwickelten sich Manufakturen und Industrien stetig weiter. Als Mühlburg 1886 nach Karlsruhe eingemeindet wurde, war es der erste größere Ort, mit dem Karlsruhe sein Stadtgebiet erweiterte, durchaus programmatisch auf den Rheinhafen ausgerichtet, der für die Residenzstadt 1901 den Anschluss an die große Handelsstraße brachte und Karlsruhe zu einer der größeren Hafenstädte am Rhein werden ließ.

55 Am Lindenplatz liegt die **Karl-Friedrich-Gedächtniskirche (evang.),** die in ihrer Form nur noch teilweise auf den Gründungsbau von 1786 zurückgeht. Doch die Pfarrstelle war schon früher, nämlich 1720, eingerichtet worden. Die junge und kleine Stadt hatte 1719 ein Schul- und Rathaus erhalten, das zugleich Kirchenhaus war und von allen Konfessionen finanziert und benutzt wurde. Hier wurden die Lutheraner aber deutlich bevorzugt; Taufen, Trauungen und Begräbnisse nahm der lutherische Geistliche für alle Konfessionen vor, und auch bei der Versteigerung der Stühle in dem Kombinationsbau

erhielten die Lutheraner die vorderen Plätze. Als das Kirchen- und Rathaus baufällig wurde, setzte sich der in Mühlburg wohnende Prinz Wilhelm Ludwig bei seinem Bruder, Markgraf Karl Friedrich, für den Bau einer evangelischen Kirche ein, für die Johann Friedrich Weyhing 1786 die Pläne lieferte. Mit ihrem querrechteckigen,

Lindenpatz / Hardtstraße 56
76185 Karlsruhe
www.karl-friedrich-gemeinde.de

fast quadratischen Turm, an den sich eine quergelagerte Saalkirche mit hohen Rundbogenfenstern anschloss, war sie im Aufbau der etwas kleineren Nikolauskirche in Rüppurr ähnlich. Für die stark angewachsene Gemeinde wurde die Kirche 1903 umgebaut. Der erhöhte Turm erhielt ein neobarockes Glockengeschoss und wurde in den vergrößerten Innenraum einbezogen, die ganze Kirche neobarock eingerichtet. In Erinnerung an ihren Stifter bekam sie nun ihren Namen.

Im Krieg wurde die Kirche stark beschädigt, so dass der Architekt der Nachkriegszeit Gisbert von Teuffel für den Wiederaufbau einen völlig anderen Plan realisierte. Die Kirchenausrichtung wurde um 180 Grad gedreht, so dass die neuen Kirchenbänke und Emporen – Letztere auf dünnen Stützen – an drei Seiten an die Altarinsel anschließen, die sich jetzt an der Turmseite befindet. Die kräftige, relativ dunkle Farbe der hölzernen Einrichtung bestimmt den Gesamteindruck. Auch Kanzel, Altar und Taufstein sind mit demselben Holz gefertigt. Die Kirche wurde am 24. Dezember 1950 wieder in Gebrauch genommen und hat sich seitdem kaum verändert. Einziger Rest der neobarocken Innenausstattung von 1903 sind drei figürliche Glasfenster, die 1987 von der Firma

Großkopf teils neuangefertigt, teils restauriert unter der rechten Empore wieder angebracht wurden (Die Heilige Familie, Der Auferstandene, Die Grablegung). Große Epitaphien aus dem 18. Jahrhundert sind für die Mühlburger Geschichte von Interesse.

56 An der Rheinstraße, die Mühlburg mit dem Zentrum von Karlsruhe verbindet, liegt leicht zurückgesetzt die Kirche **St. Peter und Paul (kath.)**. Katholiken wohnten schon seit der Erhebung zur Stadt 1670 in Mühlburg, doch eine eigene Pfarrei konnte erst 1847 eingerichtet werden. 1867 richtete man einen Kirchenbaufonds ein, und Baurat Adolf Williard, der 1869 die Leitung des Erzbischöflichen Bauamtes in Karlsruhe antrat, fertigte die Pläne. Doch der Kulturkampf der 1870er-Jahre verzögerte die Ausführung fast um 20 Jahre. Am Festtag Peter und Paul, dem 29. Juni 1884, konnte endlich der Grundstein gelegt werden, und der erste Gottesdienst fand zu Weihnachten 1886 statt. Der stattliche Kirchenbau wurde im Bombenhagel der Nacht vom 4. auf 5. Dezember 1944 bis auf die Doppelturmfassade und den Chor zerstört, und wegen der finanziellen Not nach dem Krieg konnte der Wiederaufbau erst 1954–55 stattfinden. In der Zwischenzeit wurde 1948 beim Gemeindezentrum eine Notkirche eingerichtet, die später in Oberreut weiterverwendet wurde und dort noch erhalten ist.

Peter-und-Paul-Platz 1
76185 Karlsruhe
www.allerheiligen-ka.de

Der Neubau nach dem Entwurf von Werner Groh wurde am 27. November 1955 geweiht.

Der Kirchenbau von Adolf Williard gehörte zu den großen und originellen Bauten des Historismus in Karlsruhe, wovon die erhaltenen Reste kaum einen Eindruck zu geben vermögen. Die Kirche mit einer breitgelagerten und hohen Doppelturmfassade besaß ein dreischiffiges Langhaus, dessen Mittelschiffarkaden weit gespannt waren. Hinter dem ebenso weiten Triumphbogen schloss das große Chorrund den Bau ab. Obwohl der Bau historische Bauformen aufnimmt, ist kein direktes

Vorbild zu erkennen. Williards Grundgedanke war, eine Kirche im frühchristlichen Stil zu entwerfen, einen Bau, der die Weite von St. Paul vor den Mauern in Rom widerspiegeln oder sogar übertreffen sollte. Die römische Kirche galt im 19. Jahrhundert als das Nonplusultra des frühchristlichen Kirchenbaus, weil sie die einzige der großen päpstlichen Kirchen war, die ihre Form des 4. und 5. Jahrhunderts be-

halten hatte. Diesem Baugedanken entsprach die offen konzipierte Vorhalle. Was die Säulen des basilikalen Langhauses betraf, war Williard stolz darauf, mit ihnen die engen Säulenstellungen früherer Kirchen übertroffen zu haben, und zwar weniger aus ästhetischen, sondern aus praktischen Gründen: So könnten Menschen in den Seitenschiffen dem Gottesdienst folgen. Höhepunkt der Gestaltung war das riesige Chorgewölbe über dem Hochaltar, das sich wie frühchristliche Vorbilder über dem Altar erhob. Für die plastische Durchgestaltung der Kirche war der junge Architekt Albert Hofmann zuständig, der später u. a. die bekannteste und wichtigste deutschsprachige Architektenzeitschrift, die Deutsche Bauzeitung, herausgab. Die Ausstattung der Kirche des 19. Jahrhunderts war mehrmals grundlegend verändert worden, nichts davon hat die Bombardierung 1944 überlebt. Am qualitätvollsten darunter waren wahrscheinlich die Kreuzwegbilder von Albert Haueisen von 1926. Jede Station nahm ein ganzes Wandkompartiment ein.

Werner Groh musste bei der Wiederherstellung 1954–55 ein Gleichgewicht zwischen altem Stil und neuen Formen finden. Das Chorrund und die Fassade wurden erhalten, aber verändert. Am Chor wurden Ziergesimse und verstärkende Lisenen abgeschlagen, an der Fassade wurden viele Details verändert und vereinfacht. Dabei wurde auch die ursprünglich offene Vorhalle mit schweren Portalen geschlossen, was der Fassade ihre bisherige Leichtigkeit nahm. Zwischen

Doppelturmfassade und Chorapsis setzte er ein Langhaus, das die basilikalen Formen in modernen Materialien (Beton und Glas) aufnahm und damit die moderne Ausstattung ermöglichte. Ein Gerippe aus wenigen Betonstützen richtet den Raum auf und hält ihn zusammen.

Die Hochwände des Mittelschiffs sind völlig aufgelöst bzw. reduziert auf senkrechte und waagerechte Betonstege, die rechteckige und runde Glasfenster aufnehmen. Clara Kress hat die Fenster entworfen, die alle nur geometrische Muster enthalten. Größte figürliche Ausstattung der neuen Kirche wurden die Glasmalereizyklen von Emil Wachter aus dem Jahr 1955 in den Seitenschiffen, sein erster großer Auftrag in Karlsruhe (Ausführung Karlsruher Glaskunstwerkstätten). Die Gemälde stellen

Szenen aus dem Alten und Neuen Testament dar. Viele Scheiben tragen Widmungen, mit denen an die Toten des Kriegs und der Nachkriegszeit gedacht wird. Das Kruzifix über dem Altar hat Seff Weidl 1955 geschaffen. In seiner grazilen und geometrischen Form scheint der Körper auch gleichzeitig Kreuz zu sein und schwebt fast schwerelos über dem Altar. Damit sich das Kruzifix in der riesigen Apsis nicht verliert, hat Gabriele Wilpers 2001 ein Glasrelief von 3 Metern im Quadrat geschaffen. Mal reflektiert die vergoldete Glasscheibe mit Wellenlinien das Licht, mal lässt sie mehr Licht durch. Das Relief regt zu vielen Assoziationen an – an das himmlische Jerusalem, die viereckige Stadt, das goldene Meer und vieles mehr. Dieselbe Künstlerin hat 2008 für das alte Taufbecken in der Mitte der Kirche einen neuen farbigen Raum geschaffen. Zur weiteren Ausstattung gehören eine Marienstatue von Klaus Ringwald (1979), die Statuen von Petrus (Frido Lehr) und Paulus (Emil Sutor) sowie der ungewöhnliche Kreuzweg von Raul Castro aus Peru (1994).

Daxlanden

Kirchlich gehörte Daxlanden Jahrhunderte lang zu Forchheim, wo die Pfarrkirche mit Taufrecht stand. Im 15. Jahrhundert drehte sich das Verhältnis, weil Forchheims Bevölkerung stark abgenommen hatte und Daxlanden ungefähr die fünffache Bevölkerung besaß. 1463 erhielt es Pfarrrechte. Als Patrone wurden St. Barbara und St. Valentin gewählt, wobei die Hl. Barbara schon längere Zeit in der Region verehrt wurde. Bei der Teilung der Markgrafschaft im Jahr 1535 fiel Daxlanden an Baden-Baden, wie alle Orte südlich der Alb.

Dieses alte Daxlanden ist im Frühjahr 1651 bei einem Dammbruch untergegangen. Danach wurde es auf dem Hochgestade neu aufgebaut. Trotzdem war der Ort immer eng mit dem Rhein verbunden. Lange blühte die Goldwäscherei, außerdem war Daxlanden Zollstation. Aber als nach den Plänen Tullas der Rheinlauf korrigiert wurde, verlor der Ort diese Funktion an Maxau. Im ausgehenden 19. und im 20. Jahrhundert profitierte der Ort vom Ausbau des Rheinhafens. 1910 wurde Daxlanden nach Karlsruhe eingemeindet.

57 Am Rand des alten Ortskerns von Daxlanden liegt die Kirche **Heilig Geist (kath.)**. Seit hundert Jahren ist sie die katholische Hauptkirche dieses Stadtteils und hat die barocke Kirche St. Valentin in dieser Rolle abgelöst. Jene war im 19. Jahrhundert zu klein geworden, und um 1900 erschien ein Kirchenneubau unumgänglich, aber auch schwer finanzierbar. Eine provisorische Kirche – eine „Notkirche" – schied

> Kastenwörtstraße 23
> 76189 Karlsruhe
> www.se-ka-sw.de

aus, denn das hätte den Kirchbauwunsch um Jahrzehnte verschoben. Es wurde nicht nur in der Pfarrgemeinde heftig diskutiert, sondern auch in der politischen Gemeinde. Durch den nahen Hafen, der im Jahr 1901 seinen Betrieb aufnahm, wohnten immer mehr Arbeiter in Daxlanden, von denen es hieß, sie seien kirchenfern und hingen sozialistischen Zielen an. Im Bürgerausschuss wurde 1907 mit knapper Mehrheit beschlossen, den gemeindeeigenen Friedhof für den Kirchenbau zur Verfügung zu stellen, doch nach wie vor reichte das Geld nicht. Die entscheidende Hilfe kam dann drei Jahre später, als Daxlanden nach Karlsruhe eingemeindet wurde: Auf

die Bevölkerung von ganz Karlsruhe gerechnet, befanden sich die Katholiken in einer krassen Diaspora, also konnte Hilfe vom katholischen Bonifatius-Verein angefordert werden, dessen Aufgabe es war und ist, arme Gemeinden in Minderheitensituationen zu unterstützen. Im Januar 1910 erfolgte die Eingemeindung nach Karlsruhe, im Herbst begannen die Bauarbeiten. Pfingsten 1911 wurde der Grundstein gelegt (in der Vorhalle sichtbar), und am 27. Oktober 1912 wurde der große Kirchenbau geweiht.

Die Freiburger Kirchenbehörde hatte eine neoromanische Basilika gewünscht, doch Johannes Schroth, Leiter des Erzbischöflichen Baubüros in Karlsruhe,

gelang es, die engen Vorgaben zu überwinden und moderne Stiltendenzen der Jahre vor dem Ersten Weltkrieg aufzunehmen. Die Basilika zeigt sich nach außen als monumentaler hochgestreckter Baukörper, der mit Seitenkapellen bereichert wird. Im Chorbereich ist der Glockenturm angefügt. Mit ihm nahm Schroth einerseits auf die Geschichte Bezug, weil schon in den Quellen um 1500 die Kirche von Daxlanden mit ihrem sehr hohen Kirchturm geschildert wird, und andererseits schuf er mit dem 53 Meter hohen Turm das weithin sichtbare neue Wahrzeichen des Ortes. Zugleich bildet die Kirche zusammen mit dem geräumigen Platz davor und dem Schulgebäude zur Seite die neue moderne Ortsmitte.

Um den Bau zu akzentuieren und zu gliedern, benutzte Schroth zwar nach wie vor Dekorationselemente aus der Romanik, etwa Rundbogenfriese und Klötzchengesimse, aber der Gesamteindruck wird durch den glatt verputzten, ornamentlosen Baukörper bestimmt. Ebenso wandte Schroth das Prinzip der Asymmetrie an, das den Bau modern und lebendig erscheinen lässt. Über der offenen Vorhalle schuf Schroth mit fünf Arkaden auf überlangen dünnen Säulen Platz für das große Heilig-Geist-Fresko von Otto Rünzi.

Das Innere der Kirche wurde 1960–63 stark purifizierend renoviert, zeigt aber ansonsten die Originalausstattung. Die farbige Raumfassung selbst ist modern. Im Vorraum erinnern zwei Inschriftensteine an die historische Situation: Der eine ist der Grundstein von 1911, der andere erinnert an den Friedhof, der sich hier befunden hat. Im Langhausobergaden stehen über den romanisierenden Säulen mit Würfelkapitellen die zwölf Apostel, sie bilden die tragenden Säulen der Kirche, zwischen ihnen die Kanzel mit germanischen Ornamentmotiven. In den Seitenschiffen sind die Beichtstühle geschickt mit in die Außenwand der Kirche integriert. Zur Originalausstattung gehören auch die Pietàkapelle, der Herz-Jesu-Altar und das Kirchengestühl.

Mehrere Male wurde die Kirche renoviert und ihre Ausstattung ergänzt. Die Taufkapelle am Kircheneingang, in die 1964 der Taufstein der St. Valentinskirche von 1773 übertragen wurde, erhielt zwei Glasfenster von Franz Dewald, die den Lebensbaum und ein Reh an der Wasserquelle zeigen. Gisela Bär schuf 1962 eine eindringliche Sitzstatue der Hl. Maria mit Kind. Das moderne Altarensemble haben Barbara Jäger und OMI Riesterer 1981 entworfen. An der Sakristeiaußenseite wurde ein Kruzifix aus dem Jahr 1792 angebracht, das vom alten Friedhof stammt.

58 Noch weiter im Westen von Daxlanden, an der Inselstraße, liegt die Kirche **St. Valentin (kath.).** Zur Zeit ihrer Errichtung lag sie mitten im alten Ort. Der Vorgängerbau aus dem 15. Jahrhundert war 1651 bei einer Sturmflut zerstört worden, seitdem bemühte man sich an besserer Stelle um einen Neubau und kam wegen der schlechten Verhältnisse jahrzehntelang über ein Provisorium nicht hinaus. Am 16. Juni 1715, einen Tag vor der Grundsteinlegung zum Karlsruher Schlossturm, wurde die Kirche schließlich vom Speyerer Weihbischof geweiht, wohl mit dem schon aus dem Mittelalter stammenden Patrozinium des Hl. Valentin. Der Markgraf von Baden-Baden war in der Pflicht und sein Hofbaumeister Johann Michael Ludwig Rohrer hatte die kleine Saalkirche mit

Inselstraße 25
76189 Karlsruhe
www.se-ka-sw.de

Polygonalchor entworfen. Sonderlich viel Mühe scheint sich auch der Hofbaumeister nicht gegeben zu haben, das Dach war von Anfang an undicht, und die Reparaturkosten wurden jahrelang von einem Amt zum anderen geschoben. Endlich, im Jahr 1727, kam Markgraf Ludwig August, der Jägerlouis, nach einer Jagd im Rheinwald durch Daxlanden, und beherzt führten die Bürger ihrem Herrn das Übel vor. Umgehend wurde nun das Dach auf markgräfliche Kosten komplettiert. 1755 erhielt die kleine Kirche einen kleinen Turm, entworfen von Johann Peter Ernst Rohrer, dem Bruder des o. g. Hofbaumeisters. 1834–35 vergrößerte Johann Ludwig Weinbrenner die Kirche zur heutigen Größe und gab ihr zusätzlich eine Empore.

In der Zeit der katholischen Markgrafschaft war die Pfarrei lange von Ettlingen bzw. von Baden-Baden aus durch Jesuiten und Kapuziner betreut worden. Im Jahr 1807 erhielt St. Valentin prunkvolle spätbarocke Altäre aus der Kirche des Kapuzinerklosters in Baden-Baden, das ein Jahr zuvor im Rahmen der Auflösung des Heiligen Römischen Reiches Deutscher Nation aufgehoben worden war. Die Altäre zeigen die Geißelung Christi (Hauptaltar), Maria auf der Mondsichel (linker Altar) und den Hl. Antonius von Padua (rechter Altar). Alle wurden um 1760 geschaffen. Der Taufstein von 1773 befindet sich mittlerweile in der Kirche Heilig Geist.

1964–66 wurde der Innenraum renoviert und teilweise purifiziert. 2006 malte Barbara Jäger den Kreuzweg auf Tafeln zu je 50 x 40 cm, der in seiner Farbigkeit genau auf die Kirche abgestimmt ist und im Juli 2007 eingeweiht wurde.

59 Zwischen Daxlanden und Grünwinkel liegt nahe der Alb die **Thomaskirche (evang.)**. Beide Ortsteile wurden lange kaum von Protestanten bewohnt, so dass erst nach dem Ersten Weltkrieg die Frage nach einer eigenen Pfarrei akut wurde. 1933 wurde die Albpfarrei eingerichtet, die für beide Orte zuständig war. Nochmals fünf Jahre zuvor hatte das Ev. Dekanat Karlsruhe-Stadt das Grundstück für Kirche, Pfarr-

Kopernikusstraße 2
76189 Karlsruhe
www.hoffnungsgemeinde-karlsruhe.de

und Gemeindehaus erworben. Aus einem beschränkten Wettbewerb war Otto Bartning 1937 als Sieger hervorgegangen. Zwar wurden die konkreten Planungen sogleich begonnen und 1938 Kellerfundamente für den Kirchenbau gelegt, doch blieben die Bauarbeiten in der Kriegszeit liegen. Nach dem Krieg dauerte es bis 1958, als der Kirchengemeinderat die Wiederaufnahme des Bauprojekts beschloss. Bartning fertigte neue Pläne, und die Kirche wurde am 11. Dezember 1960 eingeweiht. Otto Bartning war kurz zuvor gestorben, so dass Otto Dörzbach, enger Mitarbeiter Bartnings, den Bau vollendete.

Bartning hat die Thomaskirche äußerst rational geplant. Im Kern steckt nach wie vor ein basilikaler Aufbau mit einem erhöhten Mittelschiff, der Glockenturm steht isoliert daneben. Das tragende Gerüst bildet eine Reihe von Betonrippen, die Pfeiler und Dachrippe zusammennehmen. Dieses Bauprinzip ist schon an der Fassade ablesbar. Zum Altar hin verengen sich die Mittelschiffpfeiler, so dass das Kirchenschiff schiffbugartig im Chorhaupt endet. Die besondere Bedeutung im Kirchenbau besteht zum einen darin, dass Bartning hier erstmals konsequent moderne Baustoffe wie Beton, Stahl und Glas im Wechsel mit Naturstein und Holz verwendet, und zum anderen darin, dass Bartning den Bau als Gesamtes bis in alle Einzelheiten – nur weniges ausgenom-

men – konzipiert und auch Details entworfen hat. Dazu gehören z. B. auch die Lampen und Kirchenbänke.

Das Innere beherrscht die große Glaswand hinter dem Altar, die von Klaus Arnold entworfen wurde. Das Fenstermotiv, in viele schale blaue Streifen aufgelöst, mit schwarzen Verdichtungen und einzelnen gelben Flecken zwischendrin, entzieht sich einer konkreten Deutung. Der Baum hinter dem Fenster im Freien verschattet das Glasbild heute stark. Davor erhebt sich über die gesamte Höhe des Kirchenschiffs ein Holzkreuz, ein typisches Motiv der Kirchenausstattung der 1920er-Jahre.

Nur geringfügig waren die Veränderungen und Hinzufügungen der späteren Jahre. Einzelne Kirchenbänke wurden herausgenommen, um mehr Platz am Altar zu haben und für kleine Gruppen Stühle im Kreis aufstellen zu können. Für den Altar schuf Otto Karl aus Offenburg 1966 ein Kruzifix, das das Farbenspiel des Altars deutlich variierte.

60 Im Südosten des alten Daxlanden entstand ab 1937 die Rheinstrandsiedlung, die vor allem nach dem Zweiten Weltkrieg weiter wuchs. An ihrem Rande wurden weitere Gottesdienststätten eingerichtet. In der Kastanienallee wurde das **Gemeindezentrum St. Barbara (kath.)** errichtet. Die Planungen, die zahlreichen Katholiken im Süden von Daxlanden kirchlich zu versorgen, begannen 1973. Man dachte an ein Zentrum mit Kindergarten, Jugendräumen, Seniorenclubraum, Bibliothek, Veranstaltungsküche,

Kastanienallee 32
76189 Karlsruhe
www.se-ka-sw.de

Kegelbahn und Hausmeisterwohnung. Herz der ganzen Anlage wurde der Gemeindesaal in der Mitte, der zur einen Seite einen Altarraum, zur anderen eine Bühne besitzt, wobei der Altarraum durch Trennwände geschlossen werden kann. Es stellte einen der ersten Versuche dar, einen Raum sowohl sakral als auch profan zu nutzen. Mit dem Patrozinium wurde direkt an die alten Ortstraditionen erinnert. Das Gemeindezentrum wurde vom Architekturbüro Bundy & Soth geplant und gebaut. Die Weihe war am 22. Juni 1980.

61 Am Anger befindet sich die **Philippuskirche (evang.)**. Im Jahr 1972 hatte sich die eigene Gemeinde „Thomas-Süd" gegründet, die 1973 ihren ersten eigenen Seelsorger erhielt. Die weiteren Schritte erfolgten langsam aber stetig. Anfänglich wurde der Gottesdienst im Untergeschoss des bereits existierenden Kindergartens gefeiert. Mit dieser Situation als „Kellerkinder" war die Gemeinde so unzufrieden, dass man 1983 die Gottesdienste nach St. Barbara verlegte, um den

Wunsch nach einem Sakralraum zu unterstreichen. 1986 wurde die Architektengemeinschaft Biró, Biró, Wieland unter Lászlo Bíro mit den Vorplanungen beauftragt, aus denen das Gemeindezentrum erwuchs, das am Erntedanksonntag 1992 eingeweiht wurde. Das Raumprogramm umfasst das Pfarramt, Diakonenzimmer, Pfarrwohnung und Clubräume und natürlich die Philippuskirche als Gottesdienstraum selbst.

Der Baukomplex auf dem Grundriss eines gekappten Quadrates entwickelt sich pyramidenförmig gestaffelt in die Höhe und gipfelt im Glockenturm. Von der leichten Geländeschwelle, die heute die Straßenbahngleise trägt, führt der Weg ebenerdig

> Am Anger 6b
> 76189 Karlsruhe
> www.hoffnungsgemeinde-karlsruhe.de

über das Foyer in das Pfarramt und den Gottesdienstraum sowie in den im Untergeschoss befindlichen Philippussaal. Sämtliche Dachflächen sind nach Süden und Osten ausgerichtet und wurden deshalb schon bald für eine Fotovoltaikanlage genutzt.

Der Kirchenraum wird in der Diagonale vom Foyer her betreten. Die Altarinsel mit Ambo und Taufbecken erhebt sich mit zwei Stufen über den Gemeinderaum und wird von einem schlichten hohen Kreuz dominiert. Jürgen Drewer gestaltete die Altarinsel im Jahr 2008 neu, indem er einem aus Schwarzstahl geschliffenen Kreuz mit partieller Blattgoldauflage einen luftig blauen Hintergrund gab, der mit seinem hohen Rechteckformat mit den Fenstern daneben korrespondiert. Gleichzeitig setzt sich das Kreuz in einem schmalen Goldband über das Bild und die Paramente aus Wildseide fort. Dadurch erhielt die Altarinsel einen klaren optischen Halt.

Grünwinkel

Zahlreiche Funde verweisen auf die Besiedlung dieses Ortsteils schon in der Kelten- und Römerzeit. Die neuere Geschichte beginnt jedoch erst mit einem baden-badischen Hof, der im 15. und im 17. Jahrhundert erwähnt und in der Zeit dazwischen vermutlich nicht bewirtschaftet wurde. Im Jahr 1710 schließlich wurden auf den Wunsch der Markgräfin Sibylla Augusta von Baden-Baden hin auf dem ehemaligen Gutshof 18 Familien angesiedelt, dazu kamen Felder, so dass 1784 das Dorf eine eigene Gemarkung hatte. Grünwinkel war Zollstation der Markgrafschaft Baden-Baden und mit den anderen Siedlungen zusammen katholisch. Im 19. und 20. Jahrhundert wurde aus dem Bauerndorf ein großes Industrie- und Arbeiterdorf mit großen Industrieflächen entlang der Eisenbahn (heute Südtangente). Nur noch wenige der einst bedeutenden Firmen sind an ihrem Standort, viele Fabrikanlagen befinden sich in einem Konversionsprozess. Für die Industriearbeiter und später die Flüchtlinge und Vertriebenen des Zweiten Weltkriegs entstanden rings um den alten Ortskern die Hardecksiedlung, die Albsiedlung und die Alte und Neue Heidenstückersiedlung. 1909 wurde Grünwinkel nach Karlsruhe eingemeindet.

62 An der heutigen Hauptdurchfahrtsstraße von Grünwinkel erhebt sich die Kirche **St. Josef (kath.).** Sie ist der erste Kirchenneubau in Karlsruhe nach dem Zweiten Weltkrieg, wohl aufgrund ihrer besonders langen Vorgeschichte. Zwar hatte Grünwinkel eine Kapelle, die bald nach dem Gutshof der Markgräfin Sibylla Augusta im 18. Jahrhundert errichtet worden war, aber keine eigene Pfarrstelle. Die Grünwinkler mussten nach Mühlburg oder Daxlanden zur sonntäglichen Messe wandern. Um 1900 hatte der Ort schon 1000 Seelen, aber kein Geld für einen Kirchbau. Zwar schenkte Robert Sinner, Generaldirektor der Firma Sinner, der Gemeinde ein Grundstück in der Zeppelinstraße, doch der Kirchbauwunsch blieb in weiter Ferne. Als die Bonifatiuskirche in der Karlsruher Weststadt im Bau war, zeichnete sich die Zwischenlösung ab, von dieser die sog. „Notkirche" zu übernehmen. Pfingstmontag 1909 konnte die Notkirche mit dem Namen St. Josef benediziert werden. Notkirchen waren als preiswerte Provisorien auf wenige Jahre Haltbarkeit konzipiert. Aus den wenigen Jahren wurde wegen der äußeren Umstände fast ein halbes Jahrhundert. Aus dieser Zeit des Kaiserreichs, als soziale Spannungen mit der Arbeiterschaft an der Tagesordnung waren, ist auch das Kirchenpatronat verständlich, denn der Hl. Josef gilt als Patron der Arbeiter. Noch bis in die 1970er-Jahre blieb die Notkirche stehen, obwohl der definitive Kirchenneubau schon lange vollzogen war.

Eichelbergstraße 1
76189 Karlsruhe
www.se-ka-sw.de

Im April 1955 legte Werner Groh die Pläne für die Kirche vor, der erste Spatenstich erfolgte am 31. August, und am 6. Oktober 1957 wurde die Kirche geweiht. Breit gelagert liegt die Kirche inmitten des weiten Grundstücks, der Glockenturm abseits zur Straße hin. Ungewöhnlich am Entwurf des Grundrisses ist, dass der weite Kirchensaal sich zum Altarbereich noch mehr erweitert. Die Kirche erscheint dem Eintretenden weniger lang als breit. Das entsprach dem Willen des Architekten, die Gemeinde möglichst nahe an die Altarinsel heranzuholen. Gleichzeitig setzte Groh den Hochaltar von der Chorrückwand ab, um den Altar zum gemeinsamen Opfertisch zu erheben. Entsprechend dem symbolhaften Charakter des Altars erreicht die

Kirche hier ihre höchste Erhebung im sonst flachen Dach. Diese Konzeption des Architekten löste im Erzbischöflichen Bauamt heftige Diskussionen aus, doch konnte sich Groh durchsetzen und mit seiner architektonischen Gestaltung Bestimmungen des viele Jahre später tagenden Zweiten Vatikanischen Konzils vorwegnehmen.

Die zeitgenössische Inneneinrichtung ist größtenteils erhalten geblieben. Clara Kress entwarf die hellen Glaswände der Chorseiten entsprechend dem Bibelvers *Ich bin das Licht der Welt* … (Joh 8,12). In den typischen Formen der Nachkriegszeit schuf Roland Peter Litzenburger das Kommuniongeländer und die Kirchenportale. Das Altarkreuz stammt von der Benediktinerin Lioba Munz aus Fulda, das Tabernakel von Albert Kunz aus Pforzheim. Acht Jahre später ergänzte Emil Sutor die Ausstattung mit Reliefs des Kreuzwegs und Statuen des Auferstandenen, der Gottesmutter und in einer Seitenkapelle des Hl. Josef.

63 Idyllisch steht seit hundert Jahren über der Alb die **Maria-Hilf-Kapelle (kath)**, oder einfach Albkapelle. Bereits im Jahr 1713 war an der damaligen Hauptstraße von Grünwinkel eine erste Holzkapelle errichtet worden, die 1759 durch den heute be-

> An der Alb / Konradin-Kreutzer-Straße
> 76189 Karlsruhe
> www.se-ka-sw.de

stehenden Bau ersetzt wurde. Bis 1909 Grünwinkel die Notkirche St. Josef erhielt, wurde sie liturgisch genutzt, doch dann stand sie eigentlich nur noch im Weg, denn auf der Durmersheimer Straße fuhr seit 1890 auch die Kleinbahn, das „Lobberle", von Durmersheim nach Karlsruhe. Kommerzienrat Robert Sinner, dessen katholische Mutter eine Wohltäterin der Gemeinde war, gelang 1913 die Rettung der Kapelle, indem er die Versetzung an den neuen Platz finanzierte. Eigentümerin ist die Stadt, die Nutzung obliegt der katholischen Gemeinde. An der Fassade wurde ein Flurkreuz aus dem Jahr 1792 befestigt, das ursprünglich an dem Weg nach Daxlanden stand. Das alte Altarbild, das wohl aus der Erbauungszeit der Kapelle stammte, ist 1977 gestohlen worden und noch nicht wieder aufgetaucht. Zurzeit ist nur ein Druck in den alten Altar eingefugt.

64 Südlich der Pulverhausstraße erstreckt sich die Heidenstückersiedlung, die vor dem Zweiten Weltkrieg begonnen und bis in die 1970er-Jahre weiter bebaut wurde. Hier steht, in idyllischer Lage am Waldrand, die ehemalige **Stephanuskirche (entwidmet)**. Pfarrer Schmitthenner bezog hier 1966 das Pfarrhaus, um die evangelische Gemeinde „Thomas-Ost" aufzubauen. Am 22. September 1974 wurde die Stephanuskirche feierlich eingeweiht. Das Gemeindezentrum mit der Kirche und dem Pfarrhaus entwickelte ein vielfältiges Gemeindeleben, die Kirche war den bescheidenen Bedürfnissen und der Lage am Rand der Siedlung gut angepasst. Die demographische Entwicklung und die Erhöhung der Gemeindegliederzahl pro Pfarrstelle führte zur Zusammenlegung der drei Gemeinden in Daxlanden und Grünwinkel und im Juni 2006 schließlich zur Aufgabe der Stephanuskirche. Die liturgische Einrichtung wurde an eine Gemeinde in Osteuropa abgegeben, in die Kirche

Kreuzelbergstraße 76
76189 Karlsruhe

mit Nebengebäuden zog die „Kreuzelburg" ein, das Kinderspiel-
haus e.V.

Das Industriegebiet zwischen Westbahnhof und Südtangente
ist seit den letzten Jahrzehnten im Umbau begriffen. Für moderne
Industriestandorte sind die Flächen zu klein, so dass die aufgegebenen
Industrieflächen neue Nachnutzungen erfahren. Einige freie
Gemeinden haben sich hier etabliert.

65 An der Südtangente weithin sichtbar ist der Kuppelraum der
Christus-Kathedrale (Missionswerk). Das Missionswerk
Karlsruhe ist eine pfingstlich geprägte Freikirche, die ihren Ursprung
im Jahr 1945 hat, als Erwin Müller aus dem Krieg heimkehrte und
erste überkonfessionell ausgerichtete Wohnzimmergottesdienste
feierte. Die Zahl der Mitfeiernden wuchs so stark, dass immer größere
Räume notwendig wurden. Die Arbeit des Missionswerks konzentriert
sich auf Evangelisation in Gottesdiensten und
modernen Medien und Diakonie. So werden
zahlreiche Projekte im Ausland unterstützt,
Schwerpunkte der Arbeit liegen in Indien und
in Israel. Die Zentrale des Missionswerks, heute

> Kesslerstraße 6
> 76185 Karlsruhe
> www.missionswerk.de

unter der Leitung der dritten Generation der Familie Müller, ist
der Gebäudekomplex an der Südtangente auf dem Gelände der
ehemaligen Karlsruher Möbelfabrik. Altbau (Verwaltung), mehrere
Kapellen und die Christus-Kathedrale füllen ein Straßengeviert
aus. Als baulicher Mittelpunkt wurde die Christus-Kathedrale 1989
fertig gestellt und mit der Festwoche vom 15. bis 22. August 1989
eingeweiht.

Der gewaltige Rundbau mit einem lichten Durchmesser von 35 Metern mit dem Säulenmotiv zu Seiten des monumentalen Kreuzes und seiner flachen Kuppel weckt sofort Assoziationen an den klassischen Kuppelbau der Architekturgeschichte, das Pantheon in Rom aus dem 2. Jahrhundert nach Christus. Die Entstehungsgeschichte des Baus bestätigt diese Vermutung aber nicht. Als Siegfried Müller in den 1980er-Jahren einen Neubau plante, dachte er an einen flachgedeckten Rundbau für ca. 2000 Gottesdienstbesucher. Der entsprechende Architekturwettbewerb hatte enormes Echo, zur Ausführung wurde ein Projekt des Architekturbüros Rummel & Ebner aus Fellbach bestimmt. Entscheidend war eine Reise nach Korea zum Besuch der Yoido Full Gospel Church in Seoul, die mit ihren 20.000 Besuchern pro Gottesdienst als die größte Megakirche der Welt gilt. Daraufhin entwarf und berechnete das Büro Künstlin den Kuppelbau.

Das Innere entfaltet die Wirkung eines vornehmen Opernhauses. Bequeme Sesselreihen, theatermäßig gestaffelt, dazu eine Empore mit weiteren Sitzreihen sind auf die Bühne ausgerichtet, bei der sich unter einem großen Kreuz, das von Jerusalemer Maliki-Gestein hinterfangen wird, das Redner- bzw. Predigerpult befindet. Zu beiden

Seiten befinden sich Orgel und weitere Musikinstrumente, an den Rand gerückt ist der Tisch, auf dem das Abendmahl bereitet wird. Um den zentralen Raum sind Taufkapelle, Cafeterien, Speisesäle, Bookshops und Tiefgaragen angegliedert, um einen reibungslosen Gottesdienstablauf zu garantieren.

66 Am Ende desselben Geländestreifens liegt das **Christliche Zentrum Karlsruhe (ev. Freikirche)**. Die Freikirche mit charismatischer Ausrichtung hatte sich 1994 gebildet. Viele Jahre hatte sie nur Büroräume und öffentliche Räume für ihre Gottesdienste mieten können, bis sich 2008 die Gelegenheit ergab, in einem ehemaligen Elektrofachhandelsgeschäft ein Gemeindezentrum einzurichten. Die Räume wurden nur mit dem geringst möglichen Aufwand umgebaut und an die neuen Bedürfnisse angepasst, wobei der Firmeninhaber die junge Gemeinde bei den Baumaßnahmen unterstützte.

Im leicht erhöhten oberen Geschoss sind Büros und Gruppenarbeitsräume untergebracht, der zentrale Raum ist aber auch für Veranstaltungen mit Tischen und Stühlen zu beschicken. Im Keller liegt der eigentliche Gottesdienstraum. Dieser lässt die Struktur als Lagerraum noch erkennen. Vorherrschende Farbe ist Schwarz, sie gilt als neutral. Ungefähr 200 einfache schwarze Stühle bilden einen Halbkreis um die schwarze Rückwand, vor der sich ein Rednerpult, ein „Altar" und eine Rhythmusgruppe befinden. Ein Nebenraum ist großzügig als Kleinkinderhort eingerichtet bzw. für

> Liststraße 22
> 76185 Karlsruhe
> www.czk.de

Kindergottesdienste vorgesehen. Ein schwarzer Tisch ist mit den Essenzen des Glaubensinhalts versehen: Aus rotem Plexiglas geformt liegt auf dem Tisch eine leicht gewellte Schale und steht ein schlankes Trinkgefäß. Darüber hängt aus dem gleichem Material geformt ein Kreuz mit breiten Balken. Die christliche Symbolik wird schnell erkannt: Gefäße für das Abendmahl, also Brot und Wein, und das Kreuz, in dem Löcher die Wundmale Christi und die Dornenkrone anzeigen. Das Ensemble wurde von Judith Ehrfeld entworfen und ausgeführt. Ein mit roten Tüchern bedeckter Sessel steht neben dem Ensemble, er gehört zu den „Materialien", mit denen ein Jahresspruch diskutiert wurde und darum Erinnerungen an vergangene Bibelarbeiten wachhält. An der Wand steht ein rohes Holzkreuz mit Wünschen der Gemeindeglieder.

67 Ebenfalls im Gewerbegebiet an der Bannwaldallee liegt das **ICF Karlsruhe (freie Gemeinde)**. Die charismatische Gemeinde hat ihre Wurzel in der Zürcher ICF-Church, deren Ideen in der Schweiz und in Deutschland Verbreitung finden. Mit den Gottesdiensten sollen junge Menschen angesprochen werden. Moderne Musik und Lichttechnik spielen eine große Rolle. In Karlsruhe begann die Idee mit dem Willow Creek Kongress 1999. Von Jahr zu Jahr stiegen die Zahlen der Gottesdienstbesucher an. 2011 zog der ICF in die Eventhall am Kesselhaus um.

Griesbachstr. 10b
76185 Karlsruhe
www.icf-karlsruhe.de

Versammlungsraum ist das ehemalige Betriebsgebäude des Oberrheinischen Textilrohstoffwerks Heim, Huber GmbH & Co. KG. Die leerstehende Halle wurde vom Architekturbüro architectoo unter Frank Bühler zu einer „Eventhall" umgebaut. Grundidee war, die Fabrikhalle selbst weitgehend in ihrem Originalzustand zu belassen,

aber einen modernen Eingangs- und Empfangsbereich davorzusetzen. Die beiden Räumlichkeiten bieten einen reizvollen Kontrast und gleichzeitig eine Menge Möglichkeiten, Logistik und kleine Räume zu „verstecken". Der eigentliche Hauptraum, die Fabrikhalle, wurde mit ausgedienten Kinostuhlreihen bestückt (aus den Kinos „Die Kamera" und „Universum"), wodurch die Atmosphäre weiter aufgelockert wird bzw. im Provisorischen bleibt. Die Bühne verzichtet auf jegliche symbolische Darstellungen. Allerdings steht in einer Ecke das Holzkreuz, mit dem die Pastoren Sibylle und Steffen Beck 1999 in Wohnzimmergottesdiensten begannen. Für die Ganzkörpertaufe werden große Plastikwannen vor der Bühne aufgestellt. Der Umbau hat 2012 einen Preis für Beispielhaftes Bauen von der Architektenkammer Karlsruhe erhalten.

Oberreut

Oberreut war nach der Waldstadt der zweite, als Trabantensiedlung geplante Stadtteil, der ab 1964 im Südwesten von Karlsruhe auf der Bulacher Gemarkung entstand.

68/69 An zentraler Stelle innerhalb der ca. 10.000 Einwohner zählenden Siedlung wurde das **Ökumenische Gemeindezentrum Karlsruhe-Oberreut (evang./ kath.)** errichtet. Für die neue Mitte des Stadtteils wurden zwei Projekte nebeneinander entwickelt, die das gleiche Architekturbüro realisierte, nämlich das Team Rainer Maul und Paul Schütz. Das Projekt „Weisse Rose" besteht aus einem Jugend- und Begegnungszentrum, das bis 1978 fertig gestellt wurde. Vom äußeren Erscheinungsbild schließt sich die kirchliche Baugruppe daran an, wurde jedoch – nach provisorischen Zwischenstadien – erst 1983 in Angriff genommen und am 4. Advent 1988 eingeweiht. Nach dem Tod von Prof. Schütz wurde der Bau von Rainer Maul und H. P. Glucker realisiert. Ein langgestreckter Ziegelsteinbau beherbergt im Innern drei Teilbereiche: in der Mitte den Eingangsbereich und ein großzügiges Foyer. Von hier aus sind zur

Bernhard-Lichtenberg-Str. 46
76189 Karlsruhe
www.kirchennetz.info/versoehnung.de

Linken die Räume und die Kirche der **Versöhnungsgemeinde (evang.)** zu erreichen, deren liturgische Einrichtung 1989 von Ingrid Hartlieb gestaltet wurde, zur Rechten die entsprechenden Räume und die Kirche **St. Thomas Morus (kath.)**. Beide Kirchenräume werden das Jahr über jeweils für sich genutzt. Zum Foyer hin befinden sich Faltwände, die bei den großen kirchlichen Festen wie

Bernhard-Lichtenberg-Str. 44
76189 Karlsruhe
www.se-ka-sw.de

Weihnachten und Ostern weggenommen werden. Dann wird im Foyer ein Festaltar geschmückt, um beide Gemeinden am Fest gleichermaßen teilhaben zu lassen.

 70 Hinter den Hochhäusern in der Albert-Braun-Straße liegt im Wald etwas versteckt die alte **Notkirche St. Thomas Morus**, die 1989 entwidmet

Albert-Braun-Straße 1 (im Wald)
76189 Karlsruhe

worden ist. Ursprünglich hat sie als Notkirche für die Peter-und-Paul-Kirche in Mühlburg gedient, bis sie dort nicht mehr gebraucht wurde.

Dann wurde sie in den neuen Stadtteil Oberreut versetzt. Es ist die einzige Notkirche auf katholischer Seite, die im Raum Karlsruhe bis in unsere Tage überlebt hat. Ihre Baustruktur ist vollkommen erhalten, ebenso besitzt sie noch Glasfenster aus ihrer Glanzzeit. Seit 2004 dient sie als Sammellager für Aktionen der Caritas oder Diakonie.

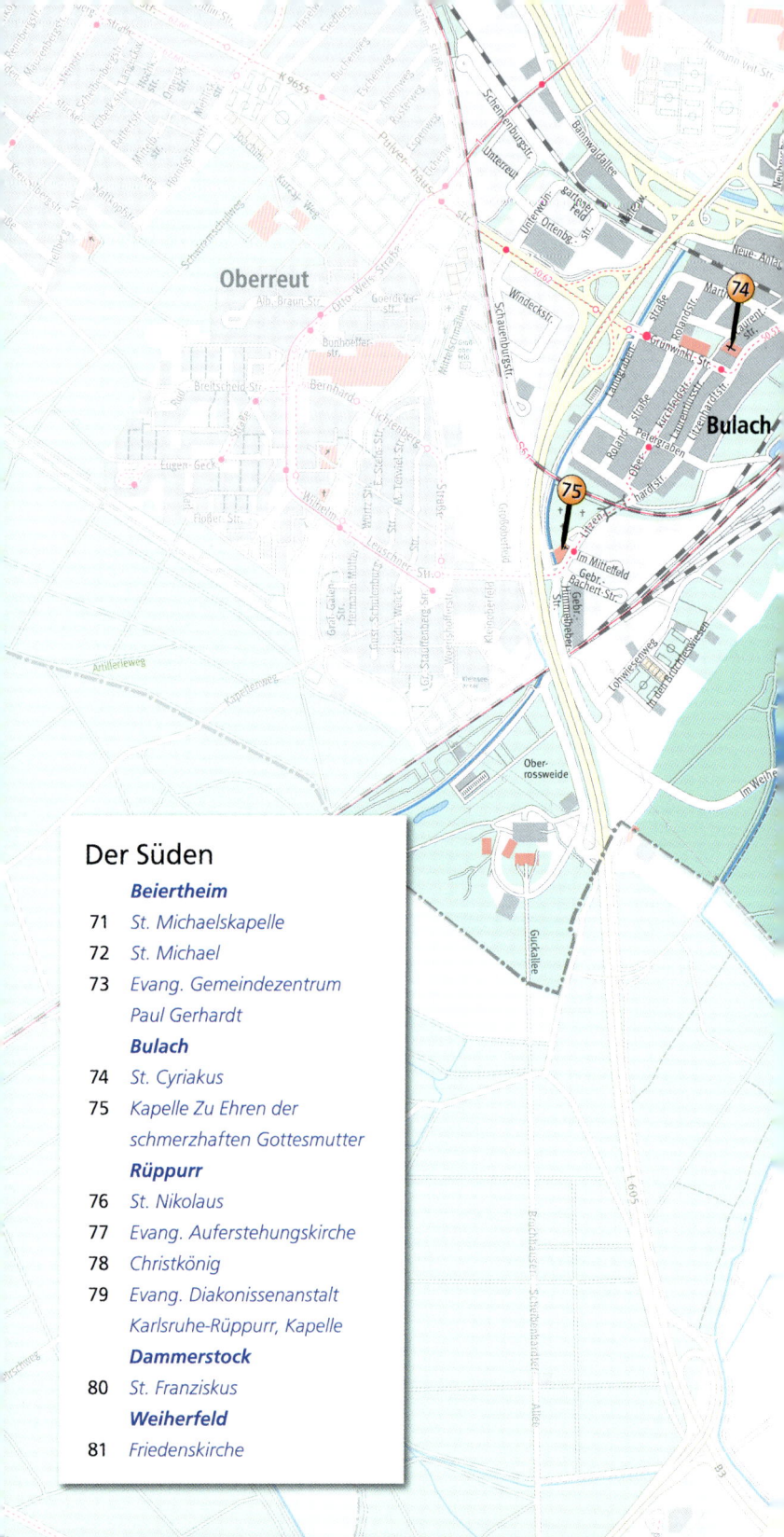

Der Süden

Der Süden

Die Stadtteile im Süden von Karlsruhe spielen eine besondere Rolle in der Entwicklung der Residenzstadt: Der Südrand der Kernstadt lag bekanntlich an der heutigen Kriegsstraße, und das gegenüberliegende Beiertheim gehörte zum katholischen Baden-Baden! Im 19. Jahrhundert konnte sich Karlsruhe nur ausdehnen, indem immer wieder der Gemeinde Beiertheim Land abgekauft wurde, bis deren Gemarkung auf die heutige Größe eines Ministadtteils schrumpfte. Zwei alte Dörfer lagen hier beiderseits der Alb, Beiertheim und Bulach. Die beiden katholischen Gemeinden ins Stadtgebiet mit aufzunehmen bedeutete, das konfessionelle Gleichgewicht der Stadt zu stärken. Rüppurr ist dagegen seit 1556 protestantisch gewesen. Wie wichtig diese Gemarkungen für die Entwicklung von Karlsruhe waren, zeigt der Umstand, dass gerade hier zwischen und neben den Altsiedlungen schon bald nach der Wende zum 20. Jahrhundert große Siedlungen entstanden, nachdem die alten Ortschaften eingemeindet waren. Dieser Prozess begann 1907 und endete 1929.

Beiertheim

Die erste Erwähnung des Ortes fällt in das Jahr 1110, als Besitz des Klosters Gottesaue, und so bleibt es bis zur Aufhebung des Klosters im 16. Jahrhundert. Die Oberhoheit stand seit dem 13. Jahrhundert jedoch den badischen Markgrafen zu. Bei der Teilung der Markgrafschaft 1535 wurde Beiertheim kirchlich wie Bulach von Baden-Baden beansprucht. Mit der Reformation, die in Baden-Pforzheim 1556 eingeführt wurde und die auch das Kloster Gottesaue betraf, entstand ein Streit darüber, welcher Linie des markgräflichen Hauses Beiertheim untertan sei, ein Streit, der vor dem Reichskammergericht, dem höchsten Gericht des Alten Reiches, endete. Der Ort wurde 1582 dem katholischen Baden-Baden zugesprochen. Beiertheim war damit der einzige Ort nördlich der Alb, der zu Baden-Baden gehörte und katholisch war. Diese Situation brachte den Bewohnern viele Nachteile. Ringsum im Westen, Norden und Osten befand sich Ausland! Die ausländischen Nachbarn trieben ihre Tiere regelmäßig auf die Beiertheimer Weiden, entsprechenden Beschwerden wurde aber kaum nachgegangen. Beide Herren, die Markgrafen von Baden-Baden und von Baden-Durlach, beanspruchten einen Teil des Zehnten, zweifache Steuern also.

Im 19. Jahrhundert wurde der Ort, vor allem mit dem Bau des Stephanienbades, ein beliebtes Ausflugsziel für die Residenzstadt Karlsruhe. Während des ganzen Jahrhunderts verkaufte Beiertheim Teile des Beiertheimer Feldes (heute Südweststadt) an Karlsruhe, schließlich zwängte auch der neue Hauptbahnhof den Ort weiter ein. Beiertheim wurde schließlich 1907 nach Karlsruhe eingemeindet.

71 Auf dem Eckgrundstück Breite Straße / Wartburgstraße steht heute die Turnhalle der benachbarten Grundschule. Lediglich ein Kruzifix und ein Steindenkmal erinnern daran, dass hier früher die **St. Michaelskapelle** gestanden hat. 1527 wurde diese erstmals erwähnt, sie war wahrscheinlich wenige Jahre zuvor als Kapelle der „Bruderschaft unserer Lieben Frau" errichtet worden. Hier spielte sich das kirchliche

Breite Straße 90
76135 Karlsruhe

Leben von Beiertheim ab, wenn die Bewohner des Ortes nicht vorzogen, in die für sie zuständige Pfarrkirche jenseits der Alb nach Bulach zu gehen. Diese Kapelle, die sogar noch gotisches Mauerwerk enthielt, aber in den folgenden Jahrhunderten vielfach restauriert wurde, ist bei dem Bombenangriff am 4. Dezember 1944 schwer getroffen worden, aber der Turm und ein Teil der Kirche überlebten den Krieg. Erst 1957 wurde sie abgerissen, nach dem Willen der Stadt wie der Erzdiözese. Für die meisten Anwohner war das die größte Nachkriegssünde, denn es handelte sich um den Traditionsort in diesem Stadtteil. Hier hatte der „Beiertheimer Altar" gestanden. Heute erinnert nur ein kleines Steindenkmal daran.

72 An der Gebhardstraße steht die Kirche **St. Michael (kath.)** als Nachfolgerin der kleinen Kapelle. Zunächst hatte hier, als die Gemeinde stark zunahm, ab 1915 eine große Notkirche gestanden, die baldmöglichst durch einen qualitätvollen Bau ersetzt werden sollte. Kriege und Wirtschaftskrisen verhinderten dies, bis der Neubau in den 1960er-Jahren realisiert werden konnte. Werner Groh baute 1962–65

Gebhardstraße 44
76135 Karlsruhe
www.st-nikolaus-ka.de

eine kubusartige Kirche auf quadratischem Grundriss. Weit von ihr abgesetzt steht der Glockenturm dicht an der Kreuzung zweier Hauptverkehrsstraßen, wie ein städtebauliches Ausrufezeichen. Es handelt sich um eine Stahlkonstruktion mit vorgefertigten Sichtbetonplatten. Beleuchtet wird die Kirche durch ein Oberlichtband aus vorgefertigten Beton-Wabensteinen.

Der Innenraum, dessen Wände in Sichtmauerwerk ausgeführt wurden, entwickelt sich übereck in der Diagonalen. Gegenüber dem Eingang ist die quadratische Altarinsel leicht aus dem Raster versetzt – höher und breiter als der Hauptraum. Dadurch erhält der Altarraum versteckt in der Höhe zusätzliches Licht, dessen Quelle der Besucher erst einmal nicht wahrnimmt. Die Kirche gehört zu den ersten im Karlsruher

Raum, die nach den neuen liturgischen Vorgaben des Zweiten Vatikanischen Konzils eingerichtet wurde: Der Altar wurde aus der Ecke herausgeholt bzw. von der Wand gelöst, die diagonalen Sitzreihen schaffen eine größere Nähe zwischen Gottesdienstbesuchern und dem Liturgen, wie es auch von der Gemeinde schnell wahrgenommen und geschätzt wurde.

Die Decke nimmt nochmals das Quadratraster des Grundrisses auf, das Oberlichtband wurde von Clara Kress farbig verglast. Ein fortlaufender Fries aus abstrakten Formen wird auch durch die Betonsteine nicht aus dem Rhythmus gebracht. In den Grundfarben Blau, Gelb und Rot entsteht im Auge des Betrachters ein Band mit Knoten und Verstrickungen.

Auffälligster Schmuck in der Kirche sind eine ganze Reihe von barocken oder sogar spätmittelalterlichen Statuetten und vor allem der „Beiertheimer Altar". Für diesen war ursprünglich die Marienkapelle zur Linken angebaut worden, um ihn würdig aufzustellen. Klimatechnische Probleme haben jedoch Schäden am Altarwerk verursacht, weshalb er etwas unglücklich hinter den modernen Hochaltar platziert wurde. Ein neues Arrangement wird noch gesucht. Während so die Kunstwerke wieder einmal ihren festen Platz suchen, kommen neue hinzu. Für die Sakramentskapelle hat Christa Kress jüngst das Triptychon „Passion" geschaffen, das sich ungegenständlich mit der Farbe Rot beschäftigt und den Betrachter einlädt, davor zu verweilen.

Der Beiertheimer Altar

Der Beiertheimer Altar ist das einzige Altarbild des Mittelalters, das sich im Karlsruher Raum in einer Kirche befindet. So wie er sich uns heute präsentiert, ist er ein Pasticcio aus unterschiedlichen Quellen. Alte Fotos um 1910 zeigen, wie er damals, in Einzelteile zersägt bzw. zerlegt, in der St. Michaelskapelle gestanden hat. Immer wieder waren die Skulpturen übermalt oder ergänzt worden, deswegen musste er für die Aufstellung in der neuen St. Michaelskirche 1965 restauriert werden.

Es handelt sich um einen Flügelaltar, bei dem der Schrein völlig neu angefertigt wurde. Im Schrein befinden sich Statuetten des Hl. Wendelin, des Patrons von Beiertheim, in Schäfertracht mit Ochs und Hund, in der Mitte Maria auf der Mondsichel und rechts der Hl. Michael,

Patron der Kirche. Klein, aber sehr lebhaft wurde das Abendmahl darunter dargestellt (die inhaltlich notwendige Christusfigur in der Mitte stammt von einem anderen Altar). Der Künstler muss eine sehr gute Vorlage gehabt haben, manche vermuten, dass er einen Stich von Leonardos Abendmahl besessen hat. Über dem Schreinkasten befindet sich eine kleine Kreuzigungsgruppe, dessen Kru-

zifix zu groß ist und nur dazu gestellt wurde, um den originalen Bildzusammenhang zu zeigen. Die seitlichen Flügel sind wie Schranktüren beweglich, der geschlossene Zustand wurde werktags oder an normalen Sonntagen gezeigt, der geöffnete an Feiertagen. Der geöffnete Altar zeigt die Bischöfe Valentin und Blasius und die beiden Märtyrerinnen Margarete und Juliana, die jeweils mit dem Teufel dargestellt werden: Der eine Teufel verkrallt sich in ihrem Gewand, der andere wird an der Leine geführt. In geschlossenem Zustand sieht man am Rand, auf den feststehenden Standflügeln, die Bischöfe Theodulf und Wolfgang, in der Mitte Abt Leonhard, die Hll. Ursula und Apollonia sowie Anna Selbdritt, also die Mutter der Maria (Anna) mit der jungen Maria und deren Sohn Jesus auf den Armen.

Die Künstler des Altars sind nicht genau bekannt. Ein Meister „L. F." hat auf den Standflügeln seinen abgekürzten Namen und die Jahreszahl „1523" hinterlassen. Die Madonna in der Mitte ist eine vorzügliche Arbeit, wie man besonders an dem schön fallenden Gewand spüren kann, sie könnte von Hans Wydyz (oder Weiditz) gefertigt worden sein, der vor allem im Breisgau tätig war. Für welchen Altar diese Kunstwerke einst geschaffen wurden, ist bis heute strittig. Vieles spricht für Kloster Gottesaue, denn die Heiligen, die auf dem Altar dargestellt werden, spielten im liturgischen Jahreslauf des Klosters eine gewisse Rolle. Der Altar wurde erst im Jahr 1535 im Inventar der Beiertheimer Kapelle aufgeführt. Das könnte bedeuten, dass der Altar aus dem Kloster, das im Bauernkrieg schwer gelitten hat, in das Dorf geflüchtet wurde. Wie allgemein üblich, wurde solchen Kunstwerken in späteren Zeiten übel mitgespielt, sie wurden übermalt oder zersägt, abmontiert oder auf verschiedene neue Altäre verteilt. Die besten Werke wurden von den Museen wie der Karlsruher Kunsthalle gekauft, so dass in den Kirchen alte Ausstattungen verblieben sind.

73 Wo die Breite Straße über die Alb führt, liegt das **Evang. Gemeindezentrum Paul Gerhardt**. Das Gebäude mit seiner edlen Fassade zeigt, dass hier ein Bau vor uns steht, der eng zur klassizistischen Epoche der Residenzstadt gehört, denn als einstiges Stephanienbad weist er direkt auf die großherzogliche Familie und die Verwandtschaft mit Napoleon hin. Doch das Verhältnis von Bad und Kirche erschließt sich erst durch die Geschichte. Hier, am östlichen Ende der Ortschaft Beiertheim, kam am Ende des 18. Jahrhunderts immer mehr gehobene Gesellschaft vorbei, um Sonntagsspaziergänge von der Residenzstadt aus nach Süden zu machen. Andreas Berckmüller hatte 1780 erstmals ein Bad eingerichtet,

📍 Breite Straße 49a
76135 Karlsruhe
www.ev-kirche-ka.de

jedoch nur mit mäßigem Erfolg. Andreas Marbe, der Beiertheimer Hirschwirt, nahm 1807 einen neuen Anlauf. Die Bäder (= Badekabinen) an der Alb wurden mit Mineralien oder Schwefel angereichert und galten als Kurbad. Johann Peter Hebel war einer seiner ersten und begeisterten Gäste. Marbe wollte seine Anlage großzügig ausbauen, und wie in Baden-Baden statt der Holzhütten einen Tanzsaal errichten, und gewann Friedrich Weinbrenner als Architekt. Er entwarf ein zweistöckiges Gebäude auf hohem Sockel mit großen Sälen in der Mittelachse des Gebäudes, die von kleineren Gesellschaftsräumen flankiert wurden. Die Fassaden zur Straße und zum Garten mit ihren monumentalen dorischen Säulen, die über zwei Stockwerke liefen, verschafften dem Haus einen noblen Charakter. Auch in diesem Fall war dem Bad in der

Alb kein dauerhaftes Glück beschieden. Bad und Wäschereibetrieb wechselten sich ab, und auch das Haus selbst hatte als Gesellschaftshaus einen wechselvollen Erfolg. Als 1907 der neue Hauptbahnhof in der Nähe gebaut wurde, gerieten Bad und Haus in den Schatten des Bahndamms. Nach dem Ersten Weltkrieg ging das Stephanienbad in den Besitz der Stadt über.

Eine evangelische Gemeinde war zu diesem Zeitpunkt noch in weiter Ferne. Protestanten waren in Beiertheim bis ins fortgeschrittene 19. Jahrhundert selten. Erst in der Zeit des zweiten Kaiserreichs änderte sich das. Im Jahr 1926 konnte die neu gebildete Melanchthonpfarrei (Südweststadt, Beiertheim, Weiherfeld, Dammerstock) das Stephanienbad von der Stadt anmieten, musste es freilich bald mit NS-Formationen teilen. 1957 schließlich wurde die Paul-Gerhardt-Gemeinde im Stephanienbad gegründet. Jetzt wurde der ehemalige Festsaal von Hermann Zelt endgültig als Kirchraum hergerichtet, Fensterwände wurden verschlossen und Bankreihen installiert.

In den 1970er-Jahren kam zunehmend Unbehagen über den Zustand des Gebäudes auf, es drohten statische Probleme. Dadurch verzögerten sich die notwendige Sanierung und der Umbau sehr lange, aber das Ziel, den Bau völlig neu wirken zu lassen, konnte umso besser erreicht werden. Mit dem Architekturbüro Veit Ruser und Partner wurde aus dem Projekt „Renovierung" ein Umbau des ganzen Hauses, der von 1997 bis 1999 durchgeführt wurde und mit der feierlichen Wiedereinweihung am 28. Februar 1999 endete. Unter dem Motto „Neue Offenheit" wurden zugesetzte Fenster geöffnet, die Holzdecke entfernt, um den Dachstuhl sichtbar zu machen, der Kirchenraum zu den Nachbarräumen hin geöffnet, und die Bänke wurden durch Stühle ersetzt. Leitfarbe des Baus ist nun Weiß. Die Räume sind hell und wirken durch die entfernten Zwischenwände bzw. Deckenbretter noch größer, luftiger. Die Stirnwand des Kirchenraums, bei der der Altar vor der großen Fensterwand steht, ist nun wieder ganz durchfenstert, mit klaren Scheiben bzw. milchweißen, auf denen ein zartes Kreuz zu sehen ist. Der Blick geht nach draußen, in die Natur, auf die großen Bäume, der Zusammenhang von Festsaal mit der Natur scheint wiederhergestellt wie zu Weinbrenners Zeiten, als die Alb mit ihren Bädern dem Tanzhaus vis-a-vis stand. Die liturgische Einrichtung wurde sanft angepasst und vor allem durch eine Orgel (2004) bereichert. Der Kirchenraum, der sich in die umliegenden Räume öffnet, ist gleichzeitig vielfältig nutzbar. Konzerte und Ausstellungen können stattfinden, ohne für jeden Gottesdienst Umbauten vornehmen zu müssen.

Bulach

Im Jahr 1193 ist Bulach erstmals genannt, als Besitz des Klosters Frauenalb. Im badischen Teilungsvertrag von 1535 fiel der Ort der Markgrafschaft Baden-Baden zu. In der Folgezeit rückten die beiden Dörfer Bulach und Beiertheim dichter zusammen. So kamen die Beiertheimer zum Gottesdienst in die Bulacher Pfarrkirche. Zum 1. April 1929 wurde die Ortschaft nach Karlsruhe eingemeindet.

74 Ungefähr in der Mitte des Straßendorfes liegt die Kirche **St. Cyriakus (kath.)**. Eine erste Kirche dieses Namens wird im Jahr 1388 erwähnt, die mehrfach verändert wurde. Im 18. Jahrhundert entstand nach den Zerstörungen des Pfälzischen Erbfolgekrieges unter der Leitung des Rastatter Baumeisters Johann Ludwig Michael Rohrer ein fast kompletter Neubau, der schon wenige Jahrzehnte später als baufällig bezeichnet wurde. Auf einen Neubau mussten die Bulacher

> Litzenhardstraße 50
> 76135 Karlsruhe
> www.st-nikolaus-ka.de

dennoch lange warten, bis Heinrich Hübsch den Kirchbau übernahm und *die* Musterkirche des 19. Jahrhunderts errichtete.

Heinrich Hübsch hatte 1827 seine Stelle als Residenzbaumeister und damit auch die Nachfolge von Weinbrenner angetreten. Im Jahr darauf publizierte er seine Schrift *„In welchem Style sollen wir bauen?"*, womit er auf ein wichtiges Problem des Bauwesens seiner Zeit hinweisen wollte. Auch im Kirchenbau war dies besonders akut. Im Fall Bulach hat er sich die Planungen vorlegen lassen. Er fand in den Entwürfen *gedrückte Verhältnisse* und *wahrhaft entmutigende Armut*. Er errechnete in dem Projekt Kosten von 19.953 Gulden und kommentierte: *Zum Beweis, dass selbst um 400 Gulden weniger eine dauerhafte und anständige Kirche gebaut werden kann, legen wir hier einen Entwurf nebst detaillierter Kostenberechnung im Totalbetrag von 19.552 Gulden bei.* Bei seinem Alternativentwurf, den er in den nächsten Jahren noch verbesserte, kam es ihm auf unterschiedliche Aspekte an: Der Kirchenbau

war für ihn die *höchste* Aufgabe eines Architekten. Trotzdem sollte er kostengünstig sein, d. h. die Materialien und Techniken mussten auch diesen Prinzipien unterworfen sein. Und das wichtigste Argument war die Stilwahl, mit der er sich direkt von Weinbrenner absetzte. *Nach unserer nunmehrigen Überzeugung ist die antike Architektur für eine christliche Kirche durchaus unpassend:*

erstlich steht sie den Bedürfnissen … einer Kirche geradezu entgegen, zweitens erfordert sie einen sehr großen Kostenaufwand, und drittens gewährt sie, da ihre Formen einem südlichen Klima angehören, in unserem nördlichen Klima keine Dauer, und zieht fortwährende Reparaturen nach sich. Eine solche Kirche, welcher also beide Hauptforderungen der Baukunst – die Zweckmäßigkeit und die Dauer – fehlen, kann demnach auch nicht schön sein. Mit diesen Worten als neuer Residenzbaumeister gab er für den Kirchenbau der nächsten Jahrzehnte völlig neue Leitlinien vor. Sie führen direkt zum Historismus.

Bewusst wählte Hübsch daher nicht klassisch-antike Bauformen, sondern frühchristliche, die er ebenfalls in Rom ausführlich hatte studieren können. Als die gebräuchlichste aller Kirchenbauformen musste es natürlich eine *Basilika* sein, eine Kirche mit drei Schiffen, deren mittleres so sehr erhöht wird, dass es eigenes Licht erhält. Als „ehrliche" Architektur kann die Basilikaform schon an der Fassade abgelesen werden. Den Turm, ursprünglich an der Fassade platziert, nahm er als Doppelturmmotiv an die Chorseite. Großen Wert legte Hübsch auf Material und Ornament, Aspekte, die er in Bulach erstmals komplett realisieren konnte. Unter der Giebelschräge läuft ein Rosettenband um, Konsolgesimse, Fensterrahmungen mit Ornamentbändern, Lisenen und Pfeilervorlagen an Mauern (die auch statisch wirksam sind). Ornamentsteine, die aus Ton gebrannt wurden, waren wesentlich billiger als Haustein. Auch mit der Eindeckung der Kirchenschiffe beschäftigte sich Hübsch sehr intensiv und fand neue Möglichkeiten. In den Seitenschiffen realisierte er einseitig ansteigende Gewölbe, weil diese Art Gewölbe *nur einen halben Backstein* (4 ½ Zoll, ca. 11 cm) dick sind, was eine enorme Materialersparnis bedeutete. Um ideale, also kostensparende und stabile Gewölbe zu entwerfen, hatte er ein Kettenlinienmodell entwickelt. Auch zur Ausstattung hatte Hübsch sich Gedanken gemacht. Der Hochaltar musste nicht aufwendig gestaltet sein wie im späten Mittelalter; ein schlichter Altartisch, *wie sich solche in den älteren Kirchen Roms gewöhnlich finden*, reichte aus. Stattdessen sollten die Wände in edler Freskotechnik bemalt sein. Dafür gewann er Johann Friedrich Dietrich, der den Chor 1838–39 im Stil der Nazarener mit den Szenen der Anbetung, Ölberg, Kreuzigung, Grablegung und Auferstehung

schmückte. Am 21. Oktober 1837 wurde St. Cyriakus, die Musterkirche von Heinrich Hübsch, feierlich geweiht.

Als „Idealkirche" von Heinrich Hübsch war sie nicht unbedingt ideal, und sie blieb auch nicht von späteren Veränderungen verschont. Die offene Vorhalle musste wegen eines fehlenden Windfangs doch mit Türen geschützt werden (heute Glastüren). Die Renovierung von 1907–08, bei der die Wände der Kirche mit großen Bildprogrammen ausgestattet wurden, ist inzwischen weitgehend rückgängig gemacht worden. Aus dieser Zeit blieb lediglich der monumentale Kreuzweg bestehen. Das schönste Schmuckstück stellt das Orgelgehäuse aus dem Jahr 1753 dar, das 1906 aus der Baden-Badener Stiftskirche hierher abgegeben wurde und heute eine Voit-Orgel enthält. In den Jahren 1937–38 schuf Emil Sutor den Zyklus von „Säulenheiligen" an den Mittelschiffsäulen, darunter den Seligen Bernhard von Baden. Mit dem neuen Zelebrationsaltar von Frido Lehr mit Majolikafliesen von Eva Lehr war die liturgische Erneuerung erst einmal beendet.

75 Südlich von Bulach steht im Eingangsbereich des Friedhofs die Kapelle **Zu Ehren der schmerzhaften Gottesmutter (kath.).** An dieser Stelle befand sich bereits im spä-

Litzenhardtstraße 142
76135 Karlsruhe
www.st-nikolaus-ka.de

ten 17. Jahrhundert eine Kapelle, die Ende des 19. Jahrhunderts wegen Baufälligkeit abgerissen werden musste und durch die heutige ersetzt und 1891 geweiht wurde. In der Nachbarschaft liegt ein Feld mit Sandsteinkreuzen für die Gefallenen des Zweiten Weltkriegs sowie ein „Tor des Lebens", das der Bildhauer Gerhard Karl Huber 1988 als Mahnmal für den Holocaust geschaffen hat. Im Innern der Kapelle, die 2009 restauriert wurde, befindet sich eine Pietà des 19. Jahrhunderts.

Rüppurr

Rüppurr wird erstmals in einem Eintrag im „Hirsauer Codex" zum Jahr 1103 erwähnt, wo es „Rietburg" genannt wurde, also etwa „Haus im Ried oder Sumpf". Unter den Straßendörfern in der Umgebung von Karlsruhe ist Rüppurr besonders langgestreckt, was seinen Grund darin hat, dass Rüppurr in das obere Dorf (auch Großrüppurr) und das untere Dorf (auch Kleinrüppurr) bei der Burg bzw. beim Schloss geteilt gewesen war und zwei Herrschaften gehört hatte. Das obere Dorf war kirchlicherseits nach Ettlingen hin orientiert. So gab es in der Ettlinger Kirche St. Martin eine „Rüppurrer Kapell", wohin die Rüppurrer Pfarrkinder sonntags zur Messe gingen, auf dem „Kirchpfad", der letztmals 1807 erwähnt wurde. Das untere Dorf war nach Kloster Gottesaue orientiert, wo die Herren von Rüppurr ihre Grablege hatten. Reinhard von Rüppurr (1458–1533) wurde Bischof von Worms, trat aber von seinem Amt zurück und zog sich auf sein Stammschloss zurück. Seit seinem Tod gab es auch keine katholischen Gottesdienste in diesem Teil Rüppurs mehr. Im oberen Dorf scheint die Reformation deutlich später durchgeführt worden zu sein.

Früh im 19. Jahrhundert geriet Rüppurr in den Einflussbereich von Karlsruhe. 1834 wurde die Chemische Fabrik von Karlsruhe nach Rüppurr verlegt, wo sie bis 1910 bestand. Die Eröffnung der Albtalbahn im Jahr 1898 förderte die Entwicklung Rüppurrs zu einer Trabantenstadt von Karlsruhe. Früh entstanden hier Karlsruher Siedlungen wie die Gartenstadtsiedlung. 1907 wurde Rüppurr nach Karlsruhe eingemeindet, was von Rüppurr ausdrücklich begrüßt und gefordert wurde.

76 Nahe am ehemaligen Schloss von Rüppurr im unteren Dorf liegt die Kirche **St. Nikolaus (kath.)**, die heute eine katholische Filialkirche von Christkönig ist. Die jetzige Kirche war 1774 als evangelische Kirche errichtet worden, und diese hatte Vorgänger, die bis ins 14. Jahrhundert zurückreichten. Eine erste Nikolauskirche wurde nämlich schon 1351 erwähnt. Früh hatte das Zisterzienserinnen-Kloster Lichtenthal ein Besitzrecht an dieser Kirche, so dass im 17. und 18. Jahrhundert der interessante Fall eintrat, dass ein katholisches Kloster für eine inzwischen evangelisch gewordene Kirche zu sorgen hatte. Daran waren aber die Nonnen von Baden-Baden wenig interessiert. Im 18. Jahrhundert ist daher die bestehende Kirche nicht viel mehr als eine Bauruine gewesen. 1763 war noch ein kleines Glöcklein angeschafft worden, weil es sonst in der Gemeinde keine Uhr gegeben hätte. Zehn Jahre später wurde die Kirche für den Gottesdienst gesperrt, einen Prozess um die Bezahlung einer neuen Kirche führten die Markgrafen von Baden-Durlach schon seit einiger

> Rastatter Straße 20
> 76199 Karlsruhe
> www.christkoenig-rueppurr.de

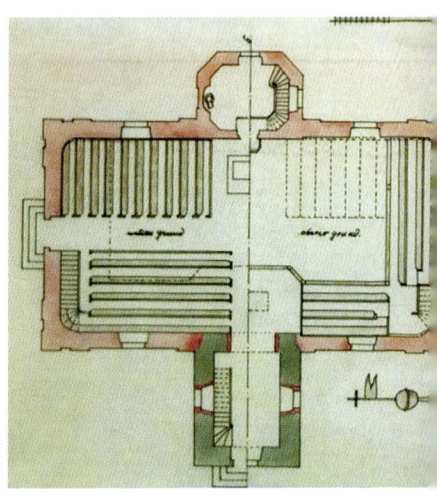

Zeit mit den Nonnen. Im Jahr 1774 war es so weit. Das Oberamt Durlach ließ den Lichtenthalschen Zehnten in Beschlag nehmen, um die Finanzierung des Neubaus zu erzwingen. Der Prozess vor dem Reichskammergericht dauerte schließlich von 1755 bis 1791 und endete in einem typischen Kompromiss: Das Kloster trat seinen Zehnten an die Landesherrschaft ab, die dafür die Baupflicht für die Rüppurrer Kirche übernahm.

Johann Friedrich Weyhing hatte seit 1771 Pläne für einen Neubau gemacht, 1774 den Plan aufgestellt, nach dem die Kirche dann auch bis 1776 verwirklicht wurde, ein typischer Kompromissplan, der Geld sparen half, denn das Prozessende war noch nicht abzusehen. Der Glockenturm mit seiner einfachen Spitze wurde aus dem Altbau übernommen. An ihn schließt sich ein rechteckiger Saalbau derart an, dass der Turm an die Mitte der Längsseite zu stehen kam. Gegenüber dem Turm wurde ein kleinerer Annexbau angefügt, organisatorisch das Herz der Anlage. Interessant an dieser Disposition ist, dass Weyhing damit eine typisch protestantische Gestühl- und Altaranordnung der Barockzeit realisiert hat: Angelpunkt ist der Altar in der Mitte der Längsseite, über dem die Kanzel platziert wurde (der Anbau nahm die Treppe zur Kanzel sowie die Sakristei auf). Um den Kanzelalter wurden die Bankreihen und Emporen so angeordnet, dass der Blickkontakt zum Prediger optimal war (eine sog. evang. Predigerkirche).

Die Nikolauskirche hat manche Denkwürdigkeit miterlebt, so am Pfingstmontag 1823, als der konvertierte Pfarrer Aloys Henhöfer hier vor dem Großherzog Ludwig, der wie damals üblich gleichzeitig oberster Bischof der Kirche war, eine Probepredigt halten musste. Staatsminister Winter beklagte sich über den schroffen Pietisten, doch der Großherzog meinte: *„Nun habe ich wieder seit 20 Jahren eine evangelische Predigt gehört."* Prälat Johann Peter Hebel saß ebenfalls unter den Zuhörern.

So ideal die Kirche im 18. Jahrhundert geplant war, so wenig entsprach sie den Erwartungen und Entwicklungen der evangelischen Gemeinde von Rüppurr am Ende des 19. Jahrhunderts. Sie lag zu weit vom eigentlichen Dorf entfernt und wurde bald zu klein. Deswegen plante die ev. Gemeinde um 1900 einen Neubau und zog 1908 aus der Nikolauskirche aus. Dankbare Abnehmer waren die Katholiken, deren Zahl in dieser Zeit stark zugenommen hatte. Noch im Jahr 1908 wurde die Kirche übernommen, und die anfängliche Sitzordnung und Altarstellung zeigt, wie viel Mobiliar man einfach stehengelassen hatte. Erst allmählich wurde aus ihr eine typische katholische Kirche mit Kniebänken und Kommunionschranken.

Im Jahre 1936 konnte die katholische Gemeinde ihrerseits ihre neue Christkönigskirche beziehen, das Schicksal der alten Nikolauskirche, die längst als vaterländisches Denkmal galt, war durch Leerstand wieder gefährdet. Doch die katholische Gemeinde hielt am Besitz fest, bestärkt sicher durch ein Gelübde, das die Pfarrgemeinde am Christkönigsfest 1944 abgelegt hatte – man versprach eine jährliche Dankprozession zum alten St. Nikolauskirchlein. Allerdings müsse die Kirche praktischer eingerichtet werden, wogegen die Denkmalpflege keine Einwände hatte.

Erstaunlicherweise wurde unmittelbar nach dem Krieg mit dem Umbau begonnen und dieser 1946/47 zu Ende geführt, aller materiellen Not zum Trotz. Der Kirchenraum wurde nun „normgerecht" orientiert, die Bänke in der Längsrichtung aufgestellt. Bleibendes Kunstwerk dieser Phase ist das Glasfenster mit der Darstellung des Hl. Nikolaus von Clara Kress, das über dem Altar angebracht wurde. Es wurde 1948 in einer Berliner Kunstwerkstätte hergestellt und musste wegen der Berlin-Blockade über die Luftbrücke in den Westen Deutschlands geflogen werden.

Auch dieser Ausstattung war keine Dauer beschieden. In den Jahren 1975/76 wurde die Kirche im Innern nochmals radikal verändert. Die gesamte Einrichtung der Nachkriegszeit wurde entfernt, der Begriff Entkernen ist hier angebracht. Jetzt wurde die Kirche wieder quer eingerichtet. Zusammengekettete Einzelstühle stehen im Bogen um den Altar in der Mitte der Längsseite und nehmen im Prinzip die alte evangelische Ausrichtung wieder auf. Gudrun Schreiner entwarf mit viel Geschick die Altarinsel und die Rosette darüber, ein herrlicher Blickfang: Die große blütenförmige Rosette aus blau gefasstem Holz zeigt mit ihren einzelnen Blütenblättern Darstellungen der Seligpreisungen aus der Bergpredigt. Die beiden Gesetzestafeln dekorieren den Altar, ein Herz den Ambo, zusammen Symbole des Alten und Neuen Bundes. Die Grabplatte mit dem Herzen des Reinhard von Rüppurr (gest. 1533), des in den Umbruchszeiten um 1500 wenig glücklich agierenden Bischofs von Worms, befindet sich im Turm.

77 Auf halber Strecke der Langen Straße, beim Friedhof, steht die **Evang. Auferstehungskirche Karlsruhe-Rüppurr**. Um 1900 war die Nikolauskirche für die evangelische Gemeinde zu eng geworden, und, wohl noch wichtiger, sie lag abseits der Siedlung. Mit

Lange Straße 28
76199 Karlsruhe
www.evkirche-rueppurr.de

Nachdruck drangen Pfarrer Lebrecht Mayer und Dekan Philipp Roth, die bei Hofe gut gelitten waren, auf einen Neubau. Neben den örtlichen Gegebenheiten warnten die beiden bei ihren Eingaben an die Behörden vor religiös in-

differenten und von sozialdemokratischem Geiste durchdrungenen Gemeindegliedern. Die neue Kirche wurde ein Musterbeispiel des Bun-

des von „Thron und Altar", was sich sowohl in der Stilwahl des Baus als auch im Ausstattungsprogramm der Glasfenster manifestierte.

Kirchenbauinspektor Rudolf Burckhardt entwickelte den Plan für die Kirche in neobarockem Gewande. Bei den anfänglichen Überlegungen spielte die Reformarchitektur des Wiesbadener Programms noch eine gewisse Rolle, doch der ausgeführte Plan wurde ganz klassisch: Es entstand eine dreischiffige Kirche mit ausladendem Querhaus, die durchgehend mit Emporen versehen war und deshalb kompakt gehalten werden konnte. Eine traditionelle Apsis fehlt, der Bau wurde mit der Vierung geschlossen, denn hier, im Fokus der Blicke von allen Seiten, erhob sich ursprünglich der Kanzelaltar. An der Fassade ragt ein mächtiger Glockenturm auf. Etwas befremdlich wirkt das Äußere, denn es ist teilweise in rotem Bunt-

sandstein vom Main errichtet, teilweise einfach weiß verputztes Bruchsteinmauerwerk. Den Gegensatz der Materialien und Farben haben Besucher von Anfang an bemerkt, meist mit negativen Kommentaren. Am 2. Juni 1907 wurde der Grundstein gelegt, am 4. Oktober 1908 wurde die evangelische Kirche Rüppurr, so ihr offizieller Name, im Beisein der Königlichen Hoheiten eingeweiht.

Das Bildprogramm besteht aus zwei Teilen – einem kleinen christologischen und einem ausführlichen historischen. In einer Ädikula über dem Eingangsportal grüßt den ankommenden Besucher eine Christus-Statue aus der Terracottafabrik Ernst March Söhne in Charlottenburg. Es handelt sich nicht um *die* Christusdarstellung des 19. Jahrhunderts, nämlich Thorvaldsens Christus, dessen Original in der Frauenkirche in Kopenhagen steht. Diese war ursprünglich vorgesehen, aber als Kopie gerade ausverkauft. Man wählte eine ähnlich schöne togagewandete Christus-Statue aus Ton. An der Altarrückwand malte Bernhard Schneider, ein Schüler von Hans Thoma, „Christi Himmelfahrt". Bei der Technik entschied er sich für Caseinfarben, stilistisch lehnt er sich an den Meister an. Die Himmelfahrt wird auf ungewöhnliche Weise dargestellt. In der Felsenlandschaft der Judäischen Wüste sind elf Jünger versammelt und blicken in den wolkenverhangenen Himmel, in den Jesus entrückt wird. Es sind Blicke und Szenen der Betroffenheit, der Hilflosigkeit und Gesten der Trauer, während Jesus nochmals seine Arme weit ausgebreitet hat.

Das bildliche Hauptprogramm stellen jedoch die Glasfenster zu beiden Seiten und in beiden Etagen dar. Das Programm war vorgegeben, der Wettbewerb unter den Glasmalereibetrieben wurde zugunsten von Hans Drinneberg aus Karlsruhe entschieden, Hans Rieger entwarf die Bilder. Zwei große Fenster im Querhaus erzählen Episoden der Reformation: „Luther auf dem Reichstag zu Worms" und „Luther und Melanchthon übersetzen die Bibel", Letzteres mit einem Porträt von Pfarrer Lebrecht Mayer. Alle anderen Darstellungen sind Medaillonbilder, die paarweise angeordnet wurden: Unter ihnen Moses und David, Petrus und Paulus; Paul Gerhard und Gustav Adolf von Schweden als Liederdichter („Verzage nicht du Häuflein klein" von Gustav Adolf), Ritter Bat von Riporg und Aloys Henhöfer (Reformator in Rüppurr), Markgraf Karl Friedrich und Großherzog Friedrich I. (badische Ge-

schichte) sowie Fürst Bismarck und Kaiser Wilhelm I. (deutsche Geschichte), und andere mehr. Alle Glasfenster wurden von Privatpersonen gestiftet, wie auf jedem Fenster nachgeprüft werden kann.

Der Sinn des Kirchenbaus und des Darstellungsprogramms erschließt sich erst auf den zweiten Blick. Die Wahl des Barockstils erscheint für diesen Kirchenbau völlig widersinnig, weil hier im 19. Jahrhundert immer ein mittelalterlicher oder frühchristlicher Stil gewählt wurde. Aber nur kurz vor der Rüppurrer Kirche war in Berlin der protestantische Dom fertig gestellt worden, in reinen Barockformen. Kaiser Wilhelm II., der Auftraggeber in Berlin, war mit dem badischen Hause verwandt und regelmäßig Gast im Schloss, seine Gedankenwelt also präsent. Das Thema „Thron und Altar" war im Protestantismus immer aktuell, unter den Hohenzollern-Kaisern mehr denn je. Aktuell war auch die Auseinandersetzung mit Sozialisten und Sozialdemokraten, für die die Herrscher Rückhalt suchten und oft bei den Kirchen fanden. Und um sich nicht dem Vorwurf der Geldverschwendung auszusetzen, war die Rüppurrer Kirche prinzipiell sparsam geplant worden – so etwa nur Terracotta statt Marmor, die Gewölbe in der Kirche aus Rabitz statt Stein, verputzte Mauern statt Quadermauern.

Nach dem Zweiten Weltkrieg war eine Renovierung fällig, die zur 50-Jahrfeier 1958 durchgeführt wurde. Jetzt erhielt die Kirche den Namen Auferstehungskirche, weil *unser Gotteshaus inmitten der Stätte der Entschlafenen liegt und sich nach jeder Beerdigung eine in ihr gehaltene Trauerandacht anschließt, um durch den Namen die Hoffnung der christlichen Gemeinde zu bekunden.* Die Farbigkeit und Lichtführung der Kirche wurde total verändert. Der größte Verlust dabei war wohl die Auflösung der Altarwandkomposition, die liturgische Anordnung beim Altar wurde nicht mehr akzeptiert. Die Kanzel über dem Altar wurde als „Kommandobrücke" wahrgenommen. Eine neue Kanzel wurde seitlich platziert, geplant und ausgeführt von Gisbert von Teuffel und Erich Rossmann. Die Leere hinter dem Altar, wo sich früher die Kanzel erhob, füllte das neue Kruzifix, das von Edzard Hobbing geschaffen wurde. Der Messingkorpus lehnt sich stilistisch an Vorbilder der Romanik an, der Gesichtsausdruck spiegelt den in sich ruhenden Jesus, der den Tod überwunden hat.

einer Reihe von Seitenkapellen errichtet. Der freie Platz an der Straßenkreuzung und die Wiesen am Albufer schaffen Freiraum, so dass die Fassade mit einem großen Triumphbogenmotiv und einem mächtigen Glockenturm ihre Wirkung entfalten kann.

Halbfertig war der Kirchenbau bei der Weihe aus Geldnot steckengeblieben, erst nach dem Krieg konnte die Einrichtung auch unter künstlerischen Gesichtspunkten vollendet werden. Die Arbeiten zogen sich schließlich bis 1956/57 hin. Emil Sutor hatte eine Kreuzigungsgruppe geschaffen, die jedoch so ausladend und groß war, dass der ganze Hochaltar umgebaut werden musste. Die hohen Kirchenfenster, 1967 von Rainer Dorwath entworfen, erhielten Glasfenster nach Motiven des Sonnengesangs des Hl. Franziskus.

Als man den Hochaltarbereich nach den Prinzipien des II. Vatikanums umgestaltete, wurden neue Glasfenster eingesetzt. Die jüngsten Veränderungen gehen auf die polnischsprachige Gemeinde Karlsruhes zurück, die nun schon viele Jahre hier ihre Gottesdienste feiert. Die alte Taufkapelle im Eingangsbereich wurde mit einer Kopie der Madonna von Tschenstochau und anderen Gemälden in eine polnische Kapelle transformiert. Eine ganz andere Skulptur ist aber in letzter Zeit zu Ehren gekommen: In einer Nische auf der rechten Seite hat die Holzstatue einer Madonna auf der Mondsichel ihren Platz gefunden. Ein Soldat hatte sie bei seiner Rückkehr aus Kriegsgefangenschaft 1947/48 an der Pforte abgegeben. Er habe sie selbst im Krieg geschnitzt und gelobt, sie der ersten katholischen Kirche zum Geschenk zu machen, auf die er in Deutschland stoßen würde, wenn er den Krieg gesund überleben würde. Diese Statue war bei der Renovierung der Kirche „verschwunden" und ist vor Kurzem wieder aufgetaucht. Bei einem Holzschnitzer in Schonach wurde sie restauriert, bevor sie wieder aufgestellt wurde.

Weiherfeld

Das Weiherfeld bestand noch bis Anfang des 20. Jahrhunderts aus Feldern und Wiesen. 1913 setzten die Planungen für seine Bebauung ein, doch wurden sie durch den Krieg verzögert. 1923 konnten die ersten Wohnungen bezogen werden, und 1927 war die Wohnbebauung im Wesentlichen abgeschlossen. Zu den Einwohnern gehörten zum einen die aus Elsass-Lothringen vertriebenen Deutschen, zum anderen auch viele Bahnbedienstete.

81 Etwas abseits des Siedlungskerns liegt die **Friedenskirche (evang.).** In den Jahren 1948–49 erbaut, gehört sie zu dem berühmten Notkirchenprogramm von Otto Bartning. Als das Weiherfeld in den 1920er-Jahren bebaut wurde, kam sehr bald der Wunsch nach einer eigenen Gemeinde mit Kirche auf, weil man vor allem den Kindern den Weg in benachbarte Gemeinden (Beiertheim) nicht zumuten wollte. Frühzeitig sicherte man sich ein großes Gelände, auf dem 1930 ein Notbau in nordischer Holzbauart errichtet wurde. Obwohl viel zu eng, fand

> Tauberstraße 10
> 76199 Karlsruhe
> www.frieden.weiherfeld-dammerstock.de

hier 19 Jahre lang das gesamte Gemeindeleben statt – Kindergarten, Krankenpflegestation, Bibelstunde, Gemeindeabend, Kirchenchor, Gottesdienst. 1947 erfuhr die Gemeinde vom Notkirchen-Bauprogramm des Architekten Otto Bartning und stellte einen Antrag an das Zentralbüro des Hilfswerks der Evang. Kirche, der im Februar 1948 positiv beschieden wurde.

Bartnings Notkirchen-Bauprogramm hatte seine großen Stärken in der Bündelung ganz unterschiedlicher Sparten des Baugewerbes.

Bartning hatte eine „Standard"-Kirche entworfen, die mehrere Varianten vorsah. Der Kirchenraum wurde durch Holzbinderkonstruktionen gebildet, die wie Zeltstangen aufgestellt wurden. Die Binderkonstruktionen wurden aus den USA, der Schweiz oder Skandinavien geliefert. Voraussetzung war eine ebene Bodenplatte aus Beton, die jeweils am Ort hergestellt wurde. Die Mauern zwischen den Bindern, die statisch keine Funktion

haben, konnten aus Bruchsteinen oder ähnlichem Material bestehen. Auch Fenster und Türen wurden nach einheitlichen Maßen vorgefertigt. Durch die Standardisierung konnten Binder, Türen und Fenster in Serie vorgefertigt werden, die Gemeindeglieder am Wohnort, auch ungelernte, konnten durch Eigenarbeit Geld sparen helfen, und gleichzeitig wurde dazu beigetragen, die Trümmerberge zu beseitigen. Die Finanzierung erfolgte durch Spendenaktionen der Kirchen, meist aus den USA. An die 50 solcher Kirchen sind in ganz Deutschland von 1947 bis 1953 gebaut worden. Die Bartningschen Notkirchen werden heute als eigener Begriff von anderen „Notkirchen", die einfach Bauprovisorien bezeichnen, abgegrenzt. Ein Antrag, sie ins UNESCO-Weltkulturerbe aufzunehmen, ist in Vorbereitung.

Im Weiherfeld wurde am 19. August 1948 der erste Spatenstich getan, im Januar 1949 konnte der Ortbetonboden in Angriff genommen werden. Am 27. April wurden die Binderkonstruktionen angeliefert, am 30. April waren alle acht schon aufgerichtet, so dass am 9. Mai Richtfest gefeiert wurde. Die Bruchsteine für das Mauerwerk wurden vom Rathaus, das in Ruinen lag, zur Verfügung gestellt. Für die Innenseiten wurden rote Backsteine verwendet. Die Kirche besteht aus einem großen Einheitsraum. Zwischen Wänden und Dach läuft ein flaches Fensterband mit einfachem Glas um. Ein hohes Holzkreuz ist der einzige Schmuck im Altarbereich. Am 13. November 1949 wurde der Bau mit dem Namen Friedenskirche eingeweiht.

Von Anfang an war ein Glockenturm vorgesehen, dessen Stumpf 1949 mit angelegt wurde. Aber es war klar, dass ein Turm und Glocken nicht mit dem Notprogramm finanziert werden durften. Als Erich Rossmann 1960 das Gemeindehaus fertig gestellt hatte, wurde auch der Turm in Angriff genommen und zwei Jahre später eingeweiht. Die Friedenskirche wurde 1999 von Sabine Straßburg schonend renoviert, damit sie ihren originalen Charakter behält. Farbfenster, die zwischenzeitlich an der Fassade eingesetzt worden waren, wurden wieder entfernt. Die Bänke wurden leicht gekürzt und Stühle für moderne Gottesdienstformen dazugestellt, die Altarstufe weggenommen, um den Bau an die heutigen liturgischen Bedingungen anzupassen.

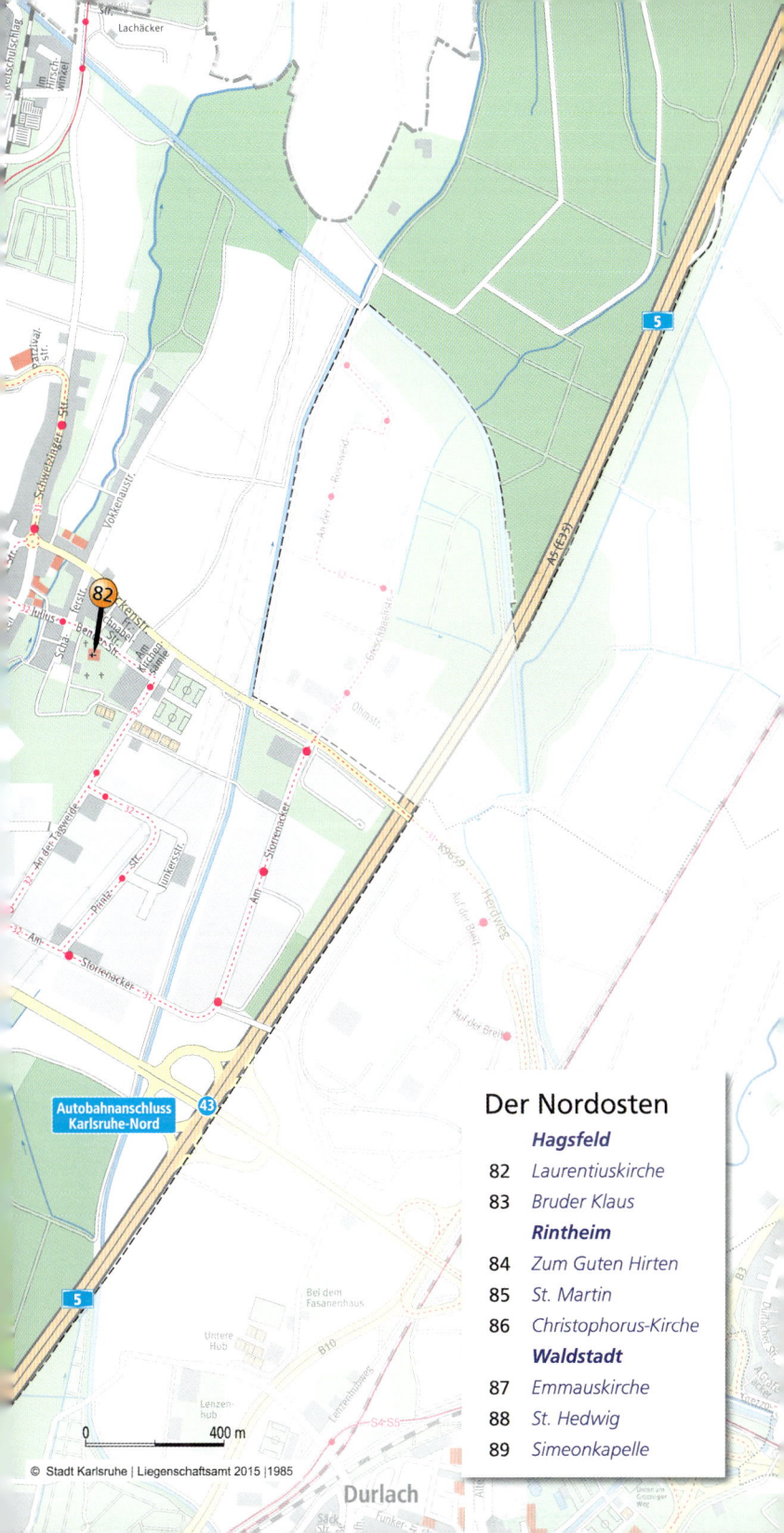

82

© Stadt Karlsruhe | Liegenschaftsamt 2015 |1985

0   400 m

Autobahnanschluss Karlsruhe-Nord

Durlach

Der Nordosten

Die Siedlungen im Nordosten von Karlsruhe bilden keine historische Einheit, sie haben eine individuell verschiedene Geschichte. Trotzdem ist der Wachstumsprozess, der von Karlsruhe ausgeht, hier recht gut zu verfolgen – von der Oststadt nach Rintheim, von Rintheim nach Hagsfeld, und zum Schluss die große Neubauphase nach dem Zweiten Weltkrieg.

Hagsfeld

Hagsfeld kann auf eine über tausendjährige Geschichte zurückblicken. Am Ende des 10. Jahrhunderts wurde der Ort bereits als Besitz des Klosters Weissenburg im Elsass genannt. Trotzdem lassen sich kaum historische Spuren in dem Ort erkennen, was daran liegen mag, dass am Ende des Dreißigjährigen Kriegs gerade noch 45 Einwohner gezählt wurden. Im Zweiten Weltkrieg wurde Hagsfeld ein weiteres Mal schwer getroffen, inzwischen war der Ort nach Karlsruhe eingemeindet worden. Hagsfeld gehörte seit dem ausgehenden Mittelalter Baden-Durlach und war deswegen ab 1556 protestantisch. Erst mit dem Zuzug nach dem Zweiten Weltkrieg wuchs der katholische Bevölkerungsteil.

82 Die **Laurentius-Kirche (evang.)** liegt abseits des Ortes auf einer kleinen Anhöhe inmitten des Friedhofs. Die erhöhte und abseitige Lage könnte darauf hinweisen, dass die Kirche alte Siedlungsreste der Römerzeit nutzte. Ausgrabungen im Jahr 2003 haben gezeigt, dass die mittelalterliche Kirche, die zunächst zu Kloster

Weißenburg, dann zum Kloster Gottesaue gehört hat, wesentlich kleiner gewesen sein muss. Kurz nach 1500 scheint die Kirche in ihrer jetzigen Größe (außer dem Altarraum) gebaut worden zu sein, wie eine schwer lesbare Jahreszahl an einem Portal nahelegt. Restaurierungen mit dem Einbau von neuen Fenstern und einer Empore an der Vorderseite, infolge des Pfälzischen Erbfolgekrieges notwendig geworden, erfolgten Anfang des 18. Jahrhunderts. Diese Kirche mit ihrem Dachreiter wurde im April 1944 von Bomben schwer getroffen und brannte vollständig aus. Bei der Wiederherstellung 1949–52 fügte man den jetzt bestehenden Altarraum hinzu. Im Jahr 2003 wurde die Kirche im Innern modernisiert, und vor dem Eingang wurde für Ansprachen ein stählerner Baldachin errichtet, im Volksmund „Papstbaldachin" genannt.

Heute erstrahlt das Kircheninnere in hellen Farben an Wänden, Decke und Empore, ein Konzept des Brettener Architekten Alexander Ketzel, der auch die neue Kanzel und den beweglichen Altar entwarf. Die ganze Aufmerksamkeit zieht jedoch die rückwärtige Altarraumwand auf sich: das Werk von Karlheinz Fritz. Vor der in pastellenen Farbtönen flockig bemalten Wand hängt ein gläsernes Kreuz, dessen Balken mit roten und grünen „Scherben" belegt ist. Von der Mitte des Kreuzes gehen zarte Lichtstrahlen aus. Schmerz und Hoffnung werden in Christus gesammelt und von ihm überstrahlt. Worte des 121. Psalms geben eine „Lesehilfe" für die Wandgestaltung.

Doch auch die Kirche der Nachkriegszeit ist noch sichtbar: In den Fenstern mit Kathedralglas der Firma Großkopf, in den Standleuchtern von Walter Schönwandt und vor allem in dem ausdrucksstarken hölzernen Kruzifix von Helmuth Uhrig, das einst den Altar schmückte und jetzt seitlich aufgehängt ist. Das Tabernakel aus der Kirche um 1500 wurde nach dem Krieg leider nur teilweise, ohne seinen schönen Maßwerkschmuck wiederhergestellt. Originell ist der Taufstein, Meisterstück des Hagsfelder Steinmetzmeisters Peter Küchlin und von ihm

> Schäferstraße 11
> 76139 Karlsruhe
> www.laurentiuskirche-hagsfeld.de

gestiftet. Er ist fünfeckig und widersetzt sich damit den gängigen Vorstellungen, dass Taufsteine rund oder achteckig sein müssen. Beim Friedhofseingang steht noch der Sockel des alten, 1944 zerstörten Taufsteins.

83 Im Neubaugebiet jenseits der Bahntrasse liegt die Kirche **Bruder Klaus (kath.)**. Inzwischen hat sich diese familiäre Bezeichnung eingebürgert statt des offiziellen Namens „Hl. Nikolaus von Flüe". Der Bedarf an katholischer Seelsorge war in dem lange rein protestantischen Hagsfeld nach dem Zweiten Weltkrieg sprunghaft angestiegen. Vor dem Bau eigener Kirchen in Hagsfeld und Rintheim mussten Katholiken bis in die Karlsruher Oststadt gehen. 1960 wurde in Hagsfeld eine Notkirche aus Holz errichtet, doch auch diese war rasch zu klein, so dass man schon in den 1970er-Jahren eine dauerhafte Kirche plante, die 1976 geweiht werden konnte. Der Plan des Karlsruher Architekten

Friedrich Zwingmann zeigt einen intelligenten Kombinationsbau, der ein Gemeindezentrum mit dem Sakralraum verbindet. Viele Räume gruppieren sich um den relativ bescheidenen zentralen Kirchenraum, der für normale Gottesdienste 50 Plätze bietet. Je nach Bedarf können weitere Räume zum Kirchenraum hin geöffnet werden.

Das gewählte Kirchenpatrozinium war in jenen Jahren durchaus aktuell. Der Hl. Nikolaus von Flüe (1417–1487) gilt als ein sehr volkstümlicher Schweizer Heiliger. Er lebte als Bauer wie alle um ihn herum, erst mit 50 Jahren änderte sich sein Leben. Als Eremit von tiefer Frömmigkeit nahm er außer dem eucharistischen Brot keine andere feste Nahrung zu sich. Als 1481 die acht eidgenössischen Kantone in einem Bruderkrieg unterzugehen drohten und ihre Abgesandten in Stans tagten, erreichte sie eine Botschaft von Bruder Klaus. Dieses „Stanser Verkommnis" bildete für Jahrhunderte die Grundlage der Eidgenossenschaft und damit auch einer friedlichen Politik. 1947 wurde er heiliggesprochen.

Waldeckstraße 9
76139 Karlsruhe
www.st-raphael-ka.de

Dominierendes Kunstwerk in dieser Kirche ist die Treppenhauswand, die Emil Wachter mit einem Relief des Lebensbaumes im Zentrum weiterer Reliefs schmückte. Mit einem Holzrelief, das die Sehnsucht des Bruder Klaus darstellt, rahmte Berthold Rumold den Tabernakel ein (1983). Weitere Kunstwerke in dieser jungen Kirche weisen auf alte Traditionen hin. Das Kruzifix im Kirchenraum stammt aus St. Bernhard. Joseph Dettlinger hatte es zusammen mit den vier Evangelistensymbolen

geschaffen, die in Bruder Klaus beim Ambo verwendet wurden. Das Kreuz war von St. Bernhard, die für die Hagsfelder Katholiken zuständig gewesen war, über die Rintheimer Notkirche hierher mitgewandert. Der Grundstein schließlich stammt aus dem Kreuzgang der Abteikirche von Weißenburg, zu der der Ort Hagsfeld tausend Jahre zuvor gehört hatte.

Rintheim

Rintheim wurde erstmals 1110 urkundlich erwähnt und gehörte während des Mittelalters die meiste Zeit zum nah gelegenen Kloster Gottesaue. Im markgräflichen Amtsbereich von Durlach gelegen, wurde es im 16. Jahrhundert evangelisch. Da es noch keine Pfarrkirche gab, mussten die Bewohner bis ins 19. Jahrhundert für Gottesdienste nach Hagsfeld gehen. Im 19. Jahrhundert veränderte sich die Struktur des Dorfes langsam, Landwirtschaft wurde Nebenerwerb, das nahe Karlsruhe sorgte für besseres Auskommen, zumal die Oststadt kräftig wuchs. So wurde Rintheim bereits im Jahr 1907 eingemeindet und teilte fortan sein Schicksal mit Karlsruhe. Im Zweiten Weltkrieg verfehlte ein britischer Luftangriff am 24./25. April 1944 die Innenstadt und traf vor allem Rintheim, aber auch Hagsfeld. Für ein Dorf ungewöhnlich, wurde es zu 70 % zerstört. Nach dem Krieg zogen auch hier viele Vertriebene zu.

84 Im alten Ortskern des Straßendorfes liegt die Kirche **Zum Guten Hirten (evang.)**. Nach 80-jährigem Bemühen hatte der Ort endlich eine Kirche erhalten, als Stiftung des Großherzogs. Die neogotische Kirche wurde am 5. November 1871 feierlich eingeweiht. Von dieser blieben bei dem oben genannten Luftangriff nur die Außenmauern stehen, so dass man sich nach dem Krieg zu einem

> Rintheimer Hauptstraße 79
> 76131 Karlsruhe
> www.ev-kirche-ka.de

völligen Neubau entschloss. Die neue Kirche, die am 7. November 1954 eingeweiht wurde, nimmt zwar die Maße und die Grundform der alten Kirche auf, ist im Detail aber anders gestaltet. Im Jahr 1964 erhielt sie ihren heutigen Namen.

Zur Straße hin zeigt sich die Kirche mit einem wuchtigen Glockenturm aus Buntsandstein, der fast die Höhe der alten neogotischen Kirche erreicht. Das Langhaus ist als ein großer Saal angelegt und besitzt eine leicht gewölbte Decke aus Betonträgern, die Fenster sind kantig aus den Mauern ausgeschnitten. Der polygonale Chor, der schon in der alten Kirche vorhanden war, hat nun eine völlig veränderte Lichtführung erhalten – nicht durch hohe Fensterbahnen, sondern durch hoch gelegene, vom Kirchenschiff her nicht sichtbare Fenster fällt das Licht auf den Altar. Unter dem Kreuz sieht man als modern gestaltete Umrisse aus Metall Fische und Brote (jetzt im Eingangsbereich). Dieser Bau stellte in Form einer Art

Neoklassizismus eine beachtliche Leistung der Nachkriegsmoderne dar.

In den Jahren 1989/90 wurde unter der Leitung von Roland Schmitt vom Hochbauamt der Kirchenraum farblich neu gefasst und der Altarraum neu gestaltet. Hauptgestaltungselement ist jetzt die Farbe Grau, und es ist erstaunlich, in wie vielen Nuancen Raum und Ausstattung wahrgenommen werden können. Insbesondere die Oberlichtwirkung im Altarbereich wurde nochmals verstärkt. Die Geometrie des Altarraums, die sich aus der Zahl Acht – eine Zahl der Vollkommenheit – ableitet, wurde auf Kanzel und Taufstein übertragen. Drei hochrechteckige Bildtafeln von Hans-Martin Erhardt hängen an den Wänden des Altarraums. Grau in Grau werden für den Betrachter langsam Striche sichtbar, ein Weg führt in die Ferne, nach oben, wo das Kreuz schwebt und der Querbalken als Symbol für die segnenden Hände Jesu gelesen werden will.

85 Im Rintheimer Feld, dem großen Neubaugebiet der 1950er-Jahre, steht die Kirche **St. Martin (kath.)**. Die einst wenigen Katholiken in Rintheim wurden zunächst von St. Bernhard aus betreut, doch schon vor dem Ersten Weltkrieg kam der Wunsch nach einer eigenen Kirche auf. Gleich nach dem Krieg wurde ein Grundstück erworben, auf dem eine kleine Notkirche eingerichtet werden konnte. Zerstörungen im Zweiten Weltkrieg und schnelles Wachstum der Gemeinde machten dann den großen Neubau notwendig, der 1958 begonnen und am 4. Oktober 1959 geweiht

Mannheimer Straße 1a
76131 Karlsruhe
www.st-raphael-ka.de

wurde. Das Patrozinium hatte man von der Notkirche übernommen, die den Namen des Hl. Martin von Tours († 397) im Jahr 1923 erhalten hatte. Der fränkische Heilige steht symbolhaft für die frühmittelalterliche Besiedlung der Region als Teil des fränkischen Reichs, aber noch mehr für die christliche Tugend der Barmherzigkeit, wie sie eben der Hl. Martin erwiesen hatte, als er seinen Mantel mit einem Armen teilte.

Gerade in der Nachkriegszeit war diese Tugend besonders aktuell. Die Mantelspende hat Ludwig Barth in der seinerzeit modernen Technik der Eisendrahtskulptur an der Fassade dargestellt.

Auch heute steht die Kirche in ihrer ganzen Breite und Tiefe frei im Rintheimer Feld. Der Glockenturm, mehr breit als hoch, ragt hinter ihr auf, was sich aus der Grundrissdisposition erklärt: Die Kirche bildet ein Kreuz mit extrem kurzen Kreuzarmen und einem besonders großen Raum in der Mitte. Dadurch wurden über 700 Sitzplätze geschaffen, eine wichtige Forderung der damaligen Zeit. Die

Seitenschiffe wurden für die Bankreihen genutzt, über dem Eingang wurde wie üblich die Orgelempore eingerichtet und der Chor wurde durch den Turm überhöht, mit dem praktischen Effekt, viel Licht auf die weite halbrunde Apsis mit dem Altar zu lenken. Schlanke Stahlstützen tragen die weitgespannte Holzdecke, die auf Stahlbindern aufruht. Die

Decke schwingt zur Mitte hin leicht nach oben und gibt dem Gebäude die Anmutung eines Zeltdachs. Architekt war Werner Groh.

Das Mauerwerk der Seitenwände wurde nach innen sichtbar belassen, um einen schönen Kontrast zu den Fensterbändern zu bilden, deren abstrakte Kompositionen Otto Stolzer entworfen hat. Nur die Fenster beim Eingangsbereich erhielten eine figürliche Gestaltung, um die Funktion der seitlichen Räume erkennbar zu machen, die zur Orgelempore führen bzw. als Taufraum dienen; dieser ist jedoch verlegt worden. Dem weiten Raum gegenüber fordert die Apsis mit ihrer Form einer halbrunden Ziegelwand zur Konzentration auf. Hier hängt das mächtige hölzerne Kruzifix von

Berthold Rumold, das am Karfreitag 1980 enthüllt wurde. Die eine Hand segnend, die andere schmerzverzerrt, will es in Ruhe betrachtet werden.

In jüngster Zeit wird die Kirche renoviert. Die Außenrenovierung wurde schon 2001 durchgeführt, zurzeit werden Möglichkeiten einer differenzierten variablen Nutzung des Innenraumes erwogen.

86 In der Sulzfelder Straße befindet sich seit 1985 die **Christophorus-Kirche (Christengemeinschaft).** Sie bildet den Mittelpunkt des Gemeindezentrums der Christengemeinschaft.

> Sulzfelder Straße 2
> 76131 Karlsruhe
> www.christengemeinschaft.de

Diese entstand 1922 unter der Schirmherrschaft von Rudolf Steiner in Dornach bei Basel. Die Karlsruher Gemeinschaft wurde bereits im selben Jahr gegründet. Der Holzbau im Stil anthroposophischer Architektur

wurde von Berthold Rosewich entworfen und vermittelt einen leichten und heiteren Eindruck. Der taubenblaue Bau hat seinerzeit den Weinbrenner-Preis, einen Architekturpreis des Bundes Deutscher Architekten in Karlsruhe, erhalten.

Waldstadt

Wegen der überaus großen Bevölkerungszunahme nach dem Zweiten Weltkrieg wurde ab 1957 auf der Hagsfelder Gemarkung ein ganz neues Stadtviertel gebaut – die Waldstadt. Ihr Architekt war Prof. Karl Selg, Schüler des Karlsruher Städtebaulehrers Otto Ernst Schweizer. Es wurde als Demonstrativ-Bauvorhaben des Bundesbauministeriums realisiert. Dabei ging es um Rationalisierung im Wohnungsbau und Managementaufgaben. Die Wohnstadt auf dem Reißbrett mit kleinem Ladenzentrum wuchs schnell. Öffentliche Bauten kamen erst viele Jahre später hinzu, unter ihnen Schulen und Kirchen. Die Waldstadt war ursprünglich nur durch eine Autostraße im Westen an die Stadt angebunden. Eine Straßenbahnverbindung wurde später eingerichtet. Als die Feldlage ebenfalls bebaut wurde, bildete die Straßenbahnlinie die Mittelachse. An ihr entlang reihen sich auch die Schulen und Kirchen.

87 Auf dem Grünstreifen, der sich im Osten der neuen Siedlung entlang zieht, steht die **Emmauskirche (evang.)**, die am 19. Dezember 1965 eingeweiht wurde. Vorausgegangen waren fünf Jahre Aufbauarbeit, die 1960 mit einer Kindergartenbaracke begonnen hatte.

Hier wurde in zwei Schichten Gottesdienst gehalten und danach wurde mit Kinderstühlen „umgestuhlt". Bereits 1962 war ein Wettbewerb für eine Kirche mit Gemeindezentrum ausgeschrieben worden, den der junge Architekt Peter Salzbrenner aus Stuttgart gewann. Pfingsten 1964 erfolgte die Grundsteinlegung, und anderthalb Jahre später war das Bauensemble fertig.

Eine große, relativ steile Dachfläche ist schon von Weitem sichtbar, begleitet von einem schlanken, fensterlosen Glockenturm. Das monumentale Dach wirkt wie ein Zelt, und zwar gleichermaßen von außen wie von innen. Es steht für das wandernde Gottesvolk des Alten Testaments, das Volk Israel auf dem Weg von Ägypten ins Gelobte Land. Im Neuen Testament entspricht dieser Geschichte die Emmaus-Erzählung – nach dem Tod Jesu sind die Jünger auf dem Weg nach Emmaus und begegnen ihrem Herrn. Sogar bis in die Gegenwart hinein ließe sich diese Geschichte fortsetzen, denn auch die Bewohner der Waldstadt gehörten letztendlich zu dem wandernden Volk Gottes, das nach dem Krieg hier eine neue Heimat gefunden hatte.

Königsberger Straße 35
76139 Karlsruhe
www.emmausgemeinde-karlsruhe.de

Mit der Emmauskirche hatte Salzbrenner einen der ersten kompromisslos modernen Kirchenbauten in Karlsruhe entworfen. Im Gesamtplan reihte er die Gebäudeteile – Wohnung, Büroräume, Gemeindesaal und Kirche – rings um einen Innenhof, durchaus einem Kloster mit Kreuzgang ähnlich. Der Glockenturm steht seitab, ragt steil in die Höhe und überragt als einziges Gebäude die Baumwipfel, die eigentlich die Baugrenze für die Waldstadt bilden. Das Zeltdach aber ist das Hauptmotiv in Salzbrenners Entwurf. Um die Dachform immer deutlich wahrzunehmen, wird sie durch ein schmales Fensterband von den Wänden abgesetzt, nur vier starke Stützen in den Ecken des Kirchenraums lassen es über dem Raum schweben und Tageslicht eindringen, eine äußerst kühne und auch riskante Konstruktion. Die beiden dreieckigen Stirnwände werden die Funktionsträger für Altar bzw. Orgelempore, die beiden Seitenwände bieten Platz für Betonskulpturen. An der Altarwand reihen sich wie auf einer Bühne um das Kreuz in der Mitte die Prinzipalstücke Taufstein, Altar und Kanzel. Gegenüber schwebt die Orgel- und Sängerempore über den Köpfen der Gemeinde.

Die künstlerische Ausstattung stammt von Gottfried Gruner, der die Kirche außen und innen mit Betonreliefs schmückte. Dies war Kunst am Bau im wörtlichen Sinne, denn sie entstand gleichzeitig mit dem Bau, indem der Künstler die Reliefs mit entsprechenden Hölzern oder anderen Materialien – Styropor war ganz modern – am Rohbau anlegte. Mauer und Relief wurden gleichzeitig gegossen. Das Bildprogramm bezieht sich direkt auf den Namen dieser Kirche, denn an ihrer Außenmauer im Hof wird das wandernde Volk Gottes gezeigt, wie es aus Ägypten auszieht. In der Szene daneben schlägt Mose für sein dürstendes Volk Wasser aus dem Felsen. Dem entspricht im Neuen Testament die Stärkung mit Brot und Wein. Im Innern der Kirche setzt sich die Bildfolge mit einem Blick auf Jerusalem fort. Alles ist im Chaos, zwei Männer verlassen die Stadt, auf dem Weg nach Emmaus. Auf der linken Seite geht die Geschichte zu Ende. Die beiden Männer geben das Brot weiter. Was scheinbar fehlt, ist der dramatische Höhepunkt, die Kreuzigungsszene. Diese ist aber an der Außenseite im Norden beim Glockenturm zu sehen, heute eine Wiese, doch früher war geplant, hier einen Wochenmarkt einzurichten. Das erklärt die Stellung des Glockenturms, der eben auch zu diesem Platz hin ausgerichtet war.

88 Nahebei steht die Kirche **St. Hedwig (kath.)** inmitten des Gemeindezentrums der katholischen Gemeinde mit Sälen, Büros und Kindergarten. An die 2500 Katholiken waren im Jahr 1960 noch ohne eigene kirchliche Versorgung. „Es gab alles – massenhaft Kinder – nur sonst nichts, keine Räume usw.", wird ein Gemeindeglied zitiert. Die Arbeit begann damit, einen Kindergarten und dann im Keller einen Gottesdienstraum einzurichten. Nach langen Vorplanungen begannen die Arbeiten für den Kirchenbau im Jahr 1966, und ein Jahr später konnte er geweiht werden. Die Kirche trägt den Namen

Königsberger Straße 55
76139 Karlsruhe
www.st-raphael-ka.de

der großen Heiligen Schlesiens (1174–1243), die sich als Gemahlin von Herzog Heinrich I. von Schlesien um die Christianisierung des Landes bemühte und sich besonders stark um die Armen kümmerte. Bereits 1267 wurde sie heilig gesprochen. Seit etlichen Jahrhunderten gilt sie als die Nationalheilige Schlesiens. So erhielt Berlin schon im 18. Jahrhundert eine St. Hedwigskirche (heute Bistumssitz) für die vielen zugezogenen Schlesier. Nach dem Zweiten Weltkrieg nahmen die vertriebenen Schlesier ihre Hedwigsverehrung mit in die neuen Siedlungen im Westen Deutschlands. Inzwischen wird ihre Verehrung auch in Polen sehr geschätzt, und die Hl. Hedwig ist Patronin des Aussöhnungsprozesses von Deutschland und Polen.

Wohl einmalig in der Geschichte der Kirchen von Karlsruhe ist der Umstand, dass der entwerfende Architekt Friedrich Zwingmann und der gestaltende Künstler dieser Kirche Emil Wachter in der Waldstadt wohnten, ebenso wie die vielen Handwerker, die den Bau ausführten; eine seltene Symbiose. Friedrich Zwingmann legte seinem Entwurf das Quadrat und die Zahl Vier zugrunde. Im Inneren des quadratischen Kirchenraums mit seinen hohen Wänden tragen vier schlanke Stützen das flache Gewölbe, das wie vier auf der Spitze stehende Pyramiden gebildet ist. Ein schmales Fensterband ist zwischen Wände und Decke eingeschoben, ein weiteres teilt die Wand. Seitenkapelle, Sakristei und

Eingänge sind konsequent in das Quadratschema eingepasst. Das Baumaterial ist durchgehend Stahlbeton. Die materielle Einheit, die in einem Kirchengebäude im Mittelalter in einem langen Prozess hergestellt wurde, erscheint hier mit dem modernen Baumaterial wiederholt. Beton wird an der Baustelle geformt, indem er in vorgefertigte Schalen gegossen wird. An vielen Stellen ist die Maserung der verwendeten Holzbretter der Schalung im Beton abgedrückt und absichtlich nicht beseitigt worden.

Die Gestaltung der Betonwand hatte Emil Wachter übernommen. Figuren waren durch Styroporeinlagen vorgeformt, er konnte an der halbfertigen Wand, die im rohen Relief stand, wie ein Bildhauer weiterarbeiten. Außerdem hat er die Glasfenster entworfen, so dass hier eines seiner großen Gesamtkunstwerke entstanden ist. Heute wirkt der Raum allerdings anders, denn bei der großen Renovierung 1992/93 hat Emil Wachter sein eigenes Werk farbig gefasst, mit Unterstützung seiner Tochter Simone. Am Ende des 20. Jahrhunderts war die Forderung nach Licht und Farbe übermächtig geworden. Symbolzahlen bestimmen die weitere Einteilung des Kircheninneren. Jede Wand ist in vier waagerechte Zonen unterteilt, über der Sockelwand verbleiben drei Bilderstreifen. Über der Altarinsel nehmen drei Bäume die ganze Wandfläche ein. Sie sind belebt, Vögel nisten und fliegen in ihnen. Die Drei steht für die Trinität, für Glaube, Liebe und Hoffnung, aber auch für das Leben allgemein. Die Südwand ist dem Alten Testament gewidmet, die Elemente weisen auf die Schöpfung hin, Mose streckt seine Arme hilfesuchend dem in der Feuersäule erscheinenden Gott entgegen. Die Nordwand gegenüber beschäftigt sich mit der Erlösungstat des Neuen Testaments, mit dem Leiden Jesu. Die Marterwerkzeuge fallen sofort auf, oder das Schachbrett als Fußboden, auf dem die Menschen um die Gewänder Jesu schacherten oder ganz ihrem eigenen Antrieb folgten. In der Mitte zerreißt der Vorhang des Tempels, der die Sterbestunde Jesu markiert, daneben die Pfingstfeuerrose, Symbol für den Heiligen Geist. Die Rückwand schließlich, die wegen der Orgelempore ein kleineres Bildprogramm enthält, ist dem Leben auf der Erde gewidmet, Haus und Baum, Katze und Vogel zeigen uns die Alltagswelt.

Zwei schmale Glasbänder rahmen die große Bilderzählung der Wände ein. Der obere Glasstreifen, der erst bei der Renovierung 1992 installiert wurde, behandelt die Zahl Drei, das Göttliche. Das untere, bereits 1967 fertig gestellte Glasband ist der Zahl Vier gewidmet. Durch seine Farbigkeit werden die vier Jahreszeiten dargestellt. Es führt uns zu dem irdischen Geschehen. Die Sockelwand hinter dem Altar schließlich schmückt ein großer Teppich mit dem Leben der Hl. Hedwig, die vom himmlischen zum irdischen Geschehen vermittelt.

Zum Gesamtkunstwerk der St. Hedwigskirche gehören auch ihre Glocken, die sie zur Weihe 1967 erhalten hat. Emil Wachter hat für sie die Glockenzier entworfen und damit auch einen wichtigen Beitrag zur Wiederbelebung dieser alten Art des Glockenschmucks geliefert.

89 In der Insterburgstraße, inmitten des Wohngebiets, liegt die **Simeonkapelle (evang.)**. Das ursprüngliche Konzept sah ein Gemeindezentrum mit eigener Kirche vor, was jedoch nicht ausgeführt wurde. Der Kapellenraum, angeschlossen an einen Kindergarten, blieb aber bestehen und wurde 1968 gebaut. Die Glaswand von Klaus Arnold stellt neun biblische Geschichten dar, die jeweils in einem Bild verdichtet wurden. Sie handeln davon, wie Menschen die Nähe Gottes erfahren. Die Glocke in einem kleinen Turm an der Seite der Kapelle ist das Geschenk einer Bewohnerin der Waldstadt, die ungenannt bleiben wollte.

Insterburger Straße 13
76139 Karlsruhe
www.emmausgemeinde-karlsruhe.de

Grötzingen

Der Osten

Der Osten

Die Durlacher Geschichte beginnt in Grötzingen, dem bis in früh-fränkische Zeit zurückreichenden Dorf, wo Spuren alter Besiedelung archäologisch nachgewiesen werden konnten. In Grötzingen befand sich in früher Zeit eine Kirche (der Vorgängerbau der heutigen ev. Kirche?), welche die Urpfarrei für das ganze Gebiet am Austritt der Pfinz in die Rheinniederung gewesen ist. Historiker halten sie für eine alte Martinskirche, auch wenn dort später das Patrozinium zum Hl. Kreuz belegt ist. Auf dem Turmberg oberhalb von Grötzingen, also auf der Dorfgemarkung, errichteten im 11. Jahrhundert die Grafen von Hohenberg, die auch von Grötzingen genannt wurden, ihre weit über das Land ragende Burg als ihren Herrschaftssitz.

Durlach

Zu ihren Füßen, zur Rheinebene hin, bildete sich eine Siedlung der zur Burg gehörigen Handwerker, Pferdeknechte, Schmiede und Schreiner, die den Namen Durlach erhielt. Im Jahr 1188 wird sie in einer Chronik genannt, als der Barbarossa-Sohn Herzog Konrad von Schwaben dort erschlagen wurde, weil er einer Durlacherin nachstellte. Durlach war demnach von den um 1130 ausgestorbenen Hohenbergern an die Staufer übergegangen, die es, so vermutet man, zur Stadt erhoben. Damals erhielt Durlach auch eine dem Hl. Stephan geweihte Kirche. Dieses Patrozinium des Heiligen der Pferde und der mit ihnen verbundenen Handwerker ist für eine Burgsiedlung sehr verbreitet. Die Kirche war zunächst von der Pfarrkirche in Grötzingen abhängig, wurde jedoch, so nimmt man an, schon im 12. Jahrhundert zur eigenen Pfarrkirche. Damit ist der Weg Durlachs über die Staufer zu den Markgrafen von Baden vorgezeichnet, die in der Stadt ein Schloss errichteten, zeitweilig Zentrum und Verwaltungssitz einer, wenn auch bescheidenen, badischen Residenz, seit 1535 der Linie Baden-Durlach.

Durlach blieb nicht von Kriegen verschont. Nach den Zerstörungen des Dreißigjährigen Krieges erholte sich Durlach zwar relativ gut, aber im Pfälzer Erbfolgekrieg wurde die Stadt 1689 von den Truppen Ludwigs XIV. bis auf die Grundmauern abgebrannt. Das führte letztlich zur Gründung von Karlsruhe. Im 19. Jahrhundert erlebte Durlach mit der Industrialisierung einen neuen Aufschwung, der zu einem starken Bevölkerungswachstum führte. In dieser Zeit zogen nicht nur Katholiken zu, sondern zunehmend auch freikirchliche Gruppen. Das machte sich relativ schnell auch im Kirchenbau bemerkbar. 1938 wurde Durlach zwangsweise nach Karlsruhe eingemeindet.

90 Mitten im historischen Zentrum von Durlach steht die **evangelische Stadtkirche Durlach**, zu ihrer Nordseite der Marktplatz und das Rathaus. Ihr heutiges Aussehen ist vor allem durch den

Barock geprägt, ihre Baugeschichte trotz mehrerer Renovierungs- und Ausgrabungsphasen in den letzten Jahrzehnten im Einzelnen noch nicht geklärt. Zum Marktplatz hin liegt das breite Kirchenschiff, dem im Osten ein polygonaler Chor angefügt wurde. An der Westseite ragt ein massiver Turm auf, der mit einer barocken Haube abschließt. Turm, Schiff und Chor sind gegeneinander mehr oder minder deutlich versetzt, ein deutliches Zeichen für eine komplexe Baugeschichte.

> Pfinztalstraße 32
> 76227 Karlsruhe
> www.stadtkirche-durlach.de

Der Turm auf quadratischem Grundriss ist der älteste Bauteil. Sein Erdgeschoss ist offenbar halb im Boden versunken, und in großer Höhe erkennt man Zwillingsfenster mit einer Mittelsäule. Das passt recht gut zu den archivalischen Überlieferungen, nach denen eine Stephanuskirche im Jahr 1255 erstmal erwähnt wurde. Die Kirche mit dem massiven Turm, von der geringe Reste im heutigen Kirchenschiff ergraben wurden, kann gut schon bei Gründung der Stadt im ausgehenden 12. Jahrhundert angelegt worden sein. Im späten 15. Jahrhundert wurde der Bau offenbar wesentlich vergrößert. Der Turm blieb stehen, Kirchenschiff und ein langgestreckter Chor mit gotischen Spitzfenstern entstanden ungefähr in den heutigen Dimensionen. Diese Kirche, die 1689 völlig ausbrannte und in den folgenden Jahren mit vielen Veränderungen wiederhergestellt wurde, steht heute noch vor uns.

Der Turm zeigt uns noch am ehesten seine mittelalterliche, sehr einfache Form. 1739 setzte ihm Benedikt Burtscher seine barocke Haube auf, womit er das Stadtbild Durlachs nach vielen Jahren des Wiederaufbaus bekrönte und abrundete. Schwierig war offenbar die Wiederherstellung des Kirchenraums selber. Die Hofbaumeister, die der

Markgraf für den Wiederaufbau der Karlsburg in seine Dienste genommen hatte, machten Vorschläge von teilweise atemberaubender Kühnheit. Domenico Egidio Rossi aus Rastatt und Thomas Lefèbvres setzten sich mit ihren Gutachten durch, so dass der wohlproportionierte heutige Innenraum der Kirche entstehen konnte. Der leitende Gedanke von Giovanni Mazza, Baumeister unter Rossi, sah vor, die große Kirchenhalle mit dem Chor in ihrer spätgotischen Außenform zu erhalten. So finden sich hier gotische (oder in gotischen Formen wiederhergestellte) Fenster neben barocken Eingangsportalen. Im Innern schuf er mit schlanken Säulen eine dreischiffige weite und tiefe Halle, wofür er den gotischen Chor radikal auf sein heutiges Maß verkürzte. Diese Halle wurde auf Vorschlag Rossis ganz einfach gestaltet, indem das flache Muldengewölbe nur einen schlichten Zierrand erhielt. Die Querachse, welche die Seiteneingänge markieren, wird auch in den unterschiedlichen Säulenabständen sichtbar, und damit wird das protestantische Prinzip des quer gelagerten Raumes aufgegriffen. Im 18. Jahrhundert besaß die Kirche zwei weit umlaufende Emporen, von denen die eine 1930 komplett entfernt und die zweite in jüngster Zeit verkürzt wurde. Der große vierstöckige Dachstuhl über dem Kirchenschiff ist ein Meisterwerk des Hanns Feder.

Dieser in einfachen, noblen Formen gehaltene Kirchenraum wurde schon im Laufe des 18. Jahrhunderts seinem Wesen nach verändert. Die Kanzel mit ihren reichen goldgehöhten Rocaillemustern, eine Stiftung von Markgraf Karl Friedrich, wurde von der Durlacher Schlosskapelle um oder vor 1770 hierher gebracht. Altar und Taufstein (beide heute

beweglich), die wenige Jahre später folgten, zeigen mit ihren strengen Kanten und Zöpfen schon die klassizistische Formensprache. Prächtigstes Ausstattungsstück war die große Orgel der Gebrüder Stumm, deren Prospekt noch weitgehend original erhalten ist.

Der heutige Innenraum hat nach vielen Veränderungen und Restaurierungen jetzt wieder viel von seinen alten Qualitäten zurückgewonnen. Blickfang ist heute im Chor das große Kruzifix, das 1967 hinter dem Altar aufgestellt wurde. Jahrhundertelang stand es auf dem alten Friedhof vor dem Basler Tor. Aus einem Steinblock gefertigt, entstand es um 1500. Körperbehandlung und Tiefe des Ausdrucks stellen es in den Zusammenhang mit anderen bekannten Kruzifixen der Region, vor allem dem des Niclas Gerhaert van Leyden, das er für den Friedhof in Baden-Baden schuf (dort heute in der Stiftskirche am Marktplatz aufgestellt).

Weil die Stadtkirche im Zweiten Weltkrieg ihre Glasfenster von 1871 verloren hatte, war der Wunsch der Gemeinde nach Ersatz groß. Albert Finck lieferte 1955/56 die Entwürfe für neue Fenster, die das Thema des alten Mittelfensters – Verklärung Jesu – aufnehmen sollten. Finck schuf für die drei mittleren Fenster ein Triptychon nach dem Motto, dass auf das Wort (der Bibel) die Tat (der Menschen) folgen müsse. Im Mittelfenster „Jubilate" wird in der oberen Hälfte die Verklärung Jesu auf dem Berg Tabor gezeigt. Er wird von Mose mit den Gesetzestafeln und dem Propheten Elias begleitet. Darunter wird die jubilierende, also singende Gemeinde dargestellt, die die Taten Jesu preist. Das Fenster zur Linken hat die guten Taten der „Diakonie" zum Thema: Samariter schöpfen Wasser, Katharina von Bora, die Ehefrau Martin Luthers, versorgt Arme und Studenten, und Hände geben Geldscheine in den Opferstock. Das Fenster gegenüber zeigt die Tat des „Martyriums": Der erste Märtyrer Stephanus (Titel der Kirche im 13. Jahrhundert) wurde für seinen Glauben gesteinigt, Jan Hus starb beim Konstanzer Konzil auf dem Scheiterhaufen, und Pfarrer der Neuzeit ließen in den Weltkriegen und Revolutionen ihr Leben, hier Traugott Hahn 1919 in Livland.

Ein weiteres Glasbild, das Gedächtnisfenster zum Gedenken an die Kriegsopfer des Zweiten Weltkriegs, gestaltete Albert Finck zur gleichen Zeit. Christus zeigt den Toten seine Wundmale mit den Worten „Ich lebe und ihr sollt auch leben". Das Fenster war eigentlich für das Langhaus bestimmt, doch heute ist es ebenfalls im Chor untergebracht, was seinerzeit für viel Aufsehen sorgte. Denn darf Menschliches im „allerheiligsten Raum", dem Altarraum, dargestellt werden? Wohl, um hierzu eine Gegenposition aufzubauen, trägt das gegenüberliegende Fenster folgende Inschrift: „Selig sind die, die Frieden stiften, denn sie werden Gottes Kinder heißen." Den Entwurf lieferte 1999 Berthold Rosewich, die Ausführung besorgte die Karlsruher Glaswerkstatt Herbold.

Im Kirchenschiff sind heute reihum an den Wänden zahlreiche Grabplatten und Inschriftensteine aufgestellt, die auf die Grablegen hinweisen, die mit einer solchen Kirche viele Jahrhunderte verbunden gewesen waren. Weitere Grabplatten wurden bei den Ausgrabungen gefunden. Den eigentlichen Blickfang aber stellt eine Reihe von großformatigen Apostelbildern dar, die ringsum an der Wand hängen. Sie wurden vor kurzer Zeit in Durlach gefunden. Vermutlich stammen sie aus der Durlacher Schlosskapelle.

91 Außen vor dem ehemaligen Stadtmauerring der Altstadt steht die Pfarrkirche **St. Peter und Paul (kath.)**, die erste eigenständige Kirche der katholischen Bevölkerung von Durlach.

Palmaienstraße 15
76227 Karlsruhe
www.kath-durlach.de

Das katholische Leben in der Stadt war mit der Reformation erloschen. Erst als die beiden Markgrafschaften 1771 wiedervereinigt wurden, strömten langsam wieder Katholiken nach

Durlach, was sich mit der Industrialisierung nach 1871 verstärkt fortsetzte. Bereits 1822 wurde eine Pfarrei eingerichtet, aber erst am Ende des 19. Jahrhunderts konnte der Kirchbau in Angriff genommen werden. Der Durlacher Stadtpfarrer engagierte Baudirektor Max Meckel, den Leiter des Erzbischöflichen Bauamtes in Freiburg. Am 24. Juli 1898 wurde der Grundstein gelegt, am 24. September 1900 konnte die Kirche geweiht werden. Entstanden war eine einheitlich geplante, qualitätvoll ausgestattete Kirche des Historismus, die ihre schöne Ausstattung bis heute über alle Fährnisse bewahren konnte. Der Krieg richtete keine Schäden an, auch die liturgischen Reformen wurden so behutsam durchgeführt, dass St. Peter und Paul im Karlsruher Raum einen großen Schatz darstellt.

Die Planungsgeschichte verlief freilich nicht konfliktlos. Max Meckel, einer der großen Meister des neogotischen Kirchenbaus, versuchte, einen sparsamen Bau zu entwerfen, doch die Gemeinde zeigte immer wieder höchste Ansprüche, denn zu lange hätten die Katholiken in Durlach schweigen und dulden müssen. Nur mit Mühe konnte Meckel manche seiner Ziele durchsetzen. Er wählte als Vorbild die spätmittelalterliche Architektur der Bettelorden. So konnte er auf die Wölbung im Hauptschiff und Strebepfeiler am Außenbau verzichten, und auch das Maßwerk konnte einfacher gestaltet werden. Zu dem einfacheren Bauschema gehörte auch der Verzicht auf ein Querschiff. Nur bei der Turmbekrönung setzte sich die Gemeinde durch, indem

sie fünf Spitzen erhielt, statt einer. Im Ergebnis fügt sich der Bau sehr gut in die städtebauliche Situation ein. Von außen erscheint die Kirche abwechslungsreich gestaltet, bietet eine lebendige Dachlandschaft und dem Fernblick die große Turmsilhouette. Auch bauideologisch im Sinne des Historismus war die Kirche treffsicher platziert: Spätgotische Kirchen der Bettelorden standen in mittelalterlichen Städten immer in Randlagen zur Stadtmitte; diese Gewohnheit war auch in Durlach am Ende des 19. Jahrhunderts übernommen worden.

Die dreischiffige Kirche wirkt im Innern sehr klar und traditionell wie eine Kirche im Mittelalter. Das Hauptschiff besitzt eine Holzdecke, deswegen können die Hochschiffwände ohne Pfeiler auskommen. Ähnliche Effekte kennen wir von mittelalterlichen Reformorden, besonders von Franziskanerkirchen. Etwas reicher ist der Eindruck in den

gewölbten Seitenschiffen und bei den Altären. Nahezu sämtliche Glasfenster der Erbauungszeit blieben erhalten. Das stilistische Vorbild hat Peter Hemmel von Andlau geliefert, der bekannteste Glasmaler des 15. Jahrhunderts im Elsass, dessen Werke auch in Süddeutschland Verbreitung fanden. Die Seitenschiffe enden am Marien- bzw. am Josefsaltar, der Hochaltar zeigt das Leben Jesu. Ihre Vorbilder finden sich bei Riemenschneider und seinen Zeitgenossen um 1500. Die ausführenden Werkstätten wurden von anerkannten großen Meistern ihres Faches geleitet, sie arbeiteten meist in Freiburg und Umgebung: Es sind die Gebrüder Mezger für Schnitzaltäre, die Glasmaler Helmle, Jennes sowie Protz und Ehret. Bei der Herstellung dieser Altäre und der Glasfenster ging es nur teilweise um die Kunstfertigkeit, dennoch dürfen diese Werke nicht als bloße Kopien abgetan werden. Die Kunsthandwerker arbeiteten im Sinne der alten Meister, aber durchaus mit eigenen Gedanken. Tatsächlich sind die Reliefs des Hochaltars Werken von Riemenschneider nachempfunden, etwa in Creglingen oder Rothenburg. Der Josefsaltar zeigt Ähnlichkeiten mit dem Hochaltar des Hans Baldung Grien im Freiburger Münster. Aber die Darstellung Josefs ist eine ganz andere, unmittelalterliche: Der Hl. Josef machte nämlich am Ende des 19. Jahrhunderts seine ganz eigene Karriere, als Patron der Arbeiter schlechthin. Papst Leo XIII. hatte mit seiner Enzyklika „Rerum novarum" 1891 eine katholisch fundierte Antwort auf die Soziale Frage und auf die sozialistische Herausforderung formuliert. Viele der Glasfenster wurden von katholischen Vereinen gestiftet, die am Ende des 19. Jahrhunderts aufblühten.

Ein erstes Mal wurde die Kirche 1938 im Innern renoviert. Bei dieser Gelegenheit schuf Emil Sutor einen eindrucksvollen, bewusst einfach gestalteten Kreuzweg, bei dem jedes Bild auf Jesus und eine Assistenzfigur reduziert ist. Dadurch entsteht ein fruchtbarer Dialog innerhalb der Figurengruppe. Die umfangreichste Renovierung wurde in den Jahren 1984/85 durchgeführt, als die vatikanische Liturgiereform umgesetzt wurde. Der neue Altartisch sowie der Ambo von Wilhelm Müller nehmen mit ihren Apostelstatuen in Terrakotta ein Stück der alten Ausstattung auf, ohne diese sklavisch nachzuahmen. Horst Leyendecker gab dem Innenraum eine angenehme Farbstimmung und schmückte die Fenstergewände floral aus, was einen bescheidenen aber wirksamen Akzent setzt (1982/83). Reinhold Herbold restaurierte viele der Glasmalereien und trug dadurch viel zum Gesamteindruck der Kirche bei. Das einzige neue Fenster gestaltete Anina Gröger 1990 mit Szenen aus dem Leben des Bruder Klaus.

92 Nahebei führt die Seboldstraße im Bogen um die Altstadt von Durlach. Sie folgt dem Lauf der Stadtmauer, die zwischen ihr und der Bienleinstorstraße verlief und von der noch geringe Reste vorhanden sind. Am Anfang der Seboldstraße (Nr. 4) befindet sich die ehemalige **Friedenskapelle (Agape-Gemeinde)**. Sie war von der Evangelischen Gemeinschaft

> Bienleinstorstraße 1 / Seboldstraße 4
> 76227 Karlsruhe
> www.agape-ka.de

(Methodisten) in viel Eigenarbeit errichtet und am 26. September 1875 eingeweiht worden. Hier hatten die Methodisten Durlachs ihre erste feste Heimstätte, bis sie 1964 den Neubau in der Amalienbadstraße bezogen.

Bei der Friedenskapelle handelt es sich um einen typischen Kirchenbau, den kleine Kirchgemeinden im 19. Jahrhundert entwickelt

haben. Zwei bauliche Details zeigen auch dem Fremden, dass sie es hier mit einer Kirche zu tun haben: Zum Einen hat das Gebäude hohe und spitzbogige Fenster, wie man sie von gotischen Kirchen kennt. Dazu besitzt das Gebäude einen Dachreiter, in dem eine Glocke hängen konnte. Mit diesen Merkmalen konnte die Gemeinschaft in der Öffentlichkeit für sich werben, es sind die ersten Schritte, die zu einer gleichberechtigten Behandlung vor dem Gesetz führen sollten.

Im Jahr 1964 wurde das Gebäude an die Agape-Gemeinde e.V. verkauft, die es heute noch benutzt, inzwischen jedoch einen Neubau bezogen hat. Die Gemeinde wurde 1952 als „Volksmissionsgemeinde Karlsruhe-Durlach" von Johann Greilach und seinen Glaubensgeschwistern gegründet, die am Ende des Zweiten Weltkriegs aus Jugoslawien vertrieben wurden. Schon in ihrer alten Heimat hatten sie derselben Pfingstgemeinde angehört. Meist versammelte sich die Gemeinschaft im kleinen Saal der Durlacher Festhalle, doch war dieser Zustand auf Dauer nicht angemessen, zumal die Gemeinde beständig wuchs. Im April 1965 konnte die Friedenskapelle der Methodisten erworben werden, doch auch diese erwies sich bald als zu klein. Lange suchte die Gemeinde ein geeigneteres Anwesen, bis Karl Feth 1992, einer Vision folgend, das in der Bienleinstorstraße gegenüberliegende Grundstück erwerben konnte, wo sich bis dahin ein Supermarkt befunden hatte. Mit dem neuen Haus, den aneinandergrenzenden Hinterhöfen und der Friedenskapelle besaß die Gemeinschaft jetzt ein großes und attraktives Anwesen in der Altstadt, das in den Jahren 1996 bis 2001 umgebaut wurde.

Durch den Umbau entstand ein geräumiges Gemeindezentrum unter weitestgehender Schonung des vorhandenen Baubestandes. Das Haus in der Bienleinstorstraße dient nun als Eingang und besitzt im Erdgeschoss ein Café, wo auch Besprechungen und kleinere Veranstaltungen möglich sind. In den oberen Etagen sind die Büros und Besprechungsräume untergebracht. Die alte Kapelle in der Seboldstraße war für die Gottesdienste zu klein geworden. So wurde der Raum mehrfach unterteilt und für den Kindergottesdienst hergerichtet. Hier können verschiedene Kindergruppen gleichzeitig betreut werden. Der gesamte Innenhof wurde unterkellert und dient nun als Tiefgarage für die Gottesdienstbesucher sowie als Vorratskeller. Im Innenhof selbst wurde die neue Kirche errichtet, das Projekt wurde vom Architekturbüro Rudolf Kleine & Partner in Karlsruhe geplant und realisiert. Ein großer Teil der Abriss- und Rohbauarbeiten sowie der Innenausbau wurde in ehrenamtlicher Eigenarbeit von der Gemeinde geleistet, und das neue Ensemble nach dreieinhalb Jahren Bauzeit am Wochenende 16.–18. Januar 2001 eingeweiht. Eine moderne Stahlkonstruktion mit einem Flachdach und gläsernen Seitenwänden prägt den Neubau. Eine alte Mauer am Rande des Innenhofes wurde steinsichtig belassen, vor ihr die Predigtbühne eingerichtet.

In der Pfingstkirche wird sehr viel Wert auf die Predigt gelegt, die einen zentralen Teil des Gottesdienstes ausmacht. Für die modernen Gesangsstücke ist neben dem Rednerpult Platz für eine Rhythmusgruppe. Ein großes Kreuz als Glaubenssymbol hängt hinter dem Rednerpult und über dem Taufbecken, das in den Boden eingelassen ist. Die weiß getünchte Wand zur linken Seite bietet Möglichkeiten für spontane Glaubensaussagen der Gottesdienstbesucher.

93 Nur wenige Schritte weiter in der Amalienbadstraße befindet sich die **Friedenskirche (ehem. Evangelisch-methodistische Kirche)**. Die Friedenskapelle in der Seboldstraße, im Zweiten Weltkrieg durch Bomben beschädigt, wurde wiederhergestellt, aber mit der Zeit zu beengt. Weitere Wünsche, etwa nach einer Orgel oder einem Gemeindesaal bzw. Jugendraum, wurden diskutiert. Als dann ein Bauplatz in der Amalienbadstraße zur Verfügung stand, wurde der Neubau relativ schnell realisiert. Der Architekt Otto Reinhold Dumas, Mitglied der Gemeinde, lieferte die Pläne für die neue Friedenskirche, die am 30. November 1964 eingeweiht wurde. Das Bauprogramm umfasste auf engem Raum ein hochgebautes Haus mit Kirchenraum, Wohnung und Gemeindesaal. Als äußeres Zeichen kam ein veritabler Glockenturm hinzu. Gemeindeglieder berichteten, dass nun die Evangelische Gemeinschaft in Durlach mehr Beachtung finde. Der Bau ist von der sachlichen Baukunst der 1960er-Jahre geprägt. Der große Kirchenraum besitzt Betonglasfenster, die im Schachbrettmuster verbaut wurden. Die Altarwand des Kirchenraums ist holzgetäfelt, in diese integriert ist eine kleine Orgel. Ein einfacher Holztisch dient als Altar, über dem ein Kreuz an der Wand hängt.

Amalienbadstraße 5
76227 Karlsruhe
www.alivechurch.de

Im Februar 2015 hat sich die Evangelisch-methodistische Kirche von dem Kirchbau getrennt. Nun beherbergt er die **Alive Church**, eine junge Gemeinde, die sich aus der Agape-Gemeinde heraus entwickelt hat. In diesem Jahr sind Umbauarbeiten im Gange. Die Gemeinde schätzt besonders die Glasfenster der Kirche und ihre wunderbar in die Stadt eingebundene Lage.

94 Nicht vergessen werden soll die ehemalige **Schlosskapelle** der badischen Markgrafen im Durlacher Schloss. Im Vorgängerbau, der 1689 zerstört wurde, befand sich ein Betsaal mit Kanzel und Altar unter den Gemächern der Fürstin, von denen sie nach Öffnen einer Bodenklappe auf den Altar hinabblicken und am Gottesdienst teilnehmen konnte. Für die neue Karlsburg hatte sich Markgraf Friedrich Magnus Planzeichnungen von Kapellen vieler protestantischer Residenzen anfertigen lassen. Der langgestreckte Raum, den Domenico Egidio Rossi 1700–03 realisierte, hat offenbar sein Vorbild in der Darm-

Karlsburgstraße
76227 Karlsruhe

städter Schlosskapelle, die damals bereits über einhundert Jahr alt gewesen ist.

Diese Schlosskapelle existiert heute noch als städtischer Festsaal der Karlsburg, freilich in weitgehend ausgeräumten Zustand. Der Kapellenraum nimmt das Erdgeschoss und das Halbgeschoss darüber (Mezzanin) ein, um auf diese Weise die für Schlosskapellen übliche Empore bilden zu können, die von mächtigen Volutenkonsolen getragen wird. In diesen Voluten versteckte Rossi die tief in das Mauerwerk einbindenden Tragebalken. Rossi entwarf auch den fleischig dicken Stuck, der nur noch auf alten Fotografien zu sehen ist. Altar mit Kanzel darüber und Orgel waren an der einen, die Fürstenloge an der anderen Schmalseite postiert gewesen. Als zu Beginn des 19. Jahrhunderts der Hof endgültig auszog, wurde die Schlosskapelle für ein knappes Jahrhundert als Betsaal der katholischen Minderheit Durlachs überlassen.

Die Schlosskapelle befand sich in dieser Zeit in einem jämmerlichen Zustand. Die großherzogliche Verwaltung war offiziell für den Bau, die Gemeinde für die Einrichtung verantwortlich. Klagen ließen das ganze Jahrhundert über nicht nach. Der Fußboden bestand aus rohen Ziegeln, in der Sakristei war er so uneben, dass man sich die Beine brechen konnte, etc. Die Empore war an mehreren Stellen mit rohen Balken abgestützt. Wenn die hier kasernierten Soldaten in der Etage darüber putzten, rieselte der Stuck von der Decke. Für eine katholische Kircheneinrichtung fehlten lange Zeit die Mittel. 1811 erhielt man aus Rastatt zwölf Apostelbilder (heute in der Stadtkirche?), ein Christusbild und zwei Beichtstühle. Erst 1864 konnte man eine Kanzel errichten, um nicht länger die typisch protestantische Kanzel über dem Altar nutzen zu müssen. Im Jahr 1901 hatte dieses Provisorium mit dem Bezug der eigenen Stadtkirche St. Peter und Paul ein Ende.

95 Vor dem Basler Tor steht die profanierte **Nikolauskapelle**. 1535 wurde an dieser Stelle erstmals die Kapelle genannt, um die herum seit dem späten 16. Jahrhundert der neue

Basler-Tor-Straße 6
76227 Karlsruhe

Durlacher Friedhof angelegt wurde, nachdem der Friedhof um die Stadtkirche zu eng geworden war. Nach dem Stadtbrand 1689 wurde die Nikolauskapelle restauriert, fiel jedoch einem Unwetter im Jahr 1711 zum Opfer. Der Ingenieur Jakob Friedrich von Batzendorf, der bald darauf auch am Karlsruher Schloss mitarbeitete, entwarf den Neubau, einen Saalraum mit einem mächtigen Walmdach. Der Dachstuhl, der 14 Meter stützenfrei überspannt, ist ein großartiges Zeugnis barocker Zimmermannskunst, das fachgerecht restauriert wurde. An der Außenwand wurden einige Grabsteine aufgestellt, die sich früher im Innern befanden, unter ihnen diejenigen von einigen unehelichen Kindern der Markgrafen aus dem 18. Jahrhundert. Die Nikolauskapelle wurde in den 1980er-Jahren profaniert und wird heute als Lokalität für Veranstaltungen vermietet.

96 Auf dem Weg nach Aue liegt die seit längerer Zeit aufgegebene **Lutherkirche Durlach**. In der Zwischenkriegszeit hatte sich der Südwesten von Durlach durch die großen Fabriken in der Nachbarschaft

Oberwaldstraße 37
76227 Karlsruhe

stärker entwickelt, so dass in diesem Stadtteil ein Gemeindezentrum mit einer weiteren Pfarrstelle eingerichtet werden konnte, das Georg Dünkel 1927–30 realisierte. In den finanziell so schwierigen

Zeiten wurde ein neuartiger, sparsamer Plan entwickelt: In der Straßenfront wurden Wohnhäuser zusammen mit der Pfarrwohnung gebaut, und der Kirchsaal wurde im Hof errichtet. Gleichwohl legte man auch auf Schmuck Wert. Die Fassade besitzt in ihrer Mitte einen kleinen Glockenturm mit einer weithin sichtbaren Lutherstatue. Der Kirchensaal mit seiner geometrisch verzierten Stuckdecke enthält an der Altarseite ein Wandgemälde von Carl Vocke mit der Darstellung der Kreuzigung. Der Gebäudekomplex wurde im Jahr 2000 aufgegeben (vgl. unten Luther-Melanchthon-Gemeinde), der Kirchensaal wird seitdem als Atelier und Veranstaltungsort für Lesungen genutzt.

Aue

Der heutige Durlacher Ortsteil Aue kann auf eine neunhundertjährige Geschichte zurückblicken. 1110 wurde er erstmals erwähnt, als Besitz des nahe gelegenen Klosters Gottesaue. Durlach und Aue bildeten jahrhundertelang eine Markgemeinschaft, weswegen der Ort immer nach Durlach hin orientiert war. Auch die kirchliche Versorgung wurde von Durlach aus organisiert. 1921 erfolgte die Eingemeindung nach Durlach.

97 Die Vorgeschichte der **Trinitatiskirche Aue (evang.)** reicht über ein halbes Jahrhundert zurück. Schon vor dem Ersten Weltkrieg wollten die Auer Protestanten nicht mehr nach Durlach zum Gottesdienst gehen. 1922 gelang es, das Wirtshaus „Zum Sternen" in der Westmarkstraße 44 zu kaufen, das man in ein Pfarrhaus mit Betsaal umwandelte, doch das war in den Augen der Protestanten

> Brühlstraße 37
> 76227 Karlsruhe
> www.trinitatis-gemeinde-aue.de

von Aue keine vollwertige Kirche. Der weiterhin existierende Wunsch nach einem Kirchbau wurde infolge der Inflation und des Zweiten Weltkriegs auf eine harte Probe gestellt. 1954 suchte der Gemeindepfarrer zusammen mit dem Freudenstädter Architekten Friedrich Remspecher, einem gebürtigen Auemer, das Grundstück an der Brühlstraße aus, doch der Bau verzögerte sich weiter. Nach der Grundsteinlegung im Jahre 1962 konnte am 20. September 1964 die Kirche endlich eingeweiht werden.

Das kubusartige Kirchengebäude mit niedrigem Dach und freistehendem Glockenturm steht großzügig zurückgesetzt an der Straßengabelung und besitzt einen geräumigen Vorplatz. Die Wände zwischen den quer gestellten Betonstützen bestehen aus Ziegelmauerwerk. Im Innenraum tragen schlanke Stützen die Stahlbinderkonstruktion der zeltartig geformten Decke, die mit

Holzriemen verkleidet ist. Ein schmales Lichtband läuft unter der Decke um. Breite Glasflächen, von der vollen Höhe des Raumes, lassen viel Licht in den Chorbereich mit dem Altar einfallen. Die Kirche besitzt noch ihre originalen Wandleuchten.

Die Glasfenster von Klaus Arnold, die in den drei Farben Rot, Blau und Weiß gehalten sind, tauchen den ganzen Raum in ein freundliches, warmes Licht. Jedes kleine, rechteckige Fenster für sich ist mit einem Dreieck gefüllt und nimmt damit Bezug auf den Kirchennamen. In der Altarwand aus roten Lochziegeln ist als einzige viereckige Komposition die Kreuzform ausgespart, diese markiert mit farbigem Glas die Kreuzenden und zeigt die Dornenkrone, während der Korpus nur schemenhaft angedeutet ist. Im Eingangsbereich erinnert das alte Kreuz vom Giebel des Wirtshauses an das Provisorium in der Westmarkstraße, das 42 Jahre lang die Gemeinde beherbergt hat. Seit einiger Zeit bereichert Alexander Ringwald, Mitglied des Ältestenkreises, alljährlich die Altarwand mit einem Acrylbild in den Maßen 1 x 2 Meter, das die Jahreslosung in Wort und Bild wiedergibt.

98 Die Kirche **St. Johannes Baptista (kath.)** liegt inmitten des Neubaugebiets Lohn-Lissen, das nach dem Zweiten Weltkrieg westlich von Aue entstand. Die Ellmendinger Straße bildet eine große Ellipse, innerhalb der etliche Reihenhäuserzeilen locker um ein grünes Zentrum errichtet wurden.

Ellmendinger Straße 1
76227 Karlsruhe
www.kath-durlach.de

Hier plante Rainer Disse „auf der grünen Wiese" ohne Einbindung in die umliegenden Häuserreihen von 1962 an ein Gemeindezentrum mit Kirche, Pfarrhaus, Kindergarten und einem dazugehörigen Spielgarten, das etappenweise bis 1974 fertig gestellt wurde. Inselartig wurden alle Gebäude mit einer Mauer umgeben und auf eine Plattform gestellt. Am 3. Juni 1963 wurde der Grundstein für die Kirche gelegt, am 19. November 1964 wurde sie in Gebrauch genommen (geweiht am 9. Mai 1965). Nahezu einziges Baumaterial ist der damals modische Stahlbeton.

Die gesamte Kirche mit ihrem freistehenden Glockenturm wurde auf einem Dreiecksraster entworfen, aus dem wiederum Sechsecke

und Dreiecke gebildet wurden. Die Kirche bildet ein großes Sechseck, das aus sieben kleinen Sechsecken und zwölf Dreiecken besteht. Dem entsprechen im Inneren sieben pilzartig hoch aufstrebende Stengelsäulen mit sechseckigen Schirmen, zwischen denen dreieckige Oberlichter die Sonne in den Kirchenraum einlassen. Die fensterlosen Außenwände der Kirche besitzen ein Ornamentmauerwerk aus Ytongsteinen, die, leicht stufenförmig versetzt, der Mauer eine geometrisch-rechteckige Struktur geben. Auch große Teile der Einrichtung wurden dem Entwurfsschema unterworfen, etwa die in den Raum gestellten Beichtstühle, die sechseckige Empore oder der Turm über dreieckigem Grundriss. Unter der Kirche wurden der Gemeindesaal und eine Bibliothek eingerichtet.

Die Gestaltung der Altarwand bricht aus diesem Schema aus. Das dynamisch wirbelnde Ornament entwarf Josef Weber, ebenso den Tabernakel und die Portale. Die spätere Ausstattung entfernte sich dann spürbar von dem bisher eingehaltenen Konzept. Die Wand zur Sakristei schmückt ein zehn Meter langer Wandteppich mit einer Darstellung des Lebens des Täufers, entworfen 1984

von Adelheid Dorwarth aus Freiburg. Wilhelm Müller schuf 1990 einen holzgeschnitzten Kreuzweg, der in Medaillons auf Stangen montiert und bei Prozessionen getragen werden kann. Die eigentlich vorgesehene Taufkapelle im Fuß des Glockenturms konnte aus bautechnischen Gründen nicht eingerichtet werden. Deswegen war ein Taufbecken in Achteckform (das also aus dem Raster ausbricht), das die Forbacher St. Johannes-Gemeinde nach Karlsruhe schenkte, hochwillkommen und wurde hier von der Firma Ringwald aufgestellt.

99 Am anderen Ende des grünen Herzens des Wohngebiets liegt das **Luther-Melanchthon-Gemeindezentrum (evang.)**. Das Flachdach-Ensemble aus Kindergarten, Gemeindezentrum und einem in der Mitte gelegenen leicht erhöhten Sakralraum wurde in den Jahren 1972–74 fertig gestellt. Im Jahr 2000 wurde die Lutherkirche in der nahe gelegenen Oberwaldstraße aufgegeben und alle Funktionen wurden nun hier vereint (die Glocke im Foyer stammt aus der alten Kirche). Im Jahr 2009 wurde der Sakralraum von Henning Baurmann vom Architekturbüro Baurmann.Dürr neu gestaltet. In der Folge ergaben sich deutliche Veränderungen in Aussehen und Wirkung des Ensembles.

Bilfinger Straße 5
76227 Karlsruhe
www.luther-melanchthon-durlach.de

Der zentrale Gottesdienstraum von 1974 ist ein multifunktionaler Raum, der sehr variabel nutzbar ist. Er besitzt Falttüren, mit denen die Größe variiert werden kann, der zentrale Raum ist auf quadratischem Grundriss neutral gestaltet, mit gleichmäßigem Oberlicht. Durch diese Neutralität des Erscheinungsbildes ist er bis zur Renovierung im Jahre 2009 vielfältig nutzbar gewesen. Mehr sakrale Ausstrahlung besitzt die

Kapelle am Eingang, die von der Straße her offen konzipiert war und nachträglich geschlossen wurde. Für diesen kleinen, mit hohen Mauern dunkel wirkenden Raum schuf Klaus Arnold 1975 ein farbiges Fensterband, das den Besucher sofort gefangen nimmt. Zwischen Schöpfungsgeschichte (erste Szene) und Offenbarung (letzte Szene) werden Episoden aus dem Leben Jesu erzählt, der Schwerpunkt liegt auf der Darstellung der Wunder und Gleichnisse.

Die Neugestaltung des Jahres 2009 galt dem quadratischen Raum in der Mitte. Die Prinzipalstücke Ambo, Altar und Taufstein wurden neu gefertigt, hinter dem Altar wurde ein Bereich mit Oberlicht geschaffen, so dass der Gottesdienstraum nun eine klare Ausrichtung erhielt. Gleichzeitig wurde eine Orgel eingebaut, so dass der Saal nun eindeutig als Kirchenraum wirkt. Außerdem vermittelt der Raum durch die Verwendung hellerer Hölzer (u.a. Ahornstäbe als Jalousie) und durch eine bessere Lichtführung nun einen wärmeren Eindruck. Für die Umgestaltung erhielt das Architekturbüro eine Auszeichnung der Architektenkammer Baden-Württemberg.

100 Auf dem Eckgrundstück zwischen der Bergstraße und der Kärntner Straße steht die **Christuskirche (Evangelisch-methodistische Kirche)**. Das Gebäude, 1956 als Gemeindehaus der Neuapostolischen Kirche erbaut und 1996 erweitert,

Kärntner Straße 18
76227 Karlsruhe
www.emk-karlsruhe.de

wurde im Jahr 2002 erworben. Nach dem Verkauf der Friedenskirche in der Amalienbadstraße im Frühjahr 2015 hat die Gesamtgemeinde der Evangelisch-methodistischen Kirche in Durlach hier ihren alleinigen Sitz. In diesem Jahr stehen größere Umbaumaßnahmen bevor.

Grötzingen

1991 feierte Grötzingen sein tausendjähriges Bestehen, denn im Jahr 991 (oder wenige Jahre zuvor) wurde der Ort erstmals schriftlich erwähnt, und zwar als Besitz des Klosters Weißenburg im Elsass. Freilich ist anzunehmen, dass die durchgehende Besiedlung viel weiter zurückreicht, denn es wurden mittlerweile Gräber aus dem Frühmittelalter im Umkreis der evangelischen Kirche gefunden. Im 11. Jahrhundert gehörte die Gegend zum Besitz der Grafen von Hohenberg, die die Burg oberhalb Durlachs besaßen. Dieses Adelsgeschlecht starb im 12. Jahrhundert aus, Erben wurden die Markgrafen von Baden, die ihre Stellung hier immer stärker festigten. Die Augustenburg ist das wichtigste Zeugnis für die Präsenz der Markgrafen, ebenso die evangelische Kirche. Mit den Markgrafen wurde Grötzingen im Jahr 1556 evangelisch. Wie überall forderten der Dreißigjährige Krieg und die Pest im 17. Jahrhundert ihren Tribut. Dagegen, und das ist in dieser Gegend eine ganz besondere Ausnahme, blieb am Ende jenes Jahrhunderts der Ort im Pfälzischen Erbfolgekrieg vor den marodierenden Truppen Ludwigs XIV. verschont. Während Markgraf Friedrich VII. Magnus von Baden-Durlach den Hof nach Basel rettete, harrte seine Gemahlin Augusta Maria auf der (später nach ihr benannten) Augustenburg aus. Am Ende des 19. Jahrhunderts wirkte hier die Grötzinger Malerkolonie. Mit dem Jahr 1974 wurde Grötzingen nach Karlsruhe eingemeindet.

101 Wichtigstes Zeugnis für die Geschichte des Ortes ist die **evangelische Kirche Karlsruhe-Grötzingen**, die etwas abseits, oberhalb des eigentlichen Ortszentrums am Hang steht, gegenüber der Augustenburg. Die Baugeschichte ist bislang noch nicht ausreichend geklärt (eine Bauaufnahme wird in diesem Jahr von Mitgliedern des Instituts für Kunst- und Baugeschichte des KIT gemacht).

Kirchstraße 15
76229 Karlsruhe
www.eki-groetzingen.de

Innerhalb der alten Friedhofsmauern erhebt sich die Kirche in annähernder West-Ost-Ausrichtung. Ein mächtiger Turm im Westen mit drei Bogenöffnungen steht frontal vor dem einheitlich wirkenden Kirchenschiff mit gotischen Maßwerkfenstern und einem steil aufragenden Dach. Im Osten schließt sich ein niedriger polygonaler Chor an. Das Innere überrascht durch seine große Weite. Das Langhaus wird durch je vier schlanke Holzstützen zu beiden Seiten in drei Schiffe geteilt, die eine einheitliche Decke tragen. Die Orgelempore ist in U-Form an beiden Seiten noch bis zur zweiten Säule fortgeführt. Der Blick fällt vom Schiff auf einen hohen rundbogigen Triumphbogen, an den sich der Chor anschließt. Dieser besitzt ein spätgotisches Rippengewölbe. Hinter dem modernen Altar ist an einem kräftigen Stamm aus Holz ein spätgotisches Kruzifix angebracht.

Eine komplizierte Baugeschichte

Auf den ersten Blick wirkt der Kirchenbau recht einheitlich, doch zeigt eine genauere Analyse der Bauformen und der überlieferten Quellen, dass an dem Bau vielfach neu angebaut, verändert und renoviert worden ist. Insgesamt lässt sich eine komplexe Bauabfolge rekonstruieren, die hier nur als Ideenskizze wiedergegeben werden kann, soweit sie am Bau zu erkennen ist:

1) Bauphasen, die vor das 12. Jahrhundert zurückreichen, sind bislang nicht bekannt, jedoch als sehr wahrscheinlich anzunehmen. Im umgebenden Friedhof wurden merowingerzeitliche Gräber gefunden.

2) Als erster größerer Bau ist offenbar eine Chorturmkirche entstanden, von der die Rückwand des Turmes heute noch als Triumphbogenwand aufrecht steht. Außen sind über dem Dach des Chores noch die Eckquader des einst hoch aufragenden Turmes zu erkennen. An den Turm hat sich ein nicht viel breiteres Langhaus angeschlossen (Ausgrabungen in der Kirche). Dazu passt die Nennung einer Kirche im Jahr 1255.

3) Im frühen 15. Jahrhundert wurde die Altarstelle des Chorturms nach Osten um einen polygonal gewölbten Chor erweitert. Gleichzeitig wurde wohl das Langhaus auf seine heutige Breite erweitert; an der Südseite wurde eine Sakristei angebaut, die sich an den Chorturm anlehnte. Ihr Mauerwerk ist noch durch Versprünge in den Außenmauern zu erahnen. Das Chorgewölbe zeigt in seinen Schlusssteinen das einfache badische Wappen und ein Kreuz. Der Stil des Gewölbes und das badische Wappen weisen auf die Regierungszeit von Markgraf Bernhard I. (1372–1431) hin. In seiner Zeit wurden zahlreiche Kirchen mit solchen Chören ausgestattet. Ein Eintrag im Kirchenbuch macht eine Eingrenzung des Bauzeitraums auf 1410/1414 möglich.

Das Kreuzwappen lässt verschiedene Deutungen zu. Das Bistum Speyer (zu dem die Region gehört hat) führte dieses Wappen, aber auch das Kloster Gottesaue. Nicht zuletzt könnte es ein Hinweis auf das Patrozinium der Kirche *ad sanctam crucem* sein.

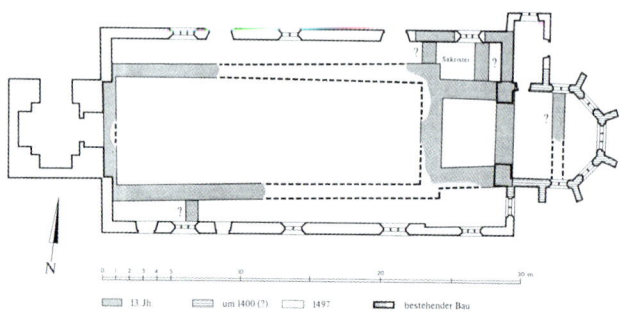

4) Ähnlich wie bei der evang. Kirche in Knielingen ist auch hier ein Achsenknick in der Ausrichtung der Kirche festzustellen, denn deutlich ist der polygonale Chor etwas verzogen. Dieses Phänomen lässt sich am besten dadurch erklären, dass Langhaus und Chor bei ihrer Grundlegung jeweils auf einen bestimmten Tag des Sonnenaufgangs orientiert wurden. Nach ersten Berechnungen von Prof. Reidinger kommt für das Langhaus als Orientierungstag der 6. September in Frage (8. September = Mariä Geburt) und für den Chor der 14. September, das Fest der Kreuzerhöhung. Das würde sehr gut zum Kreuztitel der Kirche passen.

5) Im ausgehenden 15. Jahrhundert wurde die äußere Gestalt der Kirche mit dem großen kastenartigen Langhaus und dem davorgestellten Fassadenturm vollendet. Die Außenwände des Langhauses haben keinerlei Mauerverstärkungen, das Langhaus war also nicht auf Wölbung angelegt. Wie es mit dieser Breite (ca. 14 Meter) eingedeckt werden konnte, ist nicht überliefert. An einem Turmportal findet sich, lei-der nicht im Mauerverband, die Jahreszahl „1497". Ein Seiten-portal an der Nordseite zeigt im Scheitel das Allianzwappen Baden-Sponheim, das Markgraf Christoph I. (reg. 1475–1515, starb 1527) geführt hat, so dass die Datierung „um 1500" eine große Wahrscheinlichkeit besitzt. In der langen Regierungszeit dieses Markgrafen entstanden etliche solcher Kirchen mit einem Turm an der Frontseite.

6) Im Innenraum blieb der alte romanische Chorturm stehen. Er wurde erst im 19. Jahrhundert beseitigt, als die Gemeinde mehr Platz brauchte. Der Chorturm wurde offenbar an seiner Ostseite (so auch erhalten) und an der Westseite durchbrochen, um einen Zugang zum gotischen Chorpolygon zu schaffen (in

der Kirche St. Martin in Ettlingen noch erhalten). Der auf diese Weise entstandene Triumphbogen wurde zweifach dekoriert: mit einem Kruzifix, das bis zur Renovierung 1955 an dieser Stelle geblieben war, und mit einem auf die Bogenleibung gemalten Zyklus, der die klugen und törichten Jungfrauen darstellt. Dieser kam erst bei der Renovierung 1976 zum Vorschein. Das Kruzifix passt stilistisch in die Zeit um 1500. Der gemalte Jungfrauenzyklus ist sehr schlecht erhalten, doch die Art der perspektivischen Rahmen spricht ebenfalls für eine Ausführung am Anfang des 16. Jahrhunderts.

7) Wahrscheinlich brannte die Kirche im Dreißigjährigen Krieg aus (vgl. die Durlacher Stadtkirche 1689), so dass sie ein neues Dach erhalten musste. Dafür fertigte Zimmermann Friedrich Mattern sechs Holzsäulen, von denen er eine mit dem Datum „1667" und seiner Signatur versah; die beiden östlichen Holzsäulen mit gleicher Form wurden nachträglich eingefügt, als der Turm abgetragen wurde. Diese schlanken und hohen Holzsäulen sind im deutschen Kirchenbau ein Unikum. Ein vergleichbares Beispiel bietet die St. Michaelskirche in Meiringen / Kanton Bern (1684).

8) Erstmals wird 1662 eine Orgel erwähnt. Seit dieser Zeit ist mit entsprechenden Emporeneinbauten an der Eingangsinnenseite zu rechnen. Außerdem wurden in der evangelischen Kirche weitläufige Emporen für Gottesdienstbesucher installiert. Die Emporen wurden in ihrer Ausdehnung mehrmals verändert, Einkerbungen an den Säulen sind noch sichtbar.

9) Im 19. Jahrhundert ist eine Vergrößerung der Kirche notwendig gewesen, weil die Gemeinde stark gewachsen war. 1849 wurde der Chorturm bis auf den östlichen Triumphbogen entfernt.

10) Restaurierungen finden seit dieser Zeit in regelmäßigen Abständen statt. Ging es neben der Sicherung des Gebäudes am Anfang darum, mehr Platz für die Gemeinde zu schaffen, war das Ziel seit dem Zweiten Weltkrieg mehr Bequemlichkeit (Heizung, Bestuhlung) oder Neuarrangierung des historischen Bestands.

Der Fassadenturm ist auf quadratischem Grundriss bis fast zur Firsthöhe des Daches mit dicken Mauern errichtet und besitzt nur schmale, schießschartenartige Fenster. Von drei Seiten führen weite Arkaden in den rippengewölbten Vorraum zur Kirche. Hier steht heute das alte, wohl zeitgleich entstandene Taufbecken, das im Pfarrgarten wieder gefunden worden ist. Es wird neuerdings immer wieder für Taufen im Freien benutzt. Der Turm setzt sich im oberen Teil mit zwei achteckigen Geschossen fort, in denen sich die hohen spitzbogigen Schallöffnungen für die Glocken finden. Besonders reizvoll wirkt der frisch restaurierte verdrehte Turmhelm, an den sich

manche Sagen geheftet haben. So soll der Teufel hineingefahren sein, weil die Grötzinger so fleißige Kirchgänger wären. Wenn auch diese Geschichte heute kaum noch Anhänger findet, so wird doch auch eine nüchterne Erklärung nicht leicht akzeptiert. Und doch sind Holzverdrehungen von Turmhauben infolge ihrer nicht sauberen Konstruktion vielfach anzutreffen. Tatsächlich gibt es in Europa ca. 100 solcher Türme, in Deutschland allein 20. Eine eigene Geschichte hat der Wetterhahn auf der Spitze. Wenige Wochen vor dem Ende der letzten Restaurierung wurde er gestohlen und fand sich erst wieder, als die Gerüste schon gefallen waren. Das Original befindet sich inzwischen im Durlacher Pfinzgaumuseum, der Hahn auf der Turmspitze ist eine eilig angefertigt Replik.

Die Ausstattung der Kirche konzentriert sich auf den Chorbereich. Kanzel und Taufbecken stammen aus der Mitte des 19. Jahrhunderts und haben schon mehrfach ihren Platz gewechselt. Als lutherische Kirche badischer Tradition müsste die Kirche bilderlos bleiben. Doch inzwischen haben sich manche Schätze des alten Bestandes angesammelt. An vorderster Stelle ist das Kruzifix zu nennen, das um 1500 geschaffen wurde und wohl aus der Ulmer Schule stammt. Die klugen und die törichten Jungfrauen, die sich im Triumphbogen befinden, wurden von Horst Leyendecker 1976 aufgedeckt und restauriert. Der langjährige Pfarrer Theodor Camerer (amtierte 1869–1901) sorgte für die Glasmalereien im Chor, die 1891–96 ausgeführt wurden. Zunächst stellte die Karlsruher Glasmalereiwerkstätte Drinneberg für das mittlere Fenster eine Auferstehung Christi her. Offenbar gefiel die Ausführung in Grötzingen nicht so sehr, denn der Figur Christi ist schwer anzusehen, ob sie nicht auch eine Himmelfahrt darstellen könne. Camerer wandte sich daraufhin an die erfahrene Freiburger Werkstatt Helmle & Merzweiler, das älteste Glasmalereistudio seiner Zeit. Die katholische Werkstatt schlug zwei Reformatorenfenster vor, doch Camerer winkte ab. Es ging ihm um ein theologisches Programm. Die Glasgemälde, deren Inhalt in historistischer Denkweise im Spätmittelalter angesiedelt sein musste, sollten das Kruzifix ergänzen. So kamen weitere Szenen des Lebens Christi zur Ausführung. Der größte Teil des Geldes dafür stammte von Wilhelmine Josephine Franck, Witwe des Zichorienherstellers Gustav Franck. Mit Zichorie, d. h. Kaffee-Ersatz, wurde im 19. Jahrhundert viel Geld verdient. Luther kam erst später in dieser Kirche zu Ehren. Eine Schweizerin stiftete 1922 die erforderliche Summe, so dass August Rumm ein Luther-Bildnis und eine Luther-Rose malen konnte, die heute im Kirchenschiff hängen. Auf der Empore sind zwei Reproduktionen von Wandmalereien zu sehen, die Horst Leyendecker nach der Entdeckung der originalen Fresken angefertigt hat. Die Originale, u.a. eine Christophorus-Darstellung, befinden sich in großer Höhe an der Außenseite des Chorturms und gelangten durch den Anbau des gotischen Chores unter dessen Dach. Die Fresken vom Ende des 14. Jahrhunderts stellen die ältesten überkommenen Reste von Wandmalerei im Karlsruher Raum dar.

Der moderne Wandelaltar „Das verlorene Paradies" ist rechts vom Chor zu sehen: Der Maler Helmut Lingg vermachte der Kirchengemeinde eine Auswahl seiner Bilder. Diese, in den frühen 1980er-Jahren jeweils im Stil eines großen Meisters gemalt, stellen eine frühe Auseinandersetzung mit dem Thema Umweltschutz dar. Zusammen ergeben sie ein Triptychon. Vor diesem „Altar" steht der Taufstein, so dass bei jeder Taufe immer auch der Blick auf eine hoffentlich gute Zukunft mit im Auge bleibt.

102 Weiter in das Pfinztal hinein steht die **Heilig-Kreuz-Kirche Karlsruhe-Grötzingen (kath.)**. Nachdem die Zahl der Katholiken im Laufe des 19. Jahrhunderts langsam angestiegen war, konnte

Augustenburgstraße 60
76229 Karlsruhe
www.kath-durlach.de

noch während des Ersten Weltkriegs der Bauplatz erworben werden, doch anschließend verhinderten die politischen und wirtschaftlichen Umstände eine rasche Realisierung des Kirchbauwunsches. In der benachbarten Villa Fritsche wurde daher 1920 eine Notkirche eingerichtet, die bald zu klein wurde. Im Herbst 1930 konnte schließlich nach der Planung von Franz Kuhn der Kirchbau begonnen werden, am 15. November 1931 wurde die Kirche auf den Titel Hl. Kreuz geweiht, den die mittelalterliche Kirche getragen hatte, die evangelisch geworden war. Unter den Ehrengästen war bei der Weihefeier auch der evangelische Pfarrer anwesend, der in einer Ansprache das gemeinsame Bekenntnis im Kreuzesnamen betonte. Ein konfessioneller Konsens wurde hier offenbar schon sehr früh erreicht.

Die Kirche ist ganz aus dem Kreuzmotiv heraus entwickelt worden. Den Grundriss bildet eine Kombination aus Kreis und Kreuz. Es ist eine Variation – im Kleinen, wohlgemerkt – der Grundrissbildung des Pantheons in Rom und der Karlsruher Stephanskirche, in der Formensprache weiter reduziert. Zur Straße hin ist dem Rundbau eine trutzige Doppelturmfassade vorgelegt, die einem mittelalterlichen Westwerk gleicht. An der Fassade begegnen wir wieder dem Kreuz, das dem Kreisfenster vorgelegt ist. Die Kreisform bestimmt den Bau auch im Inneren, stilistisch an die romanische Rundbogenarchitektur angepasst, die ihrerseits auf römischer Gewölbearchitektur aufbaut.

Emil Sutor hatte 1931 das Kruzifix mit den beiden Assistenzstatuen für den Hochaltar geschaffen. Das Kruzifix stand auf dem Altar und reichte so hoch, dass das Kreuz wieder das Kreisfenster in die Mitte nimmt – die sprechende

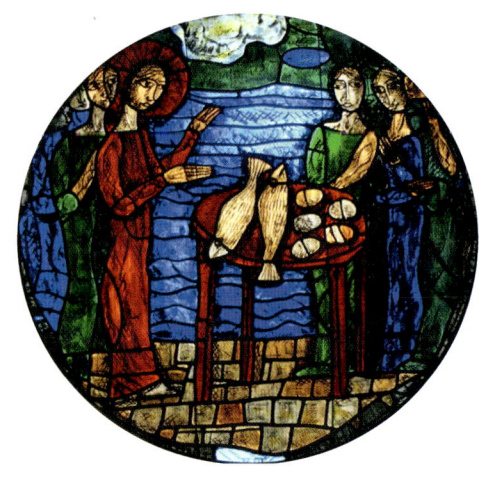

Kreuzesikonographie, die vom Weihetitel des Altars bis zur architektonischen Großform alles umfasst, war hier in Architektur und Skulptur wunderbar zusammengeführt.

Die liturgisch notwendigen Veränderungen nach dem II. Vaticanum – hier 1974 durchgeführt – haben diese stringente Bildsprache aufgelockert. Der Altar wurde nach vorne gerückt, das Kruzifix steht nicht mehr auf ihm. Außerdem sank es nach unten und hat damit das Kreisfenster verlassen. Die Kreisform wurde nun das bestimmende Element: ein kreisförmiger Altar, die Kreuzwegstationen in großer Plastizität auf kreisförmigen Tondi; von Clara Kress stammt der Entwurf für das Glasfenster hinter der Orgel und die Arma Christi in Kreismedaillons, die übrigen Fenster gestaltete Franz Dewald.

103 Am Ufer der Pfinz steht die **Christuskapelle (Evangelisch-methodistische Kirche)**. Schon seit den 1860er-Jahren waren Methodisten in Grötzingen jedoch ohne festes Haus. Nach dem

Mühlstraße 9
76229 Karlsruhe
www.emk-karlsruhe.de

Ersten Weltkrieg stand das traditionsreiche Lokal „Zur Kanne", dessen Mauerwerk bis ins Jahr 1632 zurückreicht, zum Verkauf. Am 6. August 1922 wurde das Gebäude, nach den Bedürfnissen der Kirchgemeinde hergerichtet, eingeweiht und leider am 25. April 1944 durch Bomben zerstört. Nach dem Krieg dauerte es fünf Jahre, bis die Gemeinde im Garten des ehemaligen Wirtshauses „Zur Kanne" wieder eine Kapelle einrichten konnte, die 1950 fertig gestellt wurde.

104 Im alten Ortskern von Grötzingen stand die **Synagoge**. Juden waren im Ort schon seit 1697 ansässig, so wie in etlichen Orten im Kraichgau. Um 1770 lebten zwölf jüdische

Krumme Straße 15
76229 Karlsruhe

Familien in Grötzingen, so dass man an den Bau einer Synagoge denken konnte. 1787 wurde der Kaufvertrag für das Grundstück unterschrieben, und 1798/99 wurde die Synagoge errichtet. Zur Einweihung schickte Markgraf Karl Friedrich seinen Enkel, Prinz Karl. Am Anfang gab es ganze zwölf Betstühle für Männer und fünf für die Frauen. Insgesamt ein bescheidener Bau, aber es handelte sich um die erste Synagoge im Raum Karlsruhe, kurz vor dem Bau Weinbrenners in der Karlsruher Innenstadt.

Anfang 1934 ist auf Veranlassung der Nationalsozialisten die „Synagogengasse" in „Krumme Straße" umbenannt worden. In der Pogromnacht 1938 wurde die Synagoge aufgebrochen, das Inventar zerschlagen, Torarollen und Gebetbücher auf die Straße geworfen. Die Synagoge in Brand zu stecken wurde von Nachbarn verhindert, aus Sorge um die eigenen Häuser. Das Gebäude wurde schließlich Anfang 1939 abgebrochen. Im Oktober 1983 wurde am alten Standort der Synagoge ein Gedenkstein aufgestellt.

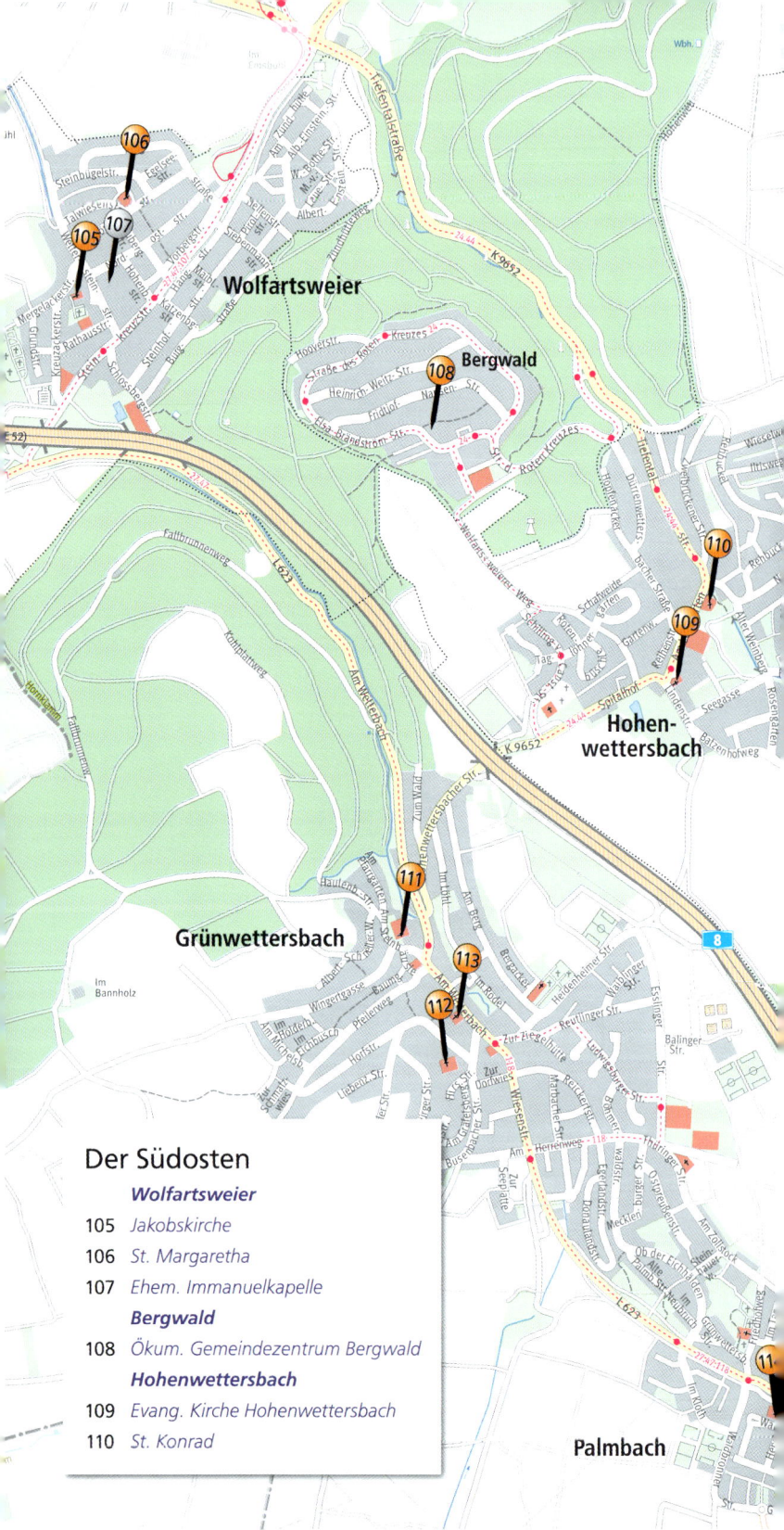

Der Südosten

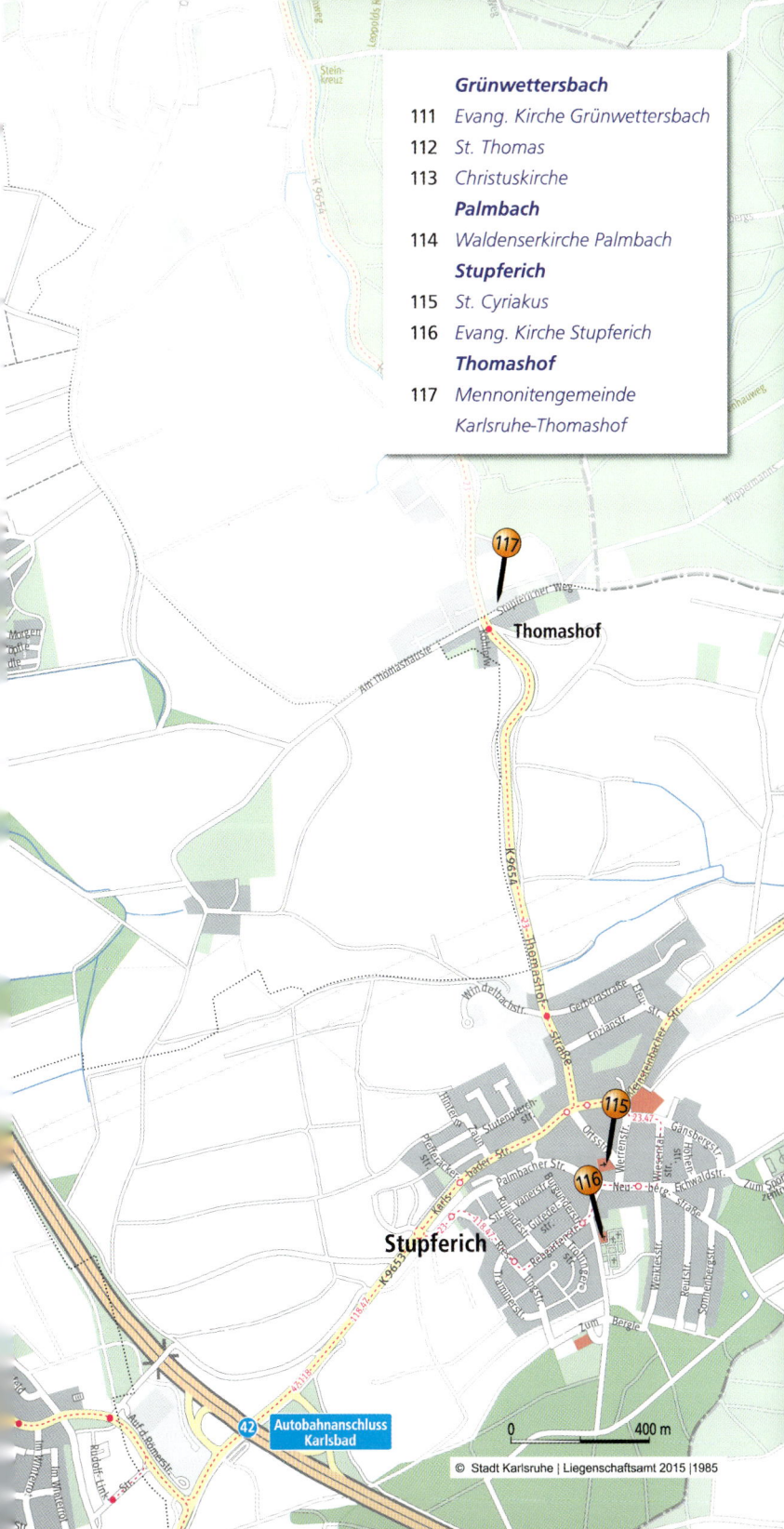

Thomashof

Stupferich

Autobahnanschluss Karlsbad

0   400 m

© Stadt Karlsruhe | Liegenschaftsamt 2015 | 1985

Der Südosten

Liebevoll werden die Ortschaften im Südosten der Stadt, die in den 1970er-Jahren eingemeindet wurden, als „Bergdörfer" bezeichnet, sie bilden Karlsruhes Anteil am Schwarzwald. Die Bergwaldsiedlung und der Thomashof werden oft – und so auch hier – der Einfachheit halber dazugezählt, obwohl sie politisch zu Durlach gehören.

Wolfartsweier

Wolfartsweier, noch in der Rheinebene gelegen, wurde erstmals im Jahr 1261 als Besitz vom Kloster Gottesaue erwähnt. Das kleine Dorf entlang des Wettersteinbachs wuchs erst nach dem Zweiten Weltkrieg nennenswert an. Bis 1972 besaß das Dorf sogar eine Fabrik, die Munitionsfabrik Dynamit Nobel, wovon außerhalb des Ortskerns weithin sichtbar noch das „Zündhütle" kündet.

105 Die **Jakobskirche (evang.)** steht im Dorfkern von Wolfartsweier, nahe des Wettersbachs, umgeben vom alten Friedhof. Der Turm ist der einzige Rest der mittelalterlichen Chorturmkirche, besitzt aber immerhin noch mit seinem alten (13. Jh.?) eichenen Glockenstuhl den ältesten im Karlsruher Raum. Im 15. Jahrhundert wurde der Chorraum mit einem Rippengewölbe

Wettersteinstraße 17
76228 Karlsruhe
www.kirchennetz.info/wolfartsweier

versehen, dessen Schlussstein das badische Wappen trägt. Aus dieser Zeit stammt auch das Tabernakel im alten Chorraum mit dem eindrucksvollen Gesicht des leidenden Christus. In den Jahren 1744–45 erweiterte Johann Heinrich Arnold den mittelalterlichen Saalraum, der mit seinen barocken Fensterlaibungen auch heute noch gut in der Bausubstanz erkennbar ist. Damals entstanden die Kanzel, die ihre originale Farbigkeit 1988 zurückerhalten hat, und die Orgel, die seinerzeit im Turmraum hinter dem Altar aufgestellt worden war und sich heute auf der Empore befindet. Im seitlichen überdachten Eingangsbereich fand die Grabsteinplatte des ersten lutherischen Pfarrers, Lienhart Keiffel (Pfarrer 1565–93), ihren Platz.

Wegen des großen Zuzugs nach dem Zweiten Weltkrieg wurde die bescheidene Dorfkirche zu klein. Die Erweiterung der Kirche zum heute stehenden Bau in den Jahren 1985 bis 1989 gehört zu den vorbildlichen Lösungen in der Badischen Landeskirche. Statt den barocken Kirchensaal abzureißen und ein neues, viel größeres Kirchenschiff dem Turm anzufügen, wurde der barocke Bau geschickt erweitert, indem der alte Dachstuhl bestehen blieb. Dadurch blieben, insbesondere von den Ansichtsseiten vom alten Friedhof her, die alte Silhouette und der angenehme Maßstab einer

Dorfkirche erhalten. Dabei wurde die Ausrichtung der Kirche um 90 Grad gedreht: Der neue Altar steht jetzt fast im Mittelpunkt der Kirche. Der neue Kirchenraum erhielt vor allem zwei wichtige Kunstwerke: farbig sehr zart gestaltete Fenster von Horst Leyendecker aus Grötzingen fassen den Raum schön zusammen, sie finden ihren Höhepunkt im leuchtenden Pfingstfenster im Turmraum, der jetzt als Meditationskapelle dient.

Die ungewöhnlich breite Wand hinter dem Altar gestaltete Jürgen Goertz auf eine Weise, die bei der Neueinweihung 1989 der Kirche für Aufsehen und viel Diskussion sorgte. Versatzstücke des Kreuzes (Balken, Nägel) sind an der Wand arrangiert, Kelch und Brotlaib rufen das Abendmahl in Erinnerung. In einem Rahmen an der linken Seite ist ein leidender, blutüberströmter Kopf zu sehen, der sich einer eindeutigen Interpretation entzieht. Mit dem Wortspiel „Paytime – Praytime – Playtime" fordert der Künstler den Betrachter zum Nachdenken auf.

106 Die Kirche **St. Margaretha (kath.)** liegt mitten im Neubaugebiet des Dorfes und hat einen langen Entstehungsprozess hinter sich. Seit 1965 besaß die Pfarrgemeinde

Hörgelstraße 13
76228 Karlsruhe
www.kath-karlsruhe-bergdoerfer.de

das Grundstück, 1978 begannen die Planungen, die 1985–87 realisiert wurden. Die Kirche wurde von den Architekten Bundy und Soth aus dem Quadrat heraus entwickelt. Mit Durchgängen, Laubengängen, frontalem Glockenturm und Mesnerwohnung ergibt sich ein vielgliedriger, verschachtelter Bau. Im Innern überrascht, dass der Kirchenraum in der Diagonalen angelegt ist. Dadurch sind die 250 Plätze nah an die Altarinsel gerückt, und für die Gemeinde wird der Eindruck der Geborgenheit weiter verstärkt, der schon durch die warmen Rottöne des Ziegelmauerwerks hervorgerufen wird. Die liturgische Ausstattung wurde von Franz Dewald gestaltet. Am Ambo sind die Evangelistensymbole zu sehen, am Altar sind die Heilstaten Christi dargestellt. Für die Glasfenster hinter dem Tabernakel wählte Dewald als Thema Variationen über den Kreis. Walter Seidl, der den Kreuzweg schuf, nahm mit dem Material Keramik wieder Bezug auf das Grundanliegen des ganzen Kirchenbaus, die Geborgenheit. Als jüngstes Ausstattungsstück erhielt die Kirche im Jahr 2010 eine Orgel aus dem Besitz von

Prof. Andreas Schröder, die, 1988 von Orgelbaumeister Hubert Sandtner nach einem italienischen Vorbild gestaltet, mit ihrer bescheidenen Größe sehr gut in den Raum passt.

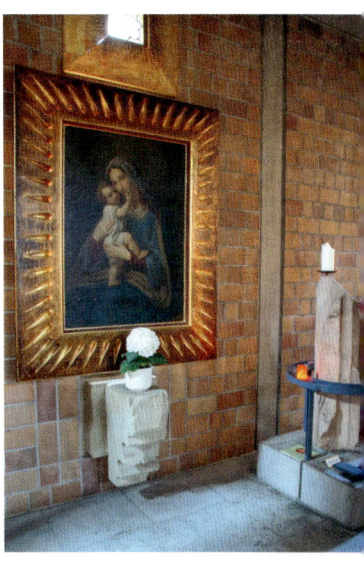

An die alten Ortstraditionen anzuknüpfen, gelang in vielfältiger Weise. Die evangelische Gemeinde überließ der katholischen Kirche das im Mittelalter nachweisbare Patrozinium St. Margaretha. In der Seitenkapelle werden außerdem gotische Steinmetzarbeiten aufbewahrt, die vom Kloster Gottesaue stammen und dort bei der Restaurierung des Schlosses gefunden wurden. Das barocke Marienbild befand sich früher in der Schlosskapelle der Durlacher Karlsburg, als diese den Katholiken zur Verfügung gestellt worden war (bis 1901).

107 Im Jahr 1899 hatte in Wolfartsweier außerdem die **Evangelische Gemeinschaft** eine Kirche in

Nordoststraße 2
76228 Karlsruhe

der Nordoststraße errichtet, die Immanuelskapelle. Die Kirche wurde vor einiger Zeit aufgegeben und wird heute profan genutzt. Die Rundbogenfenster erinnern aber noch heute an die kirchliche Nutzung.

Bergwaldsiedlung

108 Oberhalb von Wolfartsweier wurde die Siedlung ab 1965 als reines Wohngebiet mit Hochhäusern, Reihen- und Einzelhäusern errichtet. In der Mittelachse der Siedlung liegt das **Ökumenische Gemeindezentrum Bergwald (evang. / kath.)**. Gestaltet wie ein

Bungalow mit Flachdach, bietet es auf den ersten Blick nichts Besonderes. Nur die hohen geschlossenen Außenmauern mit Oberlichtern zeigen, dass ein Raum vom Inneren her gestaltet werden sollte. Im Gegensatz zu den umliegenden Häusern wurde es

Elsa-Brandström-Straße 18
76228 Karlsruhe
www.kirchennetz.info/hoberg
www.ka1l1-durlach.de/einrichtungen/
haeuser/oekum-zentrum-bergwald

aus Sichtmauerwerk errichtet und bildet dadurch einen weiteren optischen Akzent. Das Innere beherbergt einen großen Raum, der zum einen abwechselnd für evangelische, katholische oder ökumenische Gottesdienste und zum anderen auch für Versammlungen, Ausstellungen aller Art genutzt werden kann. Vor allem durch die zweite Nutzungsart ist es zu einem lebendigen Mittelpunkt der Siedlung geworden. Träger des Zentrums sind jeweils Kirchengemeinden der Nachbarorte, die Gemeinde Bergwald ist jeweils „Filialgemeinde". Das Gemeindezentrum wurde vom Büro Gerhard Irmscher in Karlsruhe-Durlach geplant und am 15. Dezember 1973 eingeweiht. Mit dieser rechtlichen Konstruktion gehört das Ökumenische Gemeindezentrum zu den ersten seiner Art in Deutschland, bislang ist nur ein älteres Beispiel bekannt (Marburg-Richtsberg).

Der multifunktionale Raum ist neutral gestaltet und verfügt deshalb zum Beispiel über keine besonders gestalteten Fenster. Die evangelische Gemeinde benutzt als Altarschmuck das Kruzifix des Künstlers Otto Kast, das von der Gemeinde Hohenwettersbach zur Verfügung gestellt wurde.

Hohenwettersbach

Als „Dürrenwettersbach" wurde eine Siedlung schon 1262 erwähnt, und zu ihrem Namen war sie wohl wegen des Wassermangels auf dem Höhenrücken gekommen. Aber erst im 18. Jahrhundert wird die Geschichte reicher, als Erbprinz Karl Wilhelm, der spätere Gründer Karlsruhes, im Jahr 1706 die Ortschaft kaufte, um ein Hofgut einzurichten, und dies seiner unehelichen Tochter Karoline Luise von Wangen übertrug. Ihr Ehegatte, Freiherr Wilhelm Friedrich Schilling von Canstatt, baute Schloss und Gutshof weiter aus. Erst 1864 wurde Hohenwettersbach eine selbständige Gemeinde und schließlich 1972 nach Karlsruhe eingemeindet.

109 Die **evangelische Kirche Hohenwettersbach** steht daher am oberen Ortsende, genau dem Herrenhaus der Familie Schilling von Canstatt gegenüber. 1741–42 wurde der Saalbau mit einer Apsis von Johann Heinrich Arnold entworfen und gebaut. Knapp 100 Jahre später wurde die Kirche bei einem Brand schwer beschädigt, aber im Wesentlichen in gleichen Formen wiederhergestellt und

Am Lustgarten 2
76228 Karlsruhe
www.kirchennetz.info/hoberg

1841 wieder eingeweiht. Der Taufstein wurde bei dieser Gelegenheit geschaffen.

Die Fassade besitzt noch ihr schönes barockes Portal mit dem geschwungenen und aufgebrochenen Volutengiebel, einen bescheidenen Dachreiter für die Glocken und darunter eine Uhr. Das Innere hat seine Grundform behalten, wurde jedoch 1999 grundlegend saniert und umgestaltet. Dabei wurde die alte Empore, die einen großen Teil des Kirchenschiffs einnahm, durch eine kleinere, gegliederte Empore ersetzt, die nur über den Bankreihen Richtung Altar vorspringt. Die alte Kanzel in der Mitte der Apsis, also über dem Altar, wurde entfernt, ein moderner Ambo steht nun seitlich des jetzt ebenerdigen Altars. Der kleine Kirchenraum hat Licht und Luft gewonnen, besonders durch neue Farben und Materialien: gelbe Wände, weiße Kirchenbänke; auch die Empore mit zierlichen Stützen und Geländern ist weiß gestrichen.

Die Glasfenster wurden nach dem Zweiten Weltkrieg von Gemeindegliedern gestiftet und 1950 von der Firma Großkopf ausgeführt. Größter Schmuck der Kirche ist heute das Eitempera-Gemälde von Veronika Olma aus dem Jahr 2000. Das 2 x 3 Meter große Bild trat an die Stelle der Kanzel in der Apsis und fungiert nun wie ein Altargemälde. Thema ist das Pfingstwunder. Zunächst entdeckt man in dem in Rot, Ocker, Braun und Orange gehaltenen Bild nur ein großes Kreuz. Geheimnisvolle weiße Hände umfangen den nicht vorhandenen Christuskörper. Erst dann taucht über allem die Taube auf, Sinnbild des Heiligen Geistes.

110 Der heutige Ort hat sich zu beiden Seiten der talwärts, zum Zündhütle führenden Straße entwickelt. Hier liegt auf halber Höhe die katholische Kirche **St. Konrad (kath.)**. Schon nach dem Ersten Weltkrieg kümmerte man sich um einen Kirchbau für die neu zuziehende katholische Bevölkerung und richtete im Jahr 1935 eine erste Kapelle ein.

Am Lustgarten 36
76228 Karlsruhe
www.kath-karlsruhe-bergdoerfer.de

Der jetzige Bau, vom damaligen erzbischöflichen Baudirektor Heß entworfen, 1969–72 realisiert, aber erst am 14. September 1980 geweiht, ist im Grundriss aus Sechsecken entwickelt. Hohe Außenmauern und riesige Glaswände wechseln sich ab, was für die künstlerische Gestaltung viel Einfühlungsvermögen erforderte. Klaus Arnold entwarf 1977 die großen Glasfenster, die ihr biblisches Thema jeweils in einem großen farbigen Netz fokussieren: Verkündigung und Geburt Christi, Taufe Jesu und der wunderbare Fischfang, Einzug in Jerusalem und Pfingsten. Dazu kommen die Hll. Hedwig und Bruder Konrad. Beim Tabernakel am Rande der Altarinsel

steht auf einer Konsole eine hölzerne Statue des Hl. Bruder Konrad von Parzham (1818–94). Der Kapuziner, der sich in Altötting unermüdlich für die Pilgeranliegen einsetzte, hatte ein solch großes Verlangen nach der Eucharistie, dass die Oberen sie ihm stillschweigend täglich gestatteten. 1934 wurde er heilig gesprochen; die Kapelle erhielt im Dezember 1935 eine ungewöhnlich große Reliquie des Hl. Bruder Konrad, wie sie sonst nur Bischofskirchen zugestanden wird.

2004–06 wurde die Kirche gründlich renoviert; für die Gestaltung der leeren Altarwand wurde ein Wettbewerb ausgeschrieben, den Barbara Jäger 2006 gewann. Ein relativ schmales, langes Bild in kräftigen Acrylfarben akzentuiert die Wand und wirkt zugleich als Altarbild. Senkrechte Streifen unterteilen das Bild, wobei sich für den Betrachter langsam die Tage der Schöpfung herauskristallisieren. Das Bild korrespondiert sehr gut mit den großen Glasfenstern von Klaus Arnold.

Grünwettersbach

Im Jahre 1278 wurde der Pfarrer des Ortes erstmals in Quellen genannt, doch der Kirchturm bezeugt, dass die Kirche und mit ihm ein kleines Haufendorf im engen Wetterbachtal schon im 12. Jahrhundert existierten. Die Kirche gehörte zum Kloster Herrenalb, das 1534 vom Herzog von Württemberg im Zuge der Reformation aufgehoben wurde. Von da an blieb das Dorf eine württembergische Exklave, bis es 1806 durch Gebietstausch badisch wurde. 1975 erfolgte die Eingemeindung nach Karlsruhe.

111 Der Kirchturm der **evangelischen Kirche** stammt, seinen Bauformen und seinem Schmuck nach zu urteilen, aus dem 12. Jahrhundert. An ihn schließt sich eine spätbarocke Saalkirche mit einem hohen Dach an.

Am Steinhäusle 10
76228 Karlsruhe
www.kirchennetz.info/gruen

Der schlanke, hoch aufragende Turm ist der Rest der mittelalterlichen Kirche. Er ist sehr fein gegliedert und hat in den oberen Geschossen sog. Biforienfenster mit einem mittleren Säulchen und einem Würfelkapitel. Auch zwei kleine Köpfchen sind zu sehen. Architektur und Bauschmuck erinnern an Hirsau. Der Kirchenbau selbst war dreischiffig und – wegen des starken Gefälles – relativ kurz. 1973 wurden bei Arbeiten in der Kirche entsprechende Mauerreste gefunden.

In den 1770er-Jahren muss die Kirche in einem sehr schlechten Zustand gewesen sein. 1777–79 wurde das Glockengeschoss des Turmes neu aufgeführt, und 1782–83 hat Friedrich Wilhelm Goetz aus Ludwigsburg die Saalkirche gebaut, die wohl die Dimensionen der alten Kirche aufnahm. Der Neubau erhielt eine hölzerne Empore, zu der

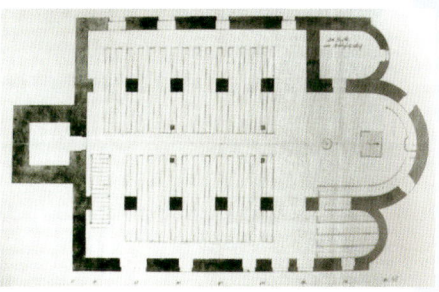

eine schöne Außentreppe beim Turm angelegt wurde. Der spätbarocke Saal ist dank seiner großen Fenster lichtdurchflutet, so dass die zarte Stuckdecke mit dem apokalyptischen Lamm im Strahlenkranz und die hölzerne Kanzel gut zur Wirkung kommen.

Bei einem Fliegerangriff 1944 wurden die alten Glasfenster zerstört. 1950 stiftete Karl Barth aus Grünwettersbach das Fenster mit dem auferstandenen Christus (heute auf der linken Seite) und führte es auch aus. Bei der Kirchenrenovierung 1996 wurde die Bestuhlung um Kanzel und Taufbecken angeordnet, die Fenster mit den symbolischen Farben des Kirchenjahrs gestaltete Michael Munzer und die Ausführung besorgte die Firma Derix aus Rottweil.

Zu den weiteren Ausstattungsstücken der Kirche gehören der alte Taufstein, beschriftet 1491, eine Sonnenuhr aus dem 16. Jahrhundert und eine ganze Reihe von Grabmälern aus dem 17. und 18. Jahrhundert.

112 In ähnlich steiler Lage am Berghang liegt die katholische Pfarrkirche **St. Thomas**. Auch hier nahm die Zahl der Katholiken nach dem Krieg stark zu, der Kirchgang über den Berg nach Hohenwettersbach war kaum noch zuzumuten. Das Ensemble von Kirche, Campanile und Pfarrhaus um einen Vorplatz, das Rainer Disse 1957 entworfen hat, mutet sehr rational an. Der Kirchenbau selbst ist als nüchterne Halle in massivem Eisenbeton ausgeführt, dessen Ziegelwände durch breite Glasfensterbahnen unterbrochen werden. Die große weiße Altarrückwand wird durch die seitlichen farbigen Fenster strukturiert und lebendig. Die Orgelempore kommt ohne stützende Säulen aus, eine elegante Schneckenstiege führt hinauf.

Horfstraße 3
76228 Karlsruhe
www.kath-karlsruhe-bergdoerfer.de

Den größten Beitrag zur künstlerischen Ausgestaltung leistete Emil Wachter. Sogar den Grundstein mit dem Bild des auferstandenen Christus hat er gestaltet. Das breite Band des Kieselsteinmosaiks vor dem Altar nimmt mit seinem Arkadenmotiv auf das Himmlische Jerusalem Bezug. Auf den Fenstern links und rechts gruppierte Wachter farbenfrohe Bilder des Passionsgeschehens, Personen und Marterinstrumente Christi sind leicht zu erkennen. Der namengebende Apostel Thomas ist schwerer zu entdecken – er findet sich an der Rückwand unter der Empore. Heinz Barth schuf das eindrucksvolle Kruzifix, das über dem Altar zu schweben scheint.

Im Jahr 2012 hat das Karlsruher Architekturbüro Elemente-5 unter Leitung von Stefan Schwarz den gesamten Kirchbau renoviert und insbesondere den Altarbereich neu gestaltet. Die erhöhte Zelebrationsinsel wurde abgetragen, der Altar verkleinert, die Gusselemente der alten Kommunionbank (von Emil Wachter) auf neue Weise aufgestellt. Allein dadurch wurde die frühere Licht-Inszenierung nochmals gesteigert. Christiane Grimm aus Heidelberg schuf die Glasplatteninstallation, die das Kruzifix von Heinz Barth hinterfängt. Dadurch wiederholt sich das Kreuzmotiv mehrmals,

durch die Reflexionen wird der Betrachter angeregt, sich mit dem Thema zu beschäftigen.

113 Die Evangelische Gemeinschaft der Methodisten besitzt in Grünwettersbach die **Christuskirche (Evangelisch-methodistische Kirche)**. Sie ging aus einer Scheune hervor, die 1928 zusammen mit einem Obstgarten erworben werden konnte. Sie wurde in Eigenregie umgebaut und am 2. Juni 1929 als Kapelle eingeweiht. Ein größerer Umbau bzw. eine Erweiterung fand 1961 statt, als ein Nachbargrundstück hinzugekauft werden konnte. Damals entstand fast vollständig in Eigenarbeit der Kirchenraum in seiner heutigen Größe.

Am Wetterbach 80
76228 Karlsruhe
www.emk-karlsruhe.de

Palmbach

Palmbach ist eine Gründung der waldensischen Glaubensflüchtlinge. Im Februar 1701 hatte Herzog Eberhardt Ludwig von Württemberg den Bitten von 28 Waldenserfamilien stattgegeben und ihnen einige verwilderte Äcker am Rande des damals württembergischen Grünwettersbach übereignet.1685 hatte der französische König Ludwig XIV. das Edikt von Nantes widerrufen, Protestanten waren künftig in Frankreich nicht mehr geduldet. Konvertieren oder auswandern war die Devise. 28 Waldenserfamilien aus La Balme im Pragelatal, damals zum französischen Königreich gehörend (heute Piemont, Italien), flohen zunächst in die Schweiz und kehrten einige Jahre später zurück ins Pragelatal („Ruhmreiche Rückkehr", s. u.). Doch bald darauf, 1699, mussten sie ihre Heimat endgültig verlassen und suchten Aufnahme bei deutschen Fürsten, so auch in Württemberg. Ein Jahrhundert lang wurde in Palmbach, dessen Name in Anlehnung an den heimatlichen Ort entstand, noch französisch gesprochen, erst im 19. Jahrhundert verlor sich das Eigenleben. Palmbach wurde 1975 nach Karlsruhe eingemeindet.

114 Die **Waldenserkirche (evang.)** bildet zusammen mit dem Pfarrhaus ein schönes bauliches Ensemble in der Mitte des Dorfes. Die heutigen neogotischen Gebäude aus heimischem Buntsandstein stammen von Baurat Rudolf Burckhardt aus dem Jahr 1906, an gleicher Stelle hat die erste kleine Waldenserkirche des Jahres 1725 gestanden, die aus Holz errichtet worden war. Die breit gelagerte Kirche folgt einem originellen Entwurf, der in der damaligen Zeit beliebt war: Die Kirche ist vom Grundriss her asymmetrisch angelegt, denn ein

Waldenserstraße 25
76228 Karlsruhe
www.kirchennetz.info/palm

Querhaus besitzt sie nur auf der linken Seite. Der gewünschte Effekt stellt sich jedenfalls ein, die Kirche wirkt an ihren Straßenseiten größer als sie tatsächlich ist. Das Innere bietet mit seiner reichen Holzarchitektur einen ungewohnten Anblick. Die Orgelempore über dem Eingang und die seitliche Orgel sind aus Holz gefertigt, ebenso wie das kunstvolle Dachwerk mit seinem Gewölbe. Die wertvollsten Ausstattungsstücke stellen die beiden französisch beschrifteten Holztafeln hinter dem Altar dar. Auf der linken Tafel sind die zehn Gebote festgehalten, auf der rechten die Geschichte der Aufnahme der Waldenser und des Kirchenbaus mit folgender Übersetzung: *Diese Kirche ist erbaut worden durch den Beistand Gottes und mit Huld und Hilfe Seiner Majestät Serenissimi, des Herzogs von Württemberg, den Generalsaaten sowie der löb-*

lichen evangelischen Kantone der Schweiz, unter der Präfektur des Herren Frederich Binder, Vogt von Neuenbürg. Am 11. Juli 1725 ist die Weihe der Fundamente vollzogen worden, am darauffolgenden 25. November die Weihe des Tempels. Theoderic Aubert aus Avanche in der Schweiz, Pfarrer, Jean Jordan, Schultheiß, Ältester und Kollektor; Marc Moutoux, Ältester; Jean Baral, Ältester; Pierre Roux, Ältester; Jacque Tron, Bürgermeister; Jacque Baral, Bürgermeister; Jacque Contandin, Anwalt von Mutschelbach; Jaques Brun, Michel Rouviol, Älteste; Pierre Bounin, Kollektor. Die Altarbibel ist eine Basler Ausgabe von 1736, die vielleicht von Anfang an bei den Gottesdiensten gedient hat.

Das Glasgemälde im Altarbereich wurde nach Beschädigungen im Zweiten Weltkrieg neu hergestellt. Der Durlacher H. Wagner lieferte

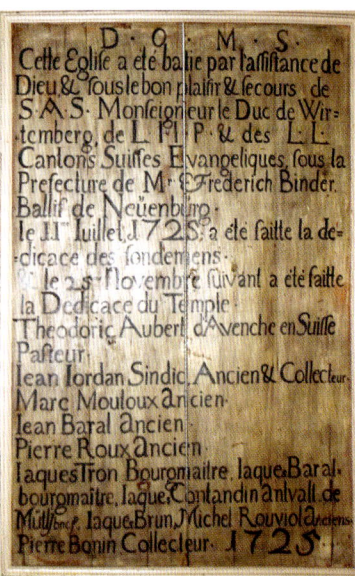

den Entwurf, das Glasatelier L. Horak besorgte die Ausführung. Wagner nahm das alte Motiv, das der bekannte katholische Glasmaler Eugen Börner aus Offenburg 1906 geschaffen hatte, wieder auf: Ein Engel erscheint Jesus im Garten Gethsemane. *Doch nicht mein, sondern Dein Wille geschehe* (Lk 22,42), was wie ein Motto für die Leidensgeschichte der Waldenser gelesen werden kann.

Im Rundfenster auf der Empore wird Pfarrer Henri Arnaud gezeigt, wie er bereits viele Getreue um sich schart und auf seine berühmte „Glorieuse Rentrée" 1689, die ‚ruhmreiche Rückkehr' in die Heimat nach dem Exil 1685, einschwor. An etlichen Stellen in der Kirche und am Portal ist das Wappen der Waldenser zu sehen, eine Kerze auf einem Leuchter umkränzt von sieben Sternen mit der Umschrift *Lux lucet in tenebris* (Das Licht leuchtet in der Dunkelheit).

Im Ort wird man sich seit dem Jubiläum 2001 der Waldensergeschichte wieder bewusst. Seit Sommer 2015 gibt es einen Waldenserweg durch Palmbach.

Stupferich

Bereits um 1100 wurde Stupferich erstmals erwähnt, wenige Jahre später auch eine Cyriakuskirche. Am Ende des 13. Jahrhunderts wurde Stupferich markgräflicher Besitz und blieb es im Wesentlichen, wobei es bei der Teilung der Markgrafschaft 1535 an die Linie Baden-Baden fiel und damit katholisch blieb. Der Ort hat seinen ländlichen Charakter mit etlichen Fachwerkhäusern gut bewahren können. 1972 wurde Stupferich eingemeindet.

115 Die Kirche **St. Cyriakus (kath.)** mit ihrem Turm, Langhaus und Querhaus gibt sich ganz als barocke Architektur, doch der Schein trügt. Sowohl im Fassadenturm als auch im Langhaus scheint noch einiges mittelalterliche Mauerwerk zu stecken. Seit dem 16. Jahrhundert wurde über den baulichen Zustand der Kirche geklagt, 1759 war es dann soweit. Als erstes wurde

> Ortsstraße 42
> 76228 Karlsruhe
> www.kath-karlsruhe-bergdoerfer.de

der Turm von Grund auf erneuert, der deswegen am Portal diese Jahreszahl und das Monogramm der Jesuiten trägt, die von Ettlingen aus die Seelsorge betreuten und sich deshalb auch um das Anwesen kümmerten. In den folgenden Jahren wurde das Langhaus neu gebaut und mit Altären und Kanzel ausgestattet. Ab 1890 klagte die Bevölkerung wieder über den zu kleinen Kirchenraum. Diesmal kamen beide Weltkriege und die Wirtschaftskrise dazwischen. Unmittelbar nach 1945 schwoll die Einwohnerzahl wegen der Vertriebenen so stark an, dass dringend Abhilfe nötig war. Der Durlacher Architekt Anton Elsässer erweiterte die Kirche um ein weites Querhaus in einfachen barocken Formen, um die ganze barocke Einrichtung stilgerecht wieder aufstellen zu können. Auf diese Weise entstand – neben St. Valentin in Daxlanden – die größte Barockkirche im Raum Karlsruhe.

In der Tat wirkt die Einrichtung der Kirche sehr einheitlich, obwohl das nicht wörtlich zu nehmen ist. An den Kosten des aufwendigen Hochaltars hatte sich Markgraf Ludwig Georg Simpert von Baden-Baden beteiligt. Vier Säulen im Halbrund mit einem Baldachin schaffen einen architektonischen Rahmen für die Heiligenstatuen. In der Mitte steht in hochbarockem Pathos die Statue des frühchristlichen Heiligen Cyriakus, der im

Jahr 303 sein Martyrium erlitten hatte. Er wird von Figuren der Hll. Johannes Nepomuk und Franz Xaver flankiert. Johannes Nepomuk war erst 1729 heiliggesprochen worden, Franz Xaver war einer der Gründungsväter des Jesuitenordens und gilt als wichtigster Missionar der katholischen Kirche des 16. Jahrhunderts. Zur Linken und Rechten werden zwei Bögen mit Statuetten des Hl. Sebastian bzw. des Hl. Wendelin bekrönt.

Der linke Seitenaltar enthält eine Kopie des berühmten „Maria-Hilf"-Bildes von Lucas Cranach d. Ä. aus dem Jahr 1537, das sich im Innsbrucker Dom befindet. Dieses Maria-

Hilf-Bild gehört zu den wirkmächtigsten Zeugnissen der katholischen Frömmigkeit im süddeutschen Raum, weswegen viele Nachbildungen angefertigt wurden. Im Jahr 1679 hat ein bayerischer Ballmeister dieses Bild dem „löblichen Gotteshaus zu Stupferich" gestiftet, aus bisher unbekannten Gründen. Das rechte Seitenaltarbild mit einer Darstellung von Maria und Johannes am Kreuz ist wohl erst im 19. Jahrhundert entstanden.

Zur weiteren Ausstattung gehören vor allem noch der um 1500 geschaffene Taufstein und die Kanzel mit schönen Statuetten der Kirchenväter. Das Deckenbild im Langhaus, das Jesus am Ölberg zeigt, wurde 1924 von den Gebrüdern

Hemberger ausgeführt und zeigt wieder einmal, wie wichtig es hier zu allen Zeiten war, die Kirche als barockes Gesamtkunstwerk beizubehalten.

116 Etwas oberhalb der katholischen Kirche liegt das **evang. Gemeindezentrum Stupferich**. Nach dem Zweiten Weltkrieg stieg die Zahl der Protestanten in Stupferich langsam an, so dass in den 1980er-Jahren die Größe einer Gemeinde erreicht war. Das Kirchengebäude, das in das Gemeindezentrum integriert ist, wurde 1983 von der Firma Infra Bauplanung Mainz auf der Struktur von Waben entwickelt.

> Rebgärtenstraße 27
> 76228 Karlsruhe
> www.kirchennetz.info/palm

Sechsecke passen ideal zusammen, ergeben eine dichte Folge von Räumen, die, wenn nötig, auch zusammengeschlossen werden können. Größter Schmuck des Kirchenraums ist der Wandteppich hinter dem Altar, den Gemeindeglieder zur Einweihung 1983 genäht hatten. Farbenfroh wird die Geschichte der Arche Noah erzählt. Der Teppich mit seinen vielen Tierpaaren vor blauem Hintergrund und dem Regenbogen darüber ist so reich wie ein farbiges Fenster und lädt zum Betrachten ein.

117 Der Weg zurück nach Durlach und Karlsruhe führt auf der Rittnertstraße über den Thomashof. Die kleine Siedlung auf dem Scheitelpunkt des Wegs wurde Anfang des 18. Jahrhunderts von Thomas Dörner gegründet. Um die Jahrhundertwende entwickelte sich ein kleines Ausflugslokal für das städtische Publikum aus Durlach und Karlsruhe. Hier ist seit 1924 die **Mennonitengemeinde Karlsruhe-Thomashof** zu Hause.

Die Geschichte der Mennoniten beginnt in der Reformationszeit im Zürcher Raum mit der Suche nach dem Vorbild der neutestamentlichen und frühchristlichen Gemeinden. Insbesondere wurden der Gebrauch von Bildern, die Taufe von Kleinkindern und jedwede Art der Kooperation mit dem Staat abgelehnt. Das führte zur Trennung von

> Rittnertstraße 265
> 76227 Karlsruhe
> www.mennoniten-karlsruhe.de

dem Zürcher Reformator Zwingli. Gruppen wie die Zürcher gab es in vielen Regionen des Reiches, ihren auch heute noch gebräuchlichen

Namen erhielten sie als Personen, die sich auf Menno Simons beriefen, der in Norddeutschland als Wiedertäufer wirkte. Auch im badischen Raum um Bruchsal und Durlach sind Mennoniten schon im 16. Jahrhundert bezeugt. Auf vielen Umwegen der Verfolgung oder der Duldung vor allem in kurpfälzischen Ländern kehrten sie im 18. und 19. Jahrhundert in den Kraichgau zurück. Durch die starken wirtschaftlichen Veränderungen jener Zeit veranlasst, kamen sie 1901 nach Durlach.

Seit 1960 findet jeden Sonntag der Gottesdienst auf dem Thomashof statt, der sich immer stärker zu einem zentralen Ort der Mennoniten entwickelte. 2001 wurde das Anwesen zur 100-Jahr-Feier der Gemeinde von Wolfgang Gerstberger gründlich saniert, indem die Altbauten renoviert und jetzt durch ein lichtes Foyer verbunden wurden. Als Tagungs- und Begegnungsstätte steht der Baukomplex auch der Allgemeinheit offen. Entsprechend den Prinzipien der Mennoniten kann der Gottesdienstraum keine Bilder enthalten. Viel mehr Wert legen diese auf eine gemeinsame Gestaltung des Gottesdienstes selbst und auf die Predigt. Der langgestreckte Gottesdienstraum ist auf den engeren Altarraum bezogen, in dem die Aktivitäten gebündelt werden. Neben dem großen Kreuz an der Rückwand hängt ein von den Gemeindegliedern handgestickter Teppich, der jedes Jahr aufs Neue mit dem jeweiligen Jahreslosungsvers hergestellt wird.

Anhang

Personenregister

Architekten, Bildende Künstler, Glockengießer, Orgelbauer und Werkstätten

In Klammern werden die Lebensdaten der Personen genannt; sind diese nicht bekannt, wird auf die Werke in Karlsruhe Bezug genommen. Bei Werkstätten ist die Dauer des Betriebs benannt.

Albiez-Vleugels; Orgelbauwerkstatt (1967–) *39*
Albiker, Karl; Bildhauer (1878–1961) *87*
Alker, Hermann Reinhard; Architekt (1885–1967) *108*
architectoo; Architekturbüro (um 2011) *164*
Arnold, Johann Heinrich; Baumeister (1697–1770) *131, 134, 238, 242*
Arnold, Klaus; Bildhauer, Maler (1928–2009) *32, 102, 156, 205, 222, 224, 244*
Asal, Josef; Kunstmaler (um 1904) *105*
Babberger, August; Maler (1885–1936) *108*
Bachert; Glockengießerei (1770–) *43, 44, 46, 47, 48*
Backhaus & Brosinsky; Architekturbüro (um 1971) *119*
Backhaus, Hans; Architekt (1921–2001) *119*
Baer, Franz; Architekt (1850–1891) *106*
Bär, Gisela; Bildhauerin (1920–1991) *153*
Barth, Heinz; Maler, Bildhauer (1928–1965) *247*
Barth, Karl; Glasmaler (um 1950) *246*
Barth, Ludwig; Maler (1898–1983) *118, 199*
Bartning, Otto; Architekt (1883–1959) *32, 33, 35, 90–92, 154, 190–191*
Batzendorf, Jakob Friedrich von; Ingenieur (um 1722) *67–68, 220*
Baurmann, Henning; Architekt (um 2009) *224*
Baurmann. Dürr; Architekturbüro (um 2009) *224*
Bauser, Heinrich; Bildhauer (1858–1931 ca.) *142*
Bayer, Matthäus; Bildhauer (um 1976) *116*
Beyer, Jakob; Architekt (um 1958) *138*
Binz, Hermann; Bildhauer (1876–1946) *84, 102*
Biró, Biró, Wieland; Architekturbüro (um 1992) *157*
Biró, László; Architekt (um 1992) *157*
Bochumer Verein für Gußstahlfabrikation; Gussstahlglocken (1842–) *45, 76*
Bodenseh, Rolf; Bildhauer (1941–) *65*
Börner, Eugen; Glasmaler (1855–1942) *250*
Bosch, Fridolin; Architekt (1889–1964) *188*
Brach, Bernd; Maler (1946–) *76*
Brömme, Paul; Architekt (um 1941) *94*
Brosinsky, Harro Wolf; Architekt (1920–1992) *119*
Bühler, Frank; Architekt (1965–) *164*
Bundy, Robert & Dieter Soth; Architekturbüro (um 1980, 1987) *156, 240*
Burckhardt, Rudolf; Architekt (1851–1914) *182, 248*
Burkert, Fritz; Bildhauer (um 1955) *79*
Burtscher, Benedikt; Baumeister (ca. 1660/65–1730) *209*
Campen, Nikolaus Martinus von; Glockengießer (um 1615/21) *42*
Castro, Raul; Bildhauer (um 1994) *150*
Curjel & Moser; Architekturbüro in Karlsruhe (1888–1915) *82, 101, 102*
Curjel, Robert; Architekt (1859–1925) *82, 101, 102*
Derix; Glasstudio (1866–) *87, 141, 246*
Dettlinger, Joseph; Bildhauer (1865–1937) *78, 90, 99, 196*

Register der Kirchen- und Synagogenbauten

Abbildungsnachweis

Fotos
Kurt Kramer, Karlsruhe *S. 42, 43, 44, 45, 47, 204 unten*
Jürgen Krüger, Karlsruhe *alle anderen*

Kartographie
Peh & Schefcik, Eppelheim *S. 50–51, 122–123, 144–145, 168–169, 192–193, 206–207, 234–235, Umschlag vorne und hinten*
Stadt Karlsruhe, Liegenschaftsamt (Grunddaten) *S. 50–51, 122–123, 144–145, 168–169, 192–193, 206–207, 234–235, Umschlag vorne*

Reproduktionen
Evangelische Kirche Grünwettersbach; Karlsruhe 1986 *S. 245*
Fahrenbach-Dreher, Ute: Rüppurrs Kirchen und Kapellen; Karlsruhe 2008 *S. 180 rechts*
Krebs, Peter, Architekturbüro *S. 141 oben*
Landesamt für Denkmalpflege im Regierungspräsidium Stuttgart, Referat 83.2 Denkmalkunde *S. 58, 63, 67, 68, 69, 171, 218, 228*
Ziwes, Franz-Josef (Hrsg.), Badische Synagogen; Karlsruhe 1997 *S. 70, 72*

Autoren und Herausgeber

Günter Frank
PD, Dr., Direktor der Europäischen Melanchthon-Akademie, Bretten.

Kurt Kramer
Dipl.-Ing. Architekt, war Glockensachverständiger der Erzdiözese Freiburg und Vorsitzender des ökumenischen Beratungsausschusses für das Deutsche Glockenwesen.

Jürgen Krüger
Prof. Dr., Professor für Kunstgeschichte am KIT, Leiter der Firma *arte factum* Verlag und Kulturmanagement, Karlsruhe.

Susanne Labsch
Pfarrerin an der evang. Christuskirche, Karlsruhe.

Tobias Licht
Dipl.-Theol., kath. Leiter des „Karlsruher Foyers Kirche und Recht", Leiter des Bildungszentrums Karlsruhe (Bildungswerk der Erzdiözese Freiburg).

Thomas Schalla
Dr., Dekan der Evangelischen Kirche in Karlsruhe.

Andreas Schröder
Prof., Kirchenmusikdirektor a. D., 1965–2005 Kantor an der kath. Hauptkirche St. Stephan, Karlsruhe, Professor für Kirchenmusik an der Hochschule für Musik, Karlsruhe.